# Annales 2019

**SUJETS & CORRIGÉS**

# Anglais
# LV1, LV2 et LVA
# Term toutes séries

**Sylvie Léger**
**Virginie Plessis**
Professeures d'anglais
au lycée international François-1er (Fontainebleau)

**Sarah Davis**
**Paola Dos Santos**
Professeures agrégées d'anglais
au lycée François-Philibert-Dessaignes (Blois)



Nathan

# PRÉSENTATION

Ces *Annales ABC du BAC* ont été conçues pour vous aider à préparer efficacement l'épreuve d'anglais. Vous y trouverez les sujets du **Bac 2018** : ceux de France métropolitaine mais aussi les sujets des centres étrangers sur lesquels ont travaillé les élèves de lycées français résidant à l'étranger.
Vous trouverez également les **sujets les plus intéressants** des sessions antérieures du Bac, sélectionnés par des enseignants expérimentés. Vous pouvez ainsi vous entraîner dans les **conditions réelles de l'épreuve,** c'est la clé du succès !

## 27 sujets corrigés

- **16 sujets** pour préparer l'écrit.
- **11 sujets** pour préparer l'oral.
- Les **sujets complets du Bac 2018.**

## Un classement par type d'épreuve et par séries

- **Des sujets d'écrits classés par série et par niveau** de langue comme au Baccalauréat.
- **Le planning** en page 6 propose des parcours d'entraînement en fonction de la difficulté des sujets.
- Pour chaque série, plusieurs sujets d'oral sont proposés, avec des podcasts à écouter.

## Une analyse détaillée de chaque sujet

- **Une rubrique *Les Clés pour réussir*** pour bien analyser et comprendre l'énoncé.
- **Un corrigé détaillé** et **entièrement rédigé**, conforme à ce que l'on attend de vous à l'examen.

## Et en plus, des compléments indispensables et pratiques

- **L'Infos-Bac** : un dossier complet pour bien aborder l'épreuve 2019 à l'écrit et à l'oral.
- **Un mémento** pour retenir les points-clés.
- **Un lexique** des termes à connaître.

**Couverture** : Élise Launay
**Coordination éditoriale** : Marion Gautier – Julie Hirsch
**Édition** : Christine Grall **Fabrication** : Camille Friquet
**Mise en page** : DESK **Conception graphique intérieur** : Julie Lannes

Nathan 2018 – 25, avenue de Coubertin – 75013 Paris – ISBN 978-2-09-157352-6

# SOMMAIRE



## INFOS-BAC



## LES SUJETS COMPLETS FM*, JUIN 2018

***France métropolitaine**

À refaire / Réussi

### Langue vivante 1



### Langue vivante 2



## LES SUJETS POUR PRÉPARER L'ÉCRIT

### Langue vivante 1

**Séries L-ES-S**

**Série L**

## Expression (obligatoire)



## Expression (approfondie)



## Littérature étrangère en langue étrangère



# MÉMENTO

## Fiches de révisions



## Fiches méthode

# Mon planning de révisions,

**Ce planning propose une sélection de sujets de difficulté progressive et adaptés à différents besoins.**

**Choisissez votre parcours en fonction de vos objectifs de révision**

**Parcours vert** — Objectif : REPRENDRE CONFIANCE

**Parcours bleu** — Objectif : RÉUSSITE ASSURÉE

| | BAC – 6 semaines | BAC – 5 semaines | BAC – 4 semaines |
|---|---|---|---|
| **Lun** | n° 16 ÉCRIT Espaces et échanges – Lieux et formes du pouvoir | n° 21 ORAL Mythes et héros | n° 9 ÉCRIT Lieux et formes du pouvoir |
| **Mar** | | n° 4 ÉCRIT L'idée de progrès – Espaces et échanges | |
| **Mer** | n° 20 ORAL L'idée de progrès | n° 22 ORAL Espaces et échanges | n° 25 ORAL Mythes et héros |
| **Jeu** | n° 8 ÉCRIT Lieux et formes du pouvoir | n° 12 ÉCRIT Mythes et héros – Lieux et formes du pouvoir | |
| **Ven** | | | n° 14 ÉCRIT L'idée de progrès – Mythes et héros |
| **Sam** | n° 5 ÉCRIT L'idée de progrès – Espaces et échanges | n° 19 ORAL Lieux et formes du pouvoir | n° 15 ÉCRIT L'idée de progrès – Espaces et échanges |
| **Dim** | n° 6 ORAL Espaces et échanges | | |

# 6 semaines avant le BAC !

*Pour choisir votre parcours, vous pouvez vous aider du QUIZ sur* **www.abcbac.com**

**Parcours rouge** — **Objectif : EXCELLENCE**

## BAC - 3 semaines

| | |
|---|---|
| Lun | n° 1 ÉCRIT L'idée de progrès – Espaces et échanges |
| Mar | |
| Mer | n° 13 ÉCRIT Lieux et formes du pouvoir – Espaces et échanges |
| Jeu | |
| Ven | n° 6 ÉCRIT Mythes et héros |
| Sam | n° 23 ORAL Lieux et formes du pouvoir |
| Dim | |

## BAC - 2 semaines

| | |
|---|---|
| Lun | n° 2 ÉCRIT Espaces et échanges – Lieux et formes du pouvoir |
| Mar | |
| Mer | n° 17 ORAL Mythes et héros |
| Jeu | |
| Ven | n° 11 ÉCRIT Espaces et échanges |
| Sam | |
| Dim | n° 10 ÉCRIT Espaces et échanges |

## BAC - 1 semaine

| | |
|---|---|
| Lun | |
| Mar | n° 18 ORAL Espaces et échanges |
| Mer | n° 24 ORAL L'idée de progrès |
| Jeu | n° 7 ÉCRIT Mythes et héros – L'idée de progrès |
| Ven | |
| Sam | n° 3 ÉCRIT L'idée de progrès – Espaces et échanges |
| Dim | |

# Tableau des sujets par notions

| | LV1<br>L, ES, S | LV1<br>Séries techno. | LV2<br>L, ES, S | LV2<br>Séries techno. |
|---|---|---|---|---|
| **Mythes et héros** | Écrit :<br>6 7<br>Oral :<br>17<br>(compréhension)<br>21<br>(expression)<br>25 (LVA) | Écrit :<br>12<br>Oral :<br>17<br>(compréhension)<br>21<br>(expression) | Écrit :<br>14<br>Oral :<br>17<br>(compréhension)<br>21<br>(expression)<br>25 (LVA) | Oral :<br>17<br>(compréhension)<br>23 |
| **Espaces et échanges** | Écrit :<br>1 5<br>Oral :<br>18<br>(compréhension)<br>23 (LVA) | Écrit :<br>10 2 11<br>Oral :<br>18<br>(compréhension)<br>22<br>(expression) | Écrit :<br>3 13 15<br>Oral :<br>18<br>(compréhension)<br>22<br>(expression)<br>26 (LVA) | Écrit :<br>4 16<br>Oral :<br>20<br>(compréhension)<br>22<br>(expression) |
| **Lieux et formes du pouvoir** | Écrit :<br>8 9<br>Oral :<br>19<br>(compréhension)<br>23<br>(expression L) | Écrit :<br>2 12<br>Oral :<br>19<br>(compréhension) | Écrit :<br>13<br>Oral :<br>19<br>(compréhension)<br>23<br>(expression L) | Écrit :<br>16<br>Oral :<br>19<br>(compréhension) |
| **L'idée de progrès** | Écrit :<br>1 5 7<br>Oral :<br>20<br>(compréhension)<br>24<br>(expression L) | Oral :<br>20<br>(compréhension) | Écrit :<br>3 14 15<br>Oral :<br>20<br>(compréhension)<br>24<br>(expression L) | Écrit :<br>4<br>Oral :<br>20<br>(compréhension) |

# Infos-Bac

# Le programme

## Qu'allez-vous étudier en anglais ?

- Le programme de première et de terminale s'articule autour d'une entrée culturelle : **Gestes fondateurs et mondes en mouvement.**
- L'étude de cette entrée est structurée autour de **quatre notions**.
- Chaque notion peut être abordée à travers différents domaines tels que les arts, les croyances et les représentations, l'histoire et la géopolitique, les langues et les langages, la littérature, les sciences et les techniques, la sociologie et l'économie.

## Gestes fondateurs et mondes en mouvement

| Notions | Angles d'approche |
|---|---|
| **Mythes et héros** | – Mythes, héros et récits fondateurs d'une identité collective.<br>– Le héros : personnage fictif ou réel qui marque la tradition, l'histoire, la vie quotidienne.<br>– Héros de la culture populaire et de la contre-culture. |
| **Espaces et échanges** | – Circuits commerciaux et réseaux d'influence.<br>– Découverte et conquête de terres nouvelles.<br>– La frontière : protection ou ouverture ?<br>– Espaces réels et virtuels.<br>– Unification des espaces et des peuples, des langues et des visions du monde. |
| **Lieux et formes du pouvoir** | – Lieux institutionnels emblématiques du pouvoir.<br>– Pouvoir des médias.<br>– Goût du pouvoir et résistance au pouvoir.<br>– Pouvoir et conquêtes.<br>– Relation entre arts et pouvoir, entre langue et pouvoir. |
| **L'idée de progrès** | – Le progrès à travers les grands moments de l'histoire.<br>– Héritages et traditions, variété des processus d'évolution, résistances face au changement.<br>– Prise de conscience des conséquences du progrès, relayé par un développement des technologies de pointe, une accélération des avancées scientifiques et techniques, le culte de la nouveauté et du progrès. |

## Littérature étrangère en langue étrangère (série L uniquement)

Le programme est structuré par six thématiques autour desquelles le professeur construit un itinéraire cohérent et structurant.

| Thématiques | Pistes |
|---|---|
| **Je de l'écrivain et jeu de l'écriture** | – autobiographie, mémoires, journal intime ;<br>– l'écrivain dans sa langue, l'écriture comme jouissance esthétique, l'expression des sentiments, la mise en abyme. |
| **La rencontre avec l'autre, l'amour, l'amitié** | – le roman épistolaire, l'amour courtois, la poésie mystique, la poésie élégiaque ;<br>– les jeux de l'amour, le couple et le double. |
| **Le personnage, ses figures et ses avatars** | – héros mythiques ou légendaires, figures emblématiques ;<br>– héros et anti-héros, la disparition du personnage. |
| **L'écrivain dans son siècle** | – roman social, roman policier, la littérature de guerre et d'après-guerre, l'essai, le pamphlet, la satire ;<br>– le débat d'idées, l'engagement et la résistance, la transgression, la dérision, l'humour. |
| **Voyage, parcours initiatique, exil** | – les récits d'exploration, d'évasion, d'aventure, le roman d'apprentissage ;<br>– le déracinement, l'errance, le retour. |
| **L'imaginaire** | – l'étrange et le merveilleux, le fantastique, la science-fiction ;<br>– l'absurde, l'onirisme, la folie, la métamorphose. |

# Le CECRL

Le Cadre Européen Commun de Référence pour les Langues, élaboré par le Conseil de l'Europe, définit le niveau de compétence visé dans chacune des cinq activités langagières travaillées en classe. Voici ce que vous devez être capable de faire, dans des situations scolaires et sociales, en fin de classe de terminale générale et technologique.

| **Niveau visé** / **Compétence** | **B1** (niveau seuil) Toutes séries LV2 | **B2** (niveau avancé) Toutes séries LV1 | **C1** (niveau autonome) Série L, LVA |
|---|---|---|---|
| **Écouter et comprendre** | – Comprendre les points essentiels d'une intervention énoncée dans un langage clair et standard.<br>– Suivre une conversation en situation réelle ou simulée. | – Comprendre l'essentiel d'une intervention longue, d'une argumentation complexe énoncée dans un langage standard.<br>– Suivre une conversation animée entre locuteurs natifs.<br>– Comprendre des messages courants émis à un débit normal. | – Comprendre une intervention longue, même si elle n'est pas clairement structurée et que les articulations sont implicites. |
| **Parler en continu** | – S'exprimer de manière simple sur des sujets variés.<br>– Relater des expériences vécues, exprimer des sentiments, une opinion personnelle, argumenter pour convaincre. | – S'exprimer de manière détaillée et organisée sur une gamme étendue de sujets relatifs à ses domaines d'intérêt ou de connaissance.<br>– Développer un exposé de manière claire et méthodique en soulignant les éléments significatifs. | – S'exprimer de manière détaillée et pragmatique sur des sujets complexes, en organisant son propos de manière à parvenir à un effet ou une conclusion appropriée. |
| **Réagir et dialoguer** | – Faire face à des situations variées avec une relative aisance à condition que la langue soit standard et clairement articulée.<br>– Conduire un entretien préparé et prendre quelques initiatives. | – Participer à des conversations d'une certaine longueur avec aisance et spontanéité, avec des locuteurs natifs.<br>– Engager la conversation, y participer et la clore.<br>– Corriger lapsus et erreurs après en avoir pris conscience. | – Participer à des conversations sur des sujets abstraits, complexes et non familiers avec spontanéité et pertinence. |

| Niveau visé / Compétence | **B1** (niveau seuil) Toutes séries LV2 | **B2** (niveau avancé) Toutes séries LV1 | **C1** (niveau autonome) Série L, LVA |
| --- | --- | --- | --- |
| **Lire** | – Comprendre des textes essentiellement rédigés dans une langue courante.<br>– Localiser des informations pertinentes.<br>– Comprendre un enchaînement de faits. | – Lire avec un grand degré d'autonomie et utiliser les références convenables de manière sélective.<br>– Comprendre un texte littéraire contemporain en prose.<br>– Comprendre des articles sur des problèmes contemporains. | – Comprendre, dans le détail, des textes longs et complexes, qu'ils se rapportent ou non à son domaine, à condition de pouvoir relire les parties difficiles. |
| **Écrire** | – Rédiger un texte articulé et cohérent, sur des sujets concrets ou abstraits, relatifs à des domaines familiers.<br>– Rendre compte d'expériences, de faits, d'événements. | – Écrire des textes clairs et détaillés sur une gamme étendue de sujets relatifs à son domaine d'intérêt en faisant la synthèse et l'évaluation d'informations et d'arguments empruntés à des sources diverses. | – Écrire des textes bien structurés sur des sujets complexes, en soulignant les points pertinents et en confirmant un point de vue de manière élaborée. |

# Les épreuves en bref

**Coefficients :**
– 8, pour les L (LVA)
– 4, pour les L (LV1 et LV2)
– 3, pour les ES, les S, les STMG CFE (LV1) et les STMG CGRH (LV1 et LV2)
– 2, pour les ES, les S, les STMG et CFE (LV2), les STMG GSI, les STI2D, les STD2A, les STL (LV1 et LV2) et les ST2S (LV1)
– 1, pour les L (LELE)

## L'épreuve écrite

### Comment s'organise l'épreuve ?

- **Durée :**

– 3 heures, pour les L (LV1, LV2 et LVA) et les ES et S (LV1)
– 2 heures, pour les séries technologiques (LV1 et LV2), les ES et S (LV2)

- **L'épreuve est composée de :**

– un à trois documents en langue étrangère,
– une première partie : compréhension de l'écrit (10 points),
– une seconde partie : expression écrite (10 points) pouvant prendre appui sur un document tremplin pour les LV1.

**Top chrono !**

- **Lire les textes et comprendre les documents** : 15 à 20 minutes.
- **Consacrez le même temps pour traiter les questions de compréhension et le(s) sujet(s) d'expression.**
- **Relire et corriger** toutes les fautes d'orthographe et de syntaxe : 10 minutes.

### Quels sont les critères d'évaluation de ma copie de Bac ?

Dans la partie « compréhension de l'écrit », vous devrez montrer votre aptitude à :
– identifier le sujet ou la thématique générale des différents documents,
– repérer des informations importantes relatives à une problématique donnée,
– comprendre les motivations et les réactions des personnages, du narrateur et de l'auteur quand elles sont clairement exprimées,
– percevoir les points de vue, les opinions, les contrastes dans les documents et/ou dans leur mise en relation (pour les candidats de LV1 uniquement).
– comprendre le ou les textes dans le détail et en apprécier le style, identifier les points de vue implicites (pour les candidats de LVA uniquement).

Dans la partie « expression écrite », vous devrez montrer votre aptitude à :
– rédiger, dans une langue correcte et directement compréhensible, un ou des textes cohérents et clairement articulés.
– exprimer de façon nuancée et argumentée une opinion ou un avis, en présentant clairement, dans une langue correcte, aussi précise que possible, les avantages ou les inconvénients d'une proposition, les points forts et les limites d'une prise de position (pour les candidats de LV1 uniquement).
– écrire des textes structurés sur des sujets complexes et exposer un point de vue de manière élaborée par l'intégration d'arguments secondaires et d'exemples pertinents pour parvenir à une conclusion appropriée (pour les candidats de LVA uniquement).

## Les épreuves orales en série L

### L'épreuve de langue vivante obligatoire

• **Durée** : 30 minutes
Préparation : 10 minutes
Exposé : 10 minutes
Entretien : 10 minutes

• Vous présentez à l'examinateur la liste des 4 notions au programme étudiées dans l'année ainsi que les documents qui les ont illustrées. L'examinateur choisit l'une de ces 4 notions. L'épreuve se compose :
– d'une prise de parole en continu pour présenter la notion,
– puis d'une conversation conduite par l'examinateur.

### L'épreuve de langue vivante approfondie

• **Durée** : 30 minutes
Préparation : 10 minutes
Exposé : 10 minutes
Entretien : 10 minutes

• Vous choisissez deux notions étudiées dans l'année, et pour lesquelles vous avez constitué un dossier (deux documents étudiés en classe et un document de votre choix en relation avec les documents retenus pour votre dossier). L'examinateur choisit l'une de ces notions. L'épreuve se compose :
– d'une prise de parole en continu pour présenter le dossier et justifier vos choix,
– puis d'une conversation conduite par l'examinateur.

### Épreuve obligatoire de littérature étrangère en langue étrangère

• **Durée** : 10 minutes
Exposé : 5 minutes
Entretien : 5 minutes

- Cette évaluation s'effectue à la suite de l'épreuve obligatoire ou de spécialité de la langue choisie par le candidat pour cet enseignement.
- Vous présentez à l'examinateur deux des thématiques du programme de LELE pour lesquelles vous avez constitué un dossier (deux textes extraits d'une ou plusieurs œuvres étudiées et tout document vous semblant pertinent pour analyser la réception de la ou des œuvre(s)). L'examinateur choisit l'une de ces thématiques. L'épreuve se compose :
– d'une prise de parole en continu pour présenter son dossier (5 minutes),
– puis d'une conversation conduite par l'examinateur (5 minutes).

## Les épreuves orales en séries ES, S et technologiques

### Comment s'organisent les épreuves ?

L'évaluation se déroule pendant le temps scolaire en deux temps :
– premier temps : **la compréhension de l'oral**, au cours du deuxième trimestre de l'année de terminale,
– deuxième temps : **l'expression orale**, au dernier trimestre de l'année de terminale.

### La compréhension de l'oral

- **Durée** : 10 minutes (hors temps d'écoute).
- **L'épreuve s'appuie sur un document audio ou vidéo**, non étudié en cours, d'une durée n'excédant pas 1 min 30. Le professeur peut aussi choisir de proposer deux documents dont la durée totale ne peut excéder 1 min 30.
- **Le titre de l'enregistrement** vous est donné au début de l'épreuve.
- **L'épreuve se déroule en deux temps :**
– trois écoutes, séparées chacune d'une minute,
– rendre compte par écrit, et en français, de ce que vous avez compris (10 minutes)

### L'expression orale

- **Durée** : 20 minutes
Préparation : 10 minutes
Oral : 10 minutes
- Vous tirerez au sort une des notions du programme étudiées dans l'année.
La phase de préparation sera suivie :
– d'une prise de parole en continu pour présenter la notion (5 minutes),
– d'une conversation conduite par l'examinateur (5 minutes).

# La méthode pour l'écrit

## La compréhension de l'écrit

### Bien comprendre le(s) document(s)

Les étapes clés

- **1^re^ lecture intégrale** du ou des document(s) pour en dégager le thème commun. **Concentrez-vous sur ce que vous comprenez.** On ne vous demande pas d'avoir compris tous les mots de façon exhaustive.
- **2^e^ lecture de repérage.** À l'aide de trois surligneurs, repérez :
  – les personnages (noms, prénoms, statuts, fonctions et liens avec les autres personnages, en différenciant les personnages présents des personnages seulement mentionnés),
  – les noms des lieux géographiques et matériels,
  – les marqueurs temporels ou chronologiques.
- **Lecture des questions et des sujets d'expression** de façon à orienter votre **3^e^ lecture.** Si vous disposez d'un **document tremplin**, analysez déjà son contenu.
- Le moment est venu de répondre aux questions. Attention à bien gérer votre temps !

> **L'astuce du prof**
> Lors de la 3^e^ lecture, écrivez le numéro des questions devant les passages du ou des textes qui vous semblent donner les réponses appropriées : c'est un gain de temps considérable.

### Comment répondre aux questions ?

- Les consignes sont rédigées en anglais. **Apprenez le sens des questions les plus usitées** (→ voir **Mémento fiche 9**).
- **Répondez avec précision** à la question posée.
- **Si vous citez le(s) texte(s),** indiquez les numéros de lignes et utilisez des guillemets. **Choisissez les éléments les plus pertinents,** parfois le mot ou l'expression. S'il s'agit d'une phrase entière, prenez le temps de la recopier dans sa totalité, évitez les points de suspension.
- **Traitez les questions dans l'ordre** dans lequel elles apparaissent. Ne traitez pas deux questions en une seule réponse.
- Ne laissez aucune question sans réponse.
- Veillez à la forme : rédigez des phrases et utilisez des tournures idiomatiques.

# L'expression écrite

- Que vous soyez en LV1 ou en LV2, on vous demandera de rédiger un ou plusieurs textes construits prenant appui sur ce que vous avez identifié dans le(s) document(s). Ces sujets peuvent vous amener à écrire un dialogue (→ voir **Mémento fiche 11**) ou une lettre (→ voir **Mémento fiche 10**), raconter une histoire, écrire la suite d'un texte, répondre à un internaute...
- Si vous êtes en LV1, vous devrez également rédiger une argumentation personnelle en relation avec le(s) document(s) ou à partir d'un nouveau document « tremplin » (→ voir **Mémento fiche 12**).

## La lettre

Les bonnes questions à se poser avant d'entamer la rédaction d'une lettre

- Qui est le rédacteur ? Vous-même ou l'un des personnages du texte ?
- À qui s'adresse cette lettre?
- Quelle est la teneur du message qu'elle véhicule ?
- Quel est le contexte ?
- Quelles relations lient l'émetteur et le récepteur ?

(→ voir **Mémento fiche 10**)

**Attention !**

Ne signez jamais une lettre de votre nom. Votre copie de Bac doit rester anonyme.

## L'argumentation et le document tremplin

Il s'agit de discuter une question relative au thème abordé dans le(s) texte(s), de formuler votre opinion personnelle fondée sur vos arguments et d'étayer votre analyse par des exemples tirés de votre vécu ou de connaissances que vous avez sur ce sujet.
(→ voir **Mémento fiche 12**)

Quelques exemples de sujets

– *According to you, should mobile phones be banned in public places?*
– *Do you agree with the statement: money can't buy happiness?*
– *Would you be ready to go and work abroad? Why or why not?*
– *What do you personally think of human cloning?*

Le document tremplin

- Le document tremplin n'est pas systématique.
- Il est un support important pour étayer votre argumentation. Analysez bien la source, la date et le contenu de ce document pour ne pas commettre d'erreur sur une interprétation trop hâtive.
- Prenez le temps de faire le lien entre ce document et le(s) document(s) support(s) de la partie « compréhension ». Il devrait confirmer votre compréhension de la problématique.

### Le travail au brouillon

- **Analysez et définissez clairement les termes du sujet.** Répartissez en deux colonnes les arguments répondant aux deux aspects de la question (*For / Against*). Ajoutez une ouverture possible à votre argumentation ou une réserve importante pour nuancer votre point de vue.
- **Faites-vous une banque lexicale liée aux termes essentiels du sujet.** Cela vous évitera les répétitions des mêmes mots. Pensez aux synonymes et notez-les sur votre brouillon.
- **Construisez votre plan** et gardez la thèse que vous souhaitez défendre pour la fin.

### Les points forts de votre rédaction

- **L'introduction** doit être brève, mais comporter 3 étapes :
  – annoncez la thématique du devoir,
  – introduisez la problématique,
  – annoncez le plan.
- **Les paragraphes distincts** structurant votre devoir doivent être introduits par des connecteurs qui permettront à votre lecteur de suivre le cheminement de votre pensée. (→ voir **Mémento fiche 7**)
- **Choisissez soigneusement vos exemples.** Lorsque le sujet s'y prête, puisez vos références dans le programme étudié en cours d'anglais.
- **La conclusion** doit apporter la réponse à la question posée dans l'introduction. Cette étape doit être particulièrement soignée car c'est sur cette dernière impression que va rester votre correcteur avant de vous attribuer une note.
- **La qualité de votre expression** entre en ligne de compte, tout autant que la qualité de votre argumentation. Vous devez vous montrer capable de construire des énoncés complexes dans une langue correcte, dépourvue d'erreurs grammaticales majeures, et dotée d'un lexique riche et étoffé.
- **Relisez votre travail** ! Pensez à corriger les erreurs les plus courantes : verbes irréguliers, accords, formes verbales, orthographe...

**L'astuce du prof**

Ne donnez pas de réponse à la question dès le début de votre devoir, même si vous connaissez l'issue de votre analyse personnelle. Donnez à votre correcteur l'envie de poursuivre sa lecture !

## Soignez votre copie

- Soignez l'écriture pour donner une opinion favorable au correcteur.
- Évitez les ratures, les notes de renvoi, les flèches... Utilisez un effaceur et n'oubliez pas de corriger ce que vous avez effacé !
- N'utilisez pas de crayon à papier, ni d'encre de couleur rare.
- Faites des efforts de présentation et de clarté : construisez des paragraphes, sautez des lignes.

# La méthode pour l'oral

## La compréhension orale (séries ES, S et technologiques)

→ **Vous trouverez la méthode détaillée pour cette épreuve en fiche 13 du Mémento.**

Entraînez-vous !

Outre votre préparation en classe, plus vous écouterez de documents authentiques, sur les outils à votre disposition, plus vous aurez de chances de vous familiariser avec ce type d'exercice.

**Testez-vous sur un enregistrement court**, prenez des notes et faites un bilan immédiat de votre compréhension. Exprimez, en français et par écrit, le contenu essentiel. Cela vous prendra environ 15 minutes seulement ! Répétez l'exercice aussi souvent que possible !

## L'expression orale (toutes séries)

### Comment se préparer avant le jour J ?

- **Reprenez vos notes et constituez un plan détaillé pour chaque notion** ou thématique au programme, à réviser pour le Jour J. Pour être efficace, votre plan détaillé doit tenir sur une page.
- **Profitez de chaque cours tout au long de l'année pour vous entraîner** à la prise de parole en continu.
- **Regardez tous vos films en version originale** afin d'intégrer les schémas intonatifs de base.

**L'astuce du prof**

Apprenez un petit corpus de « *gap fillers* », ces mots ou expressions idiomatiques qui vous permettront de meubler un blanc si vous avez une hésitation (Ex : *so, well, let me see, how shall I put it ?*).

### La préparation

#### Les bons conseils pour le travail au brouillon

- Ne rédigez pas tout votre exposé : vous aurez tendance à lire au lieu de vous adresser à votre examinateur. Contentez-vous de rédiger l'introduction, le plan détaillé et la conclusion.
- Organisez votre brouillon sous forme de notes. N'hésitez pas à souligner ce qui vous paraît important afin de ne pas l'oublier.
- Respectez le plan que vous avez établi.

### Préparez votre exposé

Aborder la notion à travers un fil conducteur

- Le fil conducteur fonde votre exposé.
- Posez-vous les bonnes questions : en quoi ce corpus étudié en classe est-il représentatif de la notion ? pourquoi ?

Structurer l'exposé

- **L'introduction** :

– Partez des documents étudiés, puis dirigez-vous vers votre définition de la notion.
– Si vous êtes en série L, n'oubliez pas de donner les sources des documents (type, date, auteur).
– Annoncez le plan de votre commentaire.

- **Le développement** :

– Pensez à créer des sous-parties dans vos grandes parties.
– Dans chaque partie, faites apparaître les idées principales, illustrées d'exemples concrets et pertinents.

- **La conclusion** :

–Terminez par votre définition de la notion en fonction des documents que vous avez présentés.

– Ouvrez sur d'autres aspects de la notion.

Les exemples à citer

- Citez toujours un exemple pour étayer votre argument, et non le contraire.
- Pour les L, veillez à ce que tous les documents soient cités de façon équilibrée : un document ne doit pas dominer les autres.

## Le passage à l'oral

### L'exposé

- **Si un mot vous manque**, tentez de trouver une autre façon d'exprimer votre idée, un synonyme ou une paraphrase. Votre effort sera valorisé.
- **Évitez les silences** : si vous êtes vraiment bloqué, passez à la suite.
- **Signifiez clairement au professeur que vous êtes arrivé au bout de votre présentation** ("*So far, that's what I can say about this notion*"), au lieu de vous perdre en gestes embarrassés.

### L'entretien

- **L'examinateur peut vous faire revenir sur des éléments importants que vous auriez omis.** Il ne cherche pas à vous piéger : envisagez ces questions comme autant d'occasions d'approfondir votre explication.
- **Si vous ne comprenez pas une question posée**, dites-le ("*I'm sorry, I didn't understand : could you say it differently ?*").

- **Si un mot vous manque au cours de l'entretien**, demandez-le en anglais (*"I'm sorry, I've forgotten the English for 'paradoxal' : could you help me please?"*) mais n'en abusez pas.
- **À la fin de l'entretien, saluez votre examinateur en anglais** : "*Goodbye. Thank you for your attention. Have a nice day!*".

### Comment ne pas stresser

- Il vous sera peut-être difficile de vous concentrer, car pendant que vous vous préparerez, un autre candidat sera sans doute devant l'examinateur : si vous avez l'habitude d'en utiliser, prévoyez des bouchons d'oreilles en mousse !
- Une épreuve orale est toujours impressionnante. Si cela peut vous rassurer, sachez que les Instructions Officielles concernant les épreuves orales précisent bien que l'épreuve doit être « conduite dans un esprit d'évaluation positive » et se dérouler « dans un climat de bienveillance ».

# Les sujets complets FM, juin 2018

# Sujet 1

Séries L, ES, S

3 heures

## Trains d'hier, d'aujourd'hui et de demain

France métropolitaine, juin 2018

### Doc. 1 A passionate stamp collector

*Alphonse remembers going to a stamp collectors' market.*

He busied himself in a dealer's[1] penny box, where they put all the dregs that no one wants, that have no value, where everything goes for a penny no matter what the postage declares. [...] Then he found his first railroad stamp.

It was a commemorative for the first trip of the Atlanta Zephyr. [...] A nibble off the top left edge was missing, and half the perforations were gone. But – he couldn't stop his finger from running over its rough skin. He could feel the speed. The image fell into what he would later discover to be the standard portrayal of trains on stamps: a locomotive and a car or two speeding off the right edge with a little puff of steam, foreshortened to suggest departure from an old world and speed across the border into the new. It was not the picture of a vase or a cat. The train, tinted blue, was a notion of possibility. Human beings had made these trains, men like him, and if to outsiders a stamp was no kind of monument to a grand idea, for Alphonse this was true craftsmanship. With a few simple strokes[2], with a few anonymous cars and one noble locomotive, the artist had composed the definition of dreaming. Anything could be in those cars, anything he wanted. [...]

Once his collection started in earnest, he'd spend hours with a magnifying glass trying to discern human faces in the passenger cars. He filled albums and albums with stamps from around the world. Every place on the globe was linked by the invention of the railroad, it crossed oceans and cultures.

He didn't notice when he started collecting the stamps of dead places. The Last Run of the Santa Fe Motor, Commemorating the End of Old Erie, Old Brighton Terminal.

They issued stamps for dead lines, defunct lines, extinct depots. Routes that had become obsolete, replaced by superhighways or snipped short by politics. Towns failed, everybody moved away and the terminal shut its doors in anticipation of vandalism, became a stamp. Small independent lines were bought up and swallowed by larger ones.

Top of the line locomotives made inefficient by technical advances. What remained of the ultimate in human achievement was a stamp. It was all obsolete and preserved in adhesive elegies, limited-issue testament. He collected it all.

Colson Whitehead, *John Henry Days*, 2001

---

**1. a dealer**: in this context, a stamp seller.
**2. strokes**: *traits d'un dessin.*

## Doc. 2 A Canadian Pacific ticket envelope (1955)

## Doc. 3 California firm Hyperloop to test engine in southern Nevada

A California company with visions of building a futuristic transportation system to one day zip people and packages at nearly the speed of sound announced Tuesday it is building a test facility in southern Nevada.
Hyperloop Technologies Inc. and the Nevada governor's office said the 50-acre facility at a fledgling[1] North Las Vegas business park will test a linear electric motor at speeds up to 335 mph — about half the speed envisioned in a full-scale system.
"This decision represents another major milestone in our journey to bring Hyperloop to commercial reality," Rob Lloyd, CEO of the Los Angeles-based company, said in a statement.
The concept, which was described in 2013 by Tesla and SpaceX billionaire Elon Musk, rips a page from science fiction and aims to make it reality. Pressurized capsules would zoom on a thin cushion of air

through pneumatic-style tubes with little friction, powered by magnetic attraction and solar power. Developers envision transporting freight and passengers at speeds up to 750 mph — a pace that could cut the 400-mile trip between Los Angeles and San Francisco to less an hour. The speed of sound is 767 mph.

"The physics of it works," said R. John Hansman Jr., aeronautics and astronautics professor at the Massachusetts Institute of Technology. But he compared the idea to putting a man on the moon, and called the engineering, technology, scale and cost challenges significant.

Installation of a 1-kilometer track, a little more than a half-mile, is expected to begin this month at the Mountain View Industrial Park in North Las Vegas. The site is part of a sprawling 28 square miles of undeveloped land known as the Apex Industrial Center about 15 miles northeast of downtown Las Vegas. Hyperloop Technologies said the goal is to deliver a commercially viable, fully operational transport system by 2020.

"This is a huge development for our city and for the entire region," Mayor John Lee said Tuesday. "We welcome Hyperloop Tech as one of the innovative job creators who will transform the landscape of Apex and diversify our economy."

*The Chicago Tribune* website, *www.chicagotribune.com,* 8 December 2015

1. **fledgling**: brand new.

## Compréhension de l'écrit

**10 pts**

→ **Focus on lines 1 to 23 ("oceans and cultures.") for questions 1, 2 and 3.**

**1 Doc. 1. TRUE** or **FALSE?** Justify each answer by quoting one element from the text.

**a.** The Atlanta Zephyr stamp was the beginning of a new collection.
**b.** This stamp was expensive.
**c.** Alphonse was fascinated by this stamp.
**d.** This stamp conveyed an impression of movement.

**2 Doc. 1.** Choose the stamp that best corresponds to the one Alphonse found at the market. Justify by quoting two elements from the text.

| a. | b. | c. | d. |
|---|---|---|---|
|  |  |  |  |

**3 Doc. 1.** In what ways are trains connected to the concept of frontiers in this text? Give two ideas and justify each answer with a quote.

**→ Focus on lines 13-23 ("The train, tinted blue…oceans and cultures.") for questions 4 and 5.**

***Seuls les candidats des séries ES, S et L LVO*** *traiteront la question 4.*

**4 Doc. 1.** In your own words, explain why the stamp meant more than a piece of paper for Alphonse. Give two reasons.

***Seuls les candidats de la série L LVA*** *traiteront la question 5.*

**5 Doc. 1.** What makes Alphonse different from "outsiders" (l. 14)? Answer in your own words.

**→ Focus on line 24 to the end.**

**6 Doc. 1. a.** What is the common point between the stamps mentioned in this paragraph? Answer briefly and justify with four exam ples from the text.

**b.** Find at least two evolutions that these stamps suggest. Answer in your own words.

***Seuls les candidats de la série L LVA*** *traiteront la question 7.*

**7 Doc. 1.** "*What remained of the ultimate in human achievement was a stamp.*" (l. 32-33).

Explain what role stamps play according to Alphonse.

**8 Doc. 2. a.** In what ways is the written part designed to be attractive. Give two elements.

**b.** Explain how pictural elements in the advertisement contribute to attracting people. Give two ideas.

**c.** Explain what kind of travel experience is advertised in this document. Give two ideas.

**9 Doc. 3. a.** Copy and complete the following table with elements from the text.

| | Year | Place | Distance | Speed |
|---|---|---|---|---|
| Testing of the Hyperloop | X | a) in… | b) … | c) … |
| Final project | d) | e) from…<br>f) to… | g) … | h) … |

**b.** What makes this project such an innovation?

**10 Doc. 3.** What does the Hyperloop look like? Choose the image that best corresponds to the Hyperloop. Justify with a quote from the text.

| a. | b. | c. | d. |
|---|---|---|---|
|  |  |  |  |

**11 Doc. 3. YES** or **NO**? Answer and justify with a quote from the text.

*Will the Hyperloop be easy to build?*

**12 Doc. 3.** Why does Mayor John Lee (l. 31) welcome the project? Answer in your own words.

***Seuls les candidats de la série L LVA** traiteront la question 13.*

**13 Doc. 3.** In your own words, show that the journalist considers the Hyperloop as a visionary project. Give two elements and justify each one with a quote from the text.

***Seuls les candidats des séries ES, S et L LVO** traiteront la question 14.*

**14 Doc. 1, 2 et 3.** Compare the ways in which people use trains in the three documents.

***Seuls les candidats de la série L LVA** traiteront la question 15.*

**15 Doc. 1, 2 et 3.** In the three documents, to what extent do trains create links?

## Expression écrite

**10 pts**

***Les candidats des séries S, ES et L LVO** traiteront **le sujet 1 OU le sujet 2**.*

***Les candidats de la série L LVA** traiteront **le sujet 3 ET le sujet 4**.*

**1** Do you think that technical progress necessarily implies forgetting the past? (± 300 mots)

**2** Write Elon Musk's inauguration speech for the Hyperloop in 2020, in which he reminds the audience of the evolution of transport and explains his vision of the future. (± 300 mots)

**3** Ken / Clara Jones, a collector, is asked to write an editorial for the magazine *Collector's Monthly.* Write his / her article entitled "*Celebrating things of the past*". (± 200 mots)

**4** Discuss the following statement by Elisha Cooper, an American writer and children's books author: "*A train is a small world moving through a larger world*". (± 200 mots)

## Les clés pour réussir

### Bien comprendre les documents

#### Document 1

**L'essentiel**

- **L'auteur**. Colson Whitehead est un auteur new-yorkais afro-américain né en 1969 et diplômé de Harvard.
- **La source**. Ce texte est extrait de son deuxième roman qui retrace la légende de John Henry, héros populaire afro-américain qui travaillait à la construction d'une voie ferrée et mourut peu après avoir réussi à vaincre une machine à vapeur initialement conçue pour le remplacer.
- **Le sujet**. Dans ce passage, on découvre la passion d'un collectionneur de timbres pour les trains et les lignes de chemin de fer.

**Vocabulaire**

*a nibble* (l. 6), du verbe *to nibble* : grignoter • *rough* (l. 8) : rugueux • *a puff of steam* (l. 11) : un nuage de vapeur • *craftsmanship* (l. 16) : travail d'artiste.

#### Document 2

**L'essentiel**

- **La source**. Une enveloppe pour un billet de train panoramique canadien datant de 1955.
- **Le sujet**. Lancé en 1955, *The Canadian* était un train panoramique en inox permettant à l'époque de relier Montréal à Vancouver en 3 jours.

**Vocabulaire**

*scenic dome* : toit panoramique.

#### Document 3

**L'essentiel**

- **La source**. Le *Chicago Tribune* est un grand quotidien américain qui tire à près de 500 000 exemplaires chaque jour. Fondé en 1847 et à ligne éditoriale conservatrice, sa devise est *An American Paper for Americans.*
- **Le sujet**. L'Hyperloop est une invention d'Elon Musk, le milliardaire américain d'origine sud-africaine, fondateur des compagnies Tesla et Space X. Sorte de train du futur, ses capsules sur coussins d'air à propulsion magnétique permettront de transporter passagers et fret quasiment à la vitesse du son.

**Vocabulaire**

*to zip* (l. 2) : déplacer très rapidement • *mph* (l. 6) = *miles per hour* (rappel : 1 mile = 1,6 km) • *a milestone* (l. 8) : un jalon, une étape clé • *a journey* (l. 8) : un voyage, un périple

### Bien répondre aux questions

**3** Pensez aux frontières physiques, bien sûr, mais aussi aux frontières temporelles.

**5** Le terme *outsiders* est à comprendre ici comme renvoyant à quelqu'un qui ne partagerait pas la passion d'Alphonse.

**14** Les trains permettent à leurs passagers de se déplacer d'un point à un autre, mais aussi de partir à la découverte de leur propre pays ou bien de nouvelles cultures, de passer un agréable moment en famille, ou de profiter pleinement d'avancées techniques majeures.

**15** Si les trains permettent des connections évidentes entre les endroits et les gens qu'ils relient, certaines innovations coûteuses peuvent être réservées à une élite, créant ainsi des divisions sociales et économiques.

### Pistes pour les sujets d'expression

#### Sujet 1

Bien comprendre le sujet

Sujet d'expression personnelle de type argumentatif sur **le progrès technique**.

Les attentes du correcteur

- Votre réflexion devra être **personnelle, construite** et **organisée.**
- Inspirez-vous des **textes du corpus**, de vos cours **d'anglais et de philosophie** et de vos **connaissances personnelles.**
- Mobilisez le **lexique lié à l'idée de progrès.**

Organiser ses idées

- Pour pouvoir aller de l'avant, il paraît nécessaire de **rompre avec les traditions** et de **ne pas idéaliser le passé.**
- Néanmoins, toute **innovation** s'accomplit **grâce aux inventions** qui l'ont précédée.
- Somme toute, **la sagesse et les savoirs** hérités de nos ancêtres peuvent encore nous guider dans notre **éternelle quête de progrès.**

#### Sujet 2

Bien comprendre le sujet

Sujet d'invention lié au document 3 : le **discours d'inauguration** de l'Hyperloop par son créateur, Elon Musk.

Les attentes du correcteur

- Ce discours sera certainement empreint d'**émotion**, de **fierté** et de **solennité**, avec la petite pointe d'**humour** qui caractérise cet inventeur génial et touche-à-tout.
- Respectez bien la consigne qui exige un rappel de l'**évolution des moyens de transport** ainsi qu'une ouverture sur **d'autres possibilités pour l'avenir.**

Organiser ses idées

- **Saluez** votre auditoire et **présentez-vous.**
- Retracez **les origines** du projet Hyperloop, en les inscrivant **dans un contexte plus global** d'évolution des moyens de transport.
- **Faites rêver** vos auditeurs en évoquant **vos ambitions pour l'avenir**, que ce soit sur Terre... ou ailleurs !

## Sujet 3

Bien comprendre le sujet

- Sujet d'invention lié au document 1 : **un éditorial** pour un magazine de collectionneurs.

Les attentes du correcteur

- Il s'agit d'un texte **engagé**, où vous devez **défendre** l'importance des objets du passé dans un monde en **évolution technologique** constante.
- Montrez-vous **enthousiaste** grâce à des **formes superlatives** (*the* ADJ-*est, the MOST* + ADJ...), **exclamatives** (*How* + ADJ *! What a* + NOM *!*) et **impératives** (*Let's* + V *!*).

Organiser ses idées

- **Présentez-vous** en utilisant un des noms fournis par la consigne, et créez-vous **une identité de collectionneur.**
- Justifiez votre besoin de **défendre votre passion** : les collections sont souvent perçues comme **un passe-temps désuet**, coûteux, chronophage, **voire ridicule.**
- Montrez l'importance des **objets du passé** et le rôle primordial des collectionneurs, véritables gardiens de **notre patrimoine culturel.**

## Sujet 4

Bien comprendre le sujet

Sujet de type argumentatif : **discuter une citation** sur les trains.

Les attentes du correcteur

Le terme *discuss* implique de **justifier** cette remarque mais aussi d'en **voir les limites** : soyez donc **nuancé** dans votre argumentation.

Organiser ses idées

- Les passagers d'un train, par **leur diversité** et **leur interaction forcée** compte tenu des circonstances, forment bel et bien **une microsociété.**
- Néanmoins, peut-on réellement parler de **deux mondes différents**, parfaitement **cloisonnés** ?

# Sujet 1 Corrigé

## Compréhension de l'écrit

**1** **a. True**: "his first railroad stamp" (l. 4-5)
**b. False**: "in a dealer's penny box" (l. 2)
**c. True**: "he couldn't stop his finger from running over its rough skin" (l. 8)
**d. True**: "he could feel the speed" (l. 8-9)

**2** Answer **a.**: "little puff of steam" (l. 11) + "a nibble of the top left edge was missing" (l. 6-7).

**3** In this text, trains are connected to the concept of frontiers insofar as they allow the crossing over temporal frontiers ("from an old world (...) across the border into the new", l. 12) but also connect places separated by physical borders ("every place on the globe was linked by the invention of the railroad", l. 21-22).

**4** Alphonse recognizes the historical, civilizational value of the stamp. Moreover, he admires the skills of the artist who created it. Last but not least, this stamp enables him to dream and travel through imagination.

**5** Unlike "outsiders" who do not collect stamps and so cannot understand their historic and artistic value, Alphonse is passionate and thus able to grasp the complexities at stake.

**6** **a.** These stamps all represent dead places ("dead (or) defunct lines", "extinct depots", "routes (...) obsolete", "terminal shuts its doors", l. 27-30).
**b.** These stamps show that train lines are no longer economically viable and are therefore cancelled and replaced by superhighways. In a way, they suggest that progress is not only a source of modernity, but also involves the destruction of an old world.

**7** According to Alphonse, stamps keep track of human technical achievements, like some kind of history book dedicated to progress.

**8** **a.** The written part of this ticket envelope is designed to be attractive: various fonts have been chosen to draw the readers' attention. The use of superlatives such as "the world's longest" and "the only" is meant to convey a sense of achievement and arouse the readers' excitement.
**b.** The dramatic landscape of snow-capped mountains that can be seen in the background, and the happy family in the foreground, contribute to attracting people.
**c.** This travel experience is advertised as a unique touristic experience: thanks to the glass scenic dome, tourists can get a wonderful, 360° view of Canadian landscapes. It is also presented as a family experience that can appeal to all, adults and children alike.

**9** **a.**

| | Year | Place | Distance | Speed |
|---|---|---|---|---|
| Testing of the Hyperloop | | a) Southern Nevada/ North Las Vegas | b) 1 km | c) 335 mph |
| Final project | d) 2020 | e) from Los Angeles f) to San Francisco | g) 400 miles | h) 750 mph |

**b.** This project is quite innovative given its astounding speed (almost the speed of sound).

**10** Answer **c.**: "pressurized capsules would zoom (...) through pneumatic-style tubes" (l. 13-14).

**11** No, the Hyperloop will not be easy to build: "compared the idea to putting a man on the moon" + "called the challenges significant" (l. 21-22).

**Piège à éviter**
Le mot *facility* (l. 5) signifie *infrastructure.*

**12** Mayor John Lee welcomes the project as it will create jobs and favour urban development.

**13** The journalist considers the Hyperloop as a visionary project that borders on science-fiction ("the concept (...) rips a page from science-fiction and aims to make it reality", l. 12-13) and involves mastering the laws of physics ("little friction", "magnetic attraction, solar power", l. 14-15).

**14** In documents 1 and 3, trains are used to travel from one place to another, and railroads appear and disappear according to their use, whereas in document 2, the train is seen as leisure, an enjoyable family experience where the journey matters more than the destination.

**15** In the three documents, trains are seen as creating links insofar as not only do they connect places and cultures all over the world (documents 1 and 3), they also connect people to their environment (document 2). However, in document 1, trains are eventually seen as outdated, a thing from the past. What's more, the trains presented in documents 2 and 3 must be expensive experiences reserved to a lucky few, thus creating a gap between the haves and the have nots.

## Expression écrite

*Les mots et expressions en gras peuvent s'avérer utiles pour ce type de sujet.*

**1** There is no denying that technical progress significantly **alters** our lives, our behaviours, our **customs**. We no longer cook on **wood stoves**, write with **quills** or travel by horse-drawn **carriages**. These changes are happening faster and faster and compel us to adapt and **cast off** our **outdated** habits to make way for **novelty**, which can sometimes turn out to be painful. **Woe betide** those who choose **to cling to** the past: we are bound **to move with**

**the times** or **perish**... However, does technical progress necessarily imply forgetting the past? Should we always **wipe the slate clean** and **make a fresh start**? Should the calculator make us forget our multiplication tables? Should the car make us forget how to walk or ride a bike? Should we stop sending postcards and favour e-mails?

First of all, science has proven that nostalgia has its bright sides: it is an innocent, sweet and poetic passion that not only hurts no one but can make life seem more meaningful and death less frightening. In addition, it is sometimes **wise**r not to hastily **shelf** methods that have proved to be efficient. For example, in most American states, the teaching of **cursive handwriting** is no longer required, for the benefit of **typing**: should the proliferation of keyboards make us forget how to use a pen?

To put it in a nutshell, I think that forgetting the past in the name of progress would **be tantamount to** losing precious **skills** that can very often coexist with new technologies or even be useful alternatives. What's more, it should be borne in mind that technical progress does not fundamentally change human condition. Therefore, our very existence still requires to be led by some kind of **wisdom** compared to which a smartphone is but **a trivial detail** in history.

**2** Ladies and gentlemen,

I am so proud today to welcome you all to the inauguration of my new baby, **the latest** development in the industry of transportation that is about **to revolutionize** the world as we know it: Hyperloop!

When I was a little boy, I remember being impressed by a short story written by the great French author Jules Verne, and set in 2889. Verne had imagined pneumatic tubes through which one could travel at the rate of 1000 miles an hour: this amazing idea has stayed with me ever since, and is just about to materialize in front of you, more than 800 years earlier than Verne had anticipated...

I have meant Hyperloop as a 5th mode of transport, **alongside** the boat, the train, the car and the plane. But to me, Hyperloop **supersede**s all of those: indeed, it is much **faster**, almost **twice as fast as** a plane, and **safer** since there's no risk of collision, but also **less polluting** as it relies on solar energy and not on **fossil fuel**, and even **less expensive than** any other type of transportation.

It stands as **the epitome** of man's will to travel ever lighter, faster and farther! From horse-drawn coaches to steamboats, from the Ford Model T to the Tesla Model 3, from the biplane to the Airbus A380: **you can't stop progress!**

> **Gagnez des points !**
> Illustrez vos propos à l'aide d'exemples concrets.

Already other nations are **covet**ing this **trailblazing breakthrough**: other Hyperloops will soon take over the world and connect Abu Dabi and Dubai, Paris and Amsterdam, or Edinburgh and London.

Overwhelmed as I am by this **dream come true**, I've already **set my sights on** my next project: planet Mars! I am confident that by 2030, we'll be able to send **a manned mission** to Mars! Of course, this will be a one-way ticket... Any volunteers?

**3** Faithful readers, **fellow** collectors,

My name is Clara Jones and I'm a digitabulist: I collect **thimbles**. I feel truly honoured to have been asked to write this month's editorial for my favourite magazine. Indeed, being a collector is not very well perceived nowadays: I am often criticized, when not **downright** made fun of. My hobby is seen by many as an **old-fashioned**, time-consuming, dust-gathering **quirk**.

It seems to me that progress **outdate**s our ways of life. The objects that used to fill our daily lives end up in our **dustbins**. Time eats up everything it creates. We collectors are **nostalgic** guardians who fight against **the wear** of time, who **snatch from oblivion** what progress **discard**s, who restore and preserve what others no longer want. We **pay tribute to** long-forgotten **crafts** and **tools**, to our ancestors' **customs**. What others **trash**, we gratefully respect, honour and **care for**. Collecting things from the past is **paying homage to** those who created and used them, to their lives, their efforts, their **craftsmanship**, and acknowledging what we **owe** them. Let's celebrate the past! Let's **cherish** it! Let's **preserve** what Time will eventually take away from us! We collectors are heroes who **rescue** the past from oblivion.

> **L'astuce du prof**
> N'hésitez pas à adopter une tonalité lyrique !

**4** CELEBRATING THINGS OF THE PAST

In an age of **hybrid cars**, jet planes and **space shuttles**, the train may seem **outdated**, **redundant**, a **relic** from the past. In his children's book entitled *Train*, the American author Elisha Cooper **praise**d the train as "a small world moving through a larger world". We may wonder to what extent this statement is **accurate**.

On the one hand, a train may indeed be considered as a small world, **a microcosm**, insofar as its passengers, coming from all kinds of backgrounds, travelling for all kinds of reasons and purposes, to all kinds of destinations, have **to coexist** for a given length of time in a small, **enclosed** space that does take them through a larger place, from one place to another.

On the other hand, we may question the author's **dichotomy** of the world into two separate entities that are the train and the outdoors. Isn't the train **part and parcel of** the larger world outside? Can't the travellers **gaze at** it through the windows? Read about it in their newspapers or on their smartphone screens? Think about it in their **rambling minds**?

All in all, interaction **aboard** a train remains limited, and each **rider** is **engrossed in** their own world: the outside world.

# Sujet 2

Séries technologiques

2 heures

## L'accent comme identité culturelle

France métropolitaine, juin 2018

### Doc. 1 *Star Wars* actor Diego Luna did not hide his Mexican accent — and Latinos heard it loud

When the newest *Star Wars* movie[1] came out in movie theaters, Perla Nation insisted on waiting to see it with her father, after the holidays. He was by no means a fan of the saga, and neither was she. But the 27-year-old from San Diego had a feeling the movie would resonate with her father, a landscaper who immigrated to the United States from Guadalajara, Mexico, in the early 1980s.

As they sat in the movie theater, the father and daughter watched as one of the main characters, an intelligence officer with the Alliance named Captain Cassian Andor, appeared on the screen.

Perla Nation's father, Pablo Perez, nudged her as soon as he heard the actor, Diego Luna, speak.

"He has a heavy accent," Perez uttered to his daughter.

After the movie, as they walked to their car, Perez turned to his daughter and said, once more, "Did you notice that he had an accent?"

"Yeah, Dad," Nation responded, "just like yours."

Having watched previous interviews with Diego Luna about his role in the movie, Perla Nation already knew the Mexican actor would be keeping his accent in the movie, she said in an interview with *The Washington Post*. She thought of her father, with his Mexican accent, and what seeing Luna's performance could mean to him.

It wasn't just that a Mexican was on screen, or even that an actor was speaking in a Mexican accent. It was the unexpectedness of the role. There was no particular reason Cassian was Mexican, or why he shouldn't be. He just was.

When she was younger, attending a predominantly white school, Nation remembered feeling frustrated with her parents for not being able to speak English as clearly as her friends' parents. As she grew older, Perla Nation said, she began to appreciate the difficulty of learning a second language, and realized how wrong she was "for thinking that this difference was a detriment." Still, her father has always been self-conscious about his accent, and insists on speaking Spanish at home, even though he is fluent in English.

As Perez watched Diego Luna unabashedly speaking in his native accent on screen, "you could just see this huge smile on his face," Perla Nation said.

From Samantha Schmidt, *www.washingtonpost.com*, January 5, 2017

---

**1. The newest *Star Wars* movie**: *Rogue One* released in 2016.

## Doc. 2 Being proud of one's accent and origins

Ifemelu decided to stop faking an American accent on a sunlit day in July, the same day she met Blaine. It was convincing, the accent. She had perfected, from careful watching of friends and newscasters, the blurring of the *t*, the creamy roll of the *r*. It took an effort, the twisting of lip, the curling of tongue. If she were in a panic, or terrified, or jerked awake during a fire, she would not remember how to produce those American sounds. And so she resolved to stop, on that summer day, the weekend of Dike's birthday.

Her decision was prompted by a telemarketer's call.

On that July morning, her weekend bag already packed for Massachusetts, she was making scrambled eggs when the phone rang. The caller ID showed "unknown" and she thought it might be a call from her parents in Nigeria. But it was a telemarketer, a young, male American who was offering better long-distance and international phone rates. She always hung up on telemarketers, but there was something about his voice that made her turn down the stove and hold on to the receiver.

Perhaps it was his first day on the job, his telephone piece poking uncomfortably in his ear while he half hoped that the people he was calling would not be home to pick up.

Because she felt strangely sorry for him, she asked whether he had rates better than fifty-seven cents a minute to Nigeria.

"Hold on while I look up Nigeria," he said, and she went back to stirring her eggs.

He came back and said his rates were the same, but wasn't there another country that she called? Mexico? Canada?

"Well, I call London sometimes," she said. Ginika was there for the summer.

"Okay, hold on while I look up France," he said.

She burst out laughing.

"Something funny over there?" he asked.

She laughed harder. She had opened her mouth to tell him, bluntly, that what was funny was that he was selling international telephone rates and did not know where London was, but something held her back.

"May I ask who I'm talking to?"

"My name is Ifemelu."

He repeated her name with exaggerated care. "Is it a French name?"

"No. Nigerian."

"That where your family came from?"

"Yes." She scooped the eggs onto a plate. "I grew up there."

"Oh, really? How long have you been in the US?"

"Three years."

"Wow. Cool. You sound totally American."

"Thank you."

Only after she hung up did she begin to feel the stain of a burgeoning shame spreading all over her, for thanking him, for crafting his words "You sound American" into a garland that she hung around her own neck. Why was it a compliment, an accomplishment, to sound American?

From Chimamanda Ngozi Adichie, *Americanah*, 2013

## Compréhension de l'écrit

**10 pts**

**1** **Doc. 1 et 2.** Choose the 2 major themes common to BOTH documents. Copy the 2 correct answers onto your paper.

**a.** Speaking with an accent

**b.** Childhood memories

**c.** Difficult communication

**d.** Identity

**e.** Family relationships

**2** **Doc. 1.** Copy the following sentences onto your paper and fill in the gaps with words taken from the text.

Perla Nation is ..........'s daughter. Her father comes from .......... (country), like .......... who is the actor playing the role of .......... in the 2016 *Star Wars* movie.

**3** **Doc. 1.** True or false? Answer the question and justify by quoting the text.

**a.** Perla and her father are great fans of all the *Star Wars* movies.

**b.** The actor plays in *Star Wars* with a Mexican accent.

**c.** Perla's father feels uncomfortable about his accent.

**4 Doc. 1.** Find the appropriate ending for the following sentence and justify with a quote from the text.

Perla wanted to see the newest *Star Wars* movie with her father because she thought that

**a.** her father would be happy to spend time with her.

**b.** the movie would have an impact on her father.

**c.** her father had seen a lot of interviews about it.

**5 Doc. 1. a.** How did Perla's father react to the film ? Choose the 2 appropriate adjectives from the list and copy them onto your paper. Justify your choices by quoting the text.

*sad / happy / disappointed / angry / surprised / indifferent / bored*

**b.** In your own words, explain why Perla's father had such a reaction.

**6 Doc. 1.** Compare what Perla thinks today to what she thought when she was a child. Match each sentence on the left with one element on the right.

| | |
|---|---|
| **a.** I'm embarrassed when my parents speak English. | 1) Perla when she was a child. |
| **b.** Having an accent is not a problem. | 2) Perla today. |
| **c.** Being different makes life more difficult. | |

**7 Doc. 2.** Find information about the two main characters of the text. Use words from the text.

Copy the answers onto your paper.

Sex: Female
Name: Ifemelu

1) Country of origin: ................................

2) Country of residence: ...........................

3) Time spent in the country of residence :

..................................................................

Sex: Male

4) Job: ..........................

5) Nationality: .............

**8 Doc. 2. a.** Why did Ifemelu answer the phone? Answer by quoting the text.

**b.** Why didn't Ifemelu stop the conversation immediately?

Answer by quoting 2 elements from the text.

**9 Doc. 2. a.** Choose the correct ending for the following sentences and justify by quoting the text.

**a.** Before the phone call, Ifemelu

1) felt proud of her Nigerian accent.

2) thought her accent didn't matter.

3) made efforts to sound American.

**b.** Ifemelu laughed because
1) the telemarketer made a joke.
2) the telemarketer was bad at geography.
3) the telemarketer made her uncomfortable.
4) the telemarketer complimented her.

**c.** After the phone call, Ifemelu wondered if
1) it had been a good idea to change her accent.
2) life in Nigeria was not better than in the US.
3) her accent really sounded American.

**10** **Doc. 1 et 2.** What could the two women say at the end of each text? Match each sentence on the left with one element on the right.

| | |
|---|---|
| **a.** I changed my mind about accents. | 1) BOTH Perla and Ifemelu |
| **b.** Why did I work so much on my accent? | 2) ONLY Perla Nation |
| **c.** A celebrity with an accent can really make a difference. | 3) ONLY Ifemelu |

## Expression écrite

**10 pts**

**Choose ONE of the following subjects (150 words minimum).**

**1** You are Ryan or Victoria, preparing an article to be published on your school website for "World Languages Day." You have met Maureen Kenyon, an international reporter who speaks 9 languages. She has told you about her motivations for learning languages, the obstacles she met, the situations in which she uses different languages, etc. Write your article about her.

**2** You are a journalist called Amelia or Justin. You interview **one** of the following actors or actresses. You ask him/ her about his/her motivation, efforts, doubts and possible consequences on his/her life. Write the conversation.

**Name: Tom Spence**
**Nationality:** Australian
**Movie:** *An Unexpected Wedding* (Romantic Comedy)
For this movie, he
- lost 15 kilos
- had a plastic surgery operation on his nose

**Name: Anna Lee**
**Nationality:** Canadian
**Movie:** *Treasure in the Arctic* (Adventure film)
For this movie, she
- spent four months in the North Pole
- learnt to work with dogs

**Name: Tony Cruz**
**Nationality:** American
**Movie:** *Revenge* (Horror movie)
For this movie, he
- shaved his head
- lived with rats and spiders for 2 weeks

# Les clés pour réussir

## Bien comprendre les documents

### Document 1

L'essentiel

- **La source**. Le *Washington Post* est un grand quotidien américain qui tire à près de 500 000 exemplaires chaque jour. Sa devise est *Democracy Dies in Darkness*.
- **Le sujet**. Une Américaine d'origine mexicaine emmène son père voir le dernier *Star Wars*. Au grand étonnement de celui-ci, un des personnages est joué par un acteur mexicain à l'accent prononcé, comme le sien.

Vocabulaire

*to nudge* (l. 10) : donner un coup de coude • *the unexpectedness* (l. 22) : le caractère inattendu • *self-conscious* (l. 31) : complexé • *unabashedly* (l. 34) : sans honte

### Document 2

L'essentiel

- **L'auteur**. Chimamanda Ngozi Adichie est une écrivaine nigériane qui a étudié aux États-Unis. Elle partage sa vie aujourd'hui entre le Nigeria et les USA.
- **La source**. Ce texte est extrait de *Americanah*, son troisième roman, encensé par la critique lors de sa publication en 2013.
- **Le sujet**. L'héroïne, Ifemelu, est née au Nigeria mais vit aux États-Unis où elle a pu étudier à la prestigieuse université de Princeton grâce à une bourse. Elle se remémore ici l'instant précis où elle a pris la décision de ne plus se forcer à imiter l'accent américain et d'assumer pleinement son identité nigériane.

Vocabulaire

*to fake* (l. 1) : feindre, faire semblant d'avoir • *rates* (l. 14) : tarifs • *to hang up on sb* (l. 15) : raccrocher au nez de qq'un • *to hold on* (l. 16) : rester en ligne • *shame* (l. 45) : la honte

## Bien répondre aux questions

**5** Si un acteur s'exprime avec l'accent mexicain dans un film américain, c'est en général pour jouer le rôle d'un Mexicain, ce qui est inattendu dans un film de science-fiction comme *Star Wars*. On peut donc imaginer la fierté de Pablo d'entendre un accent similaire au sien dans un tel blockbuster.

**9** D'abord flattée par le compliment de son interlocuteur, Ifemelu s'est ensuite rendu compte qu'elle ne devrait pas avoir honte de son accent nigérian ni de ses origines.

## Pistes pour les sujets d'expression

### Sujet 1

**Bien comprendre le sujet**

Sujet d'invention : **un article** pour le site internet de votre lycée.

**Les attentes du correcteur**

- Employez le **passé** pour évoquer votre rencontre avec Maureen Kenyon, et le **présent** pour décrire son profil et ses compétences.
- Exprimez votre **admiration** pour cette **reporter polyglotte** : formes **superlatives** (*the best, the most interesting, the smartest*...) et **exclamatives** (*What a* + ADJ + NOM *!*, *How* + ADJ *!*).

**Organiser ses idées**

- **Présentez** Maureen Kenyon et **faites l'inventaire** des 9 langues qu'elle parle (à vous de choisir !).
- Expliquez **comment** elle les a apprises : avec sa famille, à l'école ou par elle-même à l'étranger.
- Résumez **les atouts** de cette compétence hors du commun, mais aussi **les difficultés** rencontrées lors de l'apprentissage.

### Sujet 2

**Bien comprendre le sujet**

Sujet d'invention : **un dialogue** (interview d'un acteur).

**Les attentes du correcteur**

- Vous devez poser des questions : soignez vos **formes interrogatives** : *WH-* + AUX + S + V *?*
- Employez **le passé** pour raconter des anecdotes de tournage : V-*ed* pour les verbes réguliers, 2e colonne de la liste pour les verbes irréguliers.

**Organiser ses idées**

- **Accueillez et présentez** l'acteur choisi avant de poser votre première question.
- Les trois profils mettent en évidence **des rôles difficiles**, qui ont exigé **un engagement total** de la part de ces comédiens : vos questions porteront principalement sur **les sacrifices** effectués, mais aussi **les bénéfices tirés** de ces expériences.

# Sujet 2 Corrigé

## Compréhension de l'écrit

**1** The two major themes common to both documents are:
**a.** Speaking with an accent **d.** Identity

**2** Perla Nation is **Pablo Perez**'s daughter. Her father comes from **Mexico**, like **Diego Luna** who is the actor playing the role of **Captain Cassian Andor** in the 2016 *Star Wars* movie.

**3 a. False**: "He was by no means a fan of the saga, and neither was she" (l. 3)
**b. True**: "Perla Nation already knew the Mexican actor would be keeping his accent in the movie" (l. 17-18)

> **Piège à éviter**
> *By no means* (l. 3) signifie « en aucun cas » et *neither* (l. 3), « non plus ».

**c. True**: "her father has always been self-conscious about his accent" (l. 31-32)

**4** Perla wanted to see the newest *Star Wars* movie with her father because she thought that **b.** the movie would have an impact on her father.

**5 a.** Perla's father can be said to have been surprised when he watched the film, as he "nudged (his daughter) as soon as he heard the actor (...) speak" (l. 10-11). However, he was also happy, as his daughter says "you could just see the huge smile on his face" (l. 35).
**b.** Pablo was at first surprised because he had not expected an actor to speak with a Mexican accent, especially in a science-fiction movie like *Star Wars*. Indeed, Mexican actors seldom speak with an accent in American films, and whenever they do, it is because they play the parts of Mexican characters. That's why he was so happy, because he could at last identify with the character on the screen. He was made to feel proud of his origins and less estranged in his host country.

**6 a.** et **c.**: 1) Perla when she was a child **b.** 2) Perla today

**7 a.** Nigeria **b.** the USA **c.** 3 years **d.** a telemarketer **e.** American

**8 a.** Ifemelu answered the phone because "the caller ID showed 'unknown' and she thought it might be a call from her parents in Nigeria" (l. 11-13).
**b.** Ifemelu didn't stop the conversation immediately because "there was something about (the telemarketer's) voice that made her (...) hold on to the receiver" (l. 15-16), and because "she felt strangely sorry for him" (l. 20).

**9 a.** Before the phone call, Ifemelu **1)** made efforts to sound American: "she had perfected (...) the blurring of the *t*, the creamy roll of the *r*" (l. 2-4).
**b.** Ifemelu laughed because **2)** the telemarketer was bad at geography: "what was funny was that he was selling international telephone rates and did not know where London was" (l. 32-33).
**c.** After the phone call, Ifemelu wondered if **1)** it had been a good idea to change her accent: "why was it a compliment, an accomplishment, to sound American?" (l. 47).

**10** 1) BOTH Perla and Ifemelu could say **a.** I changed my mind about accents.
2) ONLY Perla Nation could say **c.** A celebrity with an accent can really make a difference.
3) ONLY Ifemelu could say **b.** Why did I work so much on my accent?

## Expression écrite

*Les mots et expressions en gras peuvent s'avérer particulièrement utiles pour ce type de sujet.*

**L'astuce du prof**
Mobilisez vos connaissances dans d'autres langues !

**1** Bonjour! Guten Tag! Nǐ hǎo! Mijn naam is Victoria!
April 14th was World Languages Day, and I was very lucky to meet Maureen Kenyon, an international reporter who speaks 9 languages! She is **fluent in** English, French, Spanish, Italian and German, and grasps **the basics** of Mandarin, Japanese and Russian. She says **master**ing so many languages is key to her job: even though English is spoken by many all over the world, being able to converse with people in their **mother tongue** makes the interaction more **genuine** and **fruitful**. According to Maureen, **the more** languages **you know, the easier it is** to learn a new one as you can rely on similarities in **syntax** and **lexis**. However, she admits that some **phonemes** are tricky to get, like some French **vowel sounds** for instance. Still, this shouldn't put you off: accents can be cute and win the hearts of **native speakers**! Arrivederci! Sayōnara! Do svidaniya!

**2** "Hello, Anna Lee! I'm Justin! Welcome to our studios!"
"My pleasure!"
"So, your latest movie, *Treasure in the Arctic*, **is out** on **silver screens** across North America. How do you feel?"
"Well, I'm quite excited about it, all the more so as this is the first time I've played in an **adventure film**!"
"It's true, we're used to seeing you in **romcoms** or **historical dramas**... In what way was this particular movie different from your previous ones?"
"First of all, I had to spend four months in the North Pole since most of the scenes were **shot** in **natural settings**. Being a Canadian, I am used to **freezing temperatures** but still, it was much colder up there and I suffered a few **frostbites**..."
"Did you? My! You **jeopardize**d your health for this **part**!"
"I did! But I also got to work with **sled-dogs**, which I really enjoyed as I love huskies!"
"I do too! Lucky you!".

**Gagnez des points !**
Utilisez toutes les informations dont vous disposez sur l'acteur choisi.

# Sujet 3

Séries L, ES, S

3 h • L    2 h • ES-S

## Le taxi noir, icône du paysage londonien

France métropolitaine, juin 2018

### Doc. 1 London's Cabbies Say 'The Knowledge' Is Better Than Uber And A GPS

Getting into the back of a black taxi is the quintessential London experience. Name any spot in Britain's capital and the driver knows exactly where to go and how to get there as fast as possible. This is "The Knowledge." Every cabbie must master it, and it takes years to learn. For 150 years, drivers have known all the city's streets by memory and passed tests requiring years of study. Now it just takes Uber and a GPS to get around — and this has unleashed a major battle that pits a London tradition against a company challenging the taxi industry worldwide.

Brian Nayar, a Knowledge instructor, is worried. He says that Uber is hurting the industry he loves.

"There are companies, you mention Uber, where as far as I'm concerned, they're circumventing the law," he says. Taxi associations contend that Uber's online car-booking app is the same as a meter and is cheating the system. If you drive a car with a meter in London, then you have to have passed The Knowledge exams and hold a special license.

As the battle continues, London taxi drivers say Uber is undermining an important British tradition dating back to 1865.

On average, it takes more than three years to learn The Knowledge. Aspiring taxi drivers start the journey at places like the West London Knowledge School, one of several teaching programs in the capital.

First, they flit around the city on mopeds[1], learning the streets, and then spend months in rooms hunched over large, laminated maps. They draw routes with marker pens and then close their eyes and call out directions from the image in their mind. They're building a mental map that will help them pass stiff tests and get the coveted green badge to allow them to drive a metered black taxi.

For Nayar, it's all part of a great British tradition that is more meaningful than simply relying on technology for navigation.

"I drive a London taxi, but I'm also an ambassador for this great city, and you can't get that from a GPS," he says.

Leila Fadel, "London's Cabbies Say 'The Knowledge' Is Better Than Uber And A GPS", *NPR, Markets section*, October 21, 2015

---

**1. mopeds**: motorbikes.

## Doc. 2 The Start of an Adventure

I decided to call Leigh.

'So... err... remember you said you want to go on an adventure? D'ya fancy driving a black cab to Australia when we graduate?'

'Yeah, alright.'

'Sweet.'

'Cool, see you in a bit.'

'See ya... oh Leigh, you said you can fix cars last night, didn't you?'

'Yeah, no problem.'

He hung up. I had a teammate for this adventure – and one who would fix a car at that.

Or at least claimed he could.

I put my doubts about his engineering prowess aside – he had said yes in about one second flat, as though a mate calling you up after a night out and asking if you fancied driving to the other side of the world in an iconic form of London transport was a regular occurrence. [...]

The planning process for an expedition of this importance and magnitude is highly complex, so a few days later we packed up a map and a laptop and headed to the pub, where Johno, ex-RAF[1]-pilot-trainee-turned-student and never one to miss out on a pint or adventure, joined us to 'consult'.

Now, here, you'll see is where we made our first – and possibly gravest – error of the trip: never plan anything in a pub.

We agreed right away that a black cab would have to be the vehicle. There were no options other than possibly a yellow New York cab, and it was agreed that that was hardly very British. Next came the route. London to Sydney seemed as good as any; none of us had been to Australia and we fancied seeing some kangaroos. As we started looking at the map and sketching out a roughly direct route to Sydney, some bright spark pointed out that a true black cab driver would take the longest route possible to 'rack up the meter'[2].

Before long, a marker pen had carved a line across the map passing through Europe, Russia, Africa, the Middle East, India, China, South East Asia and Australia.

This idea was faultless, perfect and, most importantly hilarious.

Well, it was at the time at least.

Paul Archer & Johno Ellison, *It's on the Meter*, 2016

**1. RAF**: Royal Air Force.
**2. 'rack up the meter'**: *gonfler le prix de la course de taxi.*

## Doc. 3 *Taxi Balloons*

*Taxi Balloons* by street artist Rogue One, Glasgow, 2013


**Note**: The man on the left is part of the mural. He is signalling to the taxi.

## Compréhension de l'écrit

**10 pts**

**1 Doc. 1.** The following statements are **TRUE**. Justify each of them with one quote.

**a.** London cab drivers are exceptionally competent.

**b.** The cabbies' training is extremely long.

**2 Doc. 1.** Choose the correct answer.

The "Knowledge" is: **a.** An app used by cab drivers

**b.** A cab company in London

**c.** A requirement to work as a cabbie

**3 Doc. 1.** Quote two elements from the text showing the steps that cab drivers take to build "a mental map" (l. 24) of the city.

**4 Doc. 1.** What is Brian Nayar's viewpoint on Uber? Justify your answer with two elements from the text.

***Seuls les candidats des séries ES, S et L LVO*** *traiteront la question 5.*

**5 Doc. 1.** In your own words, explain why taking a black cab is a typically English experience.

Justify with two elements from the text.

***Seuls les candidats de la série L LVA*** *traiteront la question 6.*

**6 Doc. 1.** Explain what Brian Nayar means when he says "you can't get that from a GPS" (l. 30).

**7 Doc. 2. a.** Copy and fill in the grid about the narrator's plans using elements from the text.

| | |
|---|---|
| Point of departure | 1) |
| Point of arrival | 2) |
| Means of transportation | 3) |

**b.** In your own words, explain what makes this plan "an adventure" (l. 2).

**8 Doc. 2. a. TRUE** or **FALSE**? Justify each answer with a quote from the text:

1) Leigh takes time to answer the narrator's offer.

2) The narrator does not completely trust Leigh.

**b.** What image of Leigh is conveyed through his answers?

**9 Doc. 2. a.** Find information about the planning process:

| | |
|---|---|
| Place | 1) |
| Tools | 2)<br>3) |
| People involved | 4)<br>5)<br>6) |

**b.** The following statement is **TRUE**. Prove it with a quote from the text.
*The narrator is not completely satisfied with the way the trip was planned.*

**10** **Doc. 2.** Select one quote that justifies the characters' choice of vehicle.

***Seuls les candidats des séries ES, S et L LVO** traiteront la question 11.*

**11** **Doc. 2. TRUE** or **FALSE**? Justify each answer with a quote from the text.

**a.** They have no real m otivation in their choice of a specific route.

**b.** They end up selecting the shortest itinerary possible.

***Seuls les candidats de la série L LVA** traiteront la question 12.*

**12** **Doc. 2. a.** How do the characters see cab drivers?

**b.** How does that influence their final choice of itinerary?

**13** **Doc. 3.** Focus on the setting. What characterises the urban environment that the artist has chosen for his mural?

**14** **Doc. 3.** Focus on the cab. What is unusual about it?

**15** **Doc. 3.** What may have been the artistic intention in choosing this setting? Give two ideas.

**16** **Doc. 1, 2 et 3.** Compare and contrast the symbolic dimension of cabs in the three documents.

## Expression écrite

**10 pts**

***Les candidats des séries ES, S et L LVO** traitent le sujet 1 **OU** le sujet 2. **(± 250 mots)***

***Les candidats de la série L LVA** traitent le sujet 1 **OU** le sujet 3. **(± 300 mots)***

**1** Paul Archer, the narrator in Document B, tells the story of his adventure in his travelling journal. Write a passage about a memorable day of this adventure.

**2** Comment on the following statement by Tim Cahill, an Australian sportsman.

"*A journey is best measured in friends rather than miles.*"

**3** Discuss the following statement by Ray Bradbury, a very famous writer.

"*See the world. It's more fantastic than any dream.*"

## Les clés pour réussir

### Bien comprendre les documents

#### Document 1

L'essentiel

- **L'auteur**. Leila Fadel est une journaliste américaine d'origine libanaise, née en 1981. Elle a beaucoup écrit pour le *Washington Post*. Elle travaille actuellement pour National Public Radio. Selon elle, le but ultime du journalisme est de donner à entendre toutes les voix, sans jugement, ni condescendance.
- **La source**. NPR est une organisation médiatique à but non lucratif, basée à Washington DC, qui opère grâce à des fonds publics et privés. Elle permet le fonctionnement de mille stations de radio aux États-Unis.
- **Le sujet**. Dans cet article d'octobre 2015, Leila Fadel rend compte du débat qui oppose les chauffeurs des légendaires taxis noirs et les nouveaux chauffeurs londoniens qui s'arrogent le droit de vendre leurs services en utilisant des sites informatiques. La formation exigeante des premiers en termes de connaissances du réseau londonien est totalement bafouée par ces derniers qui se contentent d'un simple GPS pour trouver leur chemin, de quoi inquiéter, voire irriter les chauffeurs de l'ancienne école.

Vocabulaire

*spot* (l. 2) : lieu • *cabbie* (l. 4) : chauffeur de taxi • *to master* (l. 4) : maîtriser • *to unleash* (l. 7) : libérer, donner libre cours à • *to pit* (l. 7) : opposer • *to circumvent* (l. 12) : contourner • *to contend* (l. 12) : soutenir • *to cheat* (l. 13) : tromper, fausser • *license* (l. 15) : permis • *on average* (l. 17) : en moyenne • *to flit* (l. 21) : voltiger, butiner • *laminated* (l. 22) : plastifié

#### Document 2

L'essentiel

- **L'auteur**. Paul Archer et Johno Ellison sont deux jeunes gens qui ont entrepris de relever un défi : se lancer dans une aventure autour du monde à bord d'un taxi noir londonien, qu'ils ont prénommé « Hannah ». Leur seul objectif ? Réaliser la plus longue course en taxi et donc la plus onéreuse ! Paul Archer a remporté le record du monde pour cet acte inédit. Johno et lui ont écrit et publié cette aventure.
- **La source**. *It's on the Meter* est un best-seller, publié en mars 2016, qui raconte la fabuleuse et réelle aventure de trois amis, Paul, Johno et Leigh, dont les deux premiers sont les narrateurs. Tout en parcourant le monde au volant de leur mythique taxi noir, ils « embarquent » leur lecteur à bord de ce véhicule légendaire, décrivant au quotidien, dans le moindre détail, toutes leurs incroyables découvertes, mais également leurs mésaventures, voire certaines de leurs déconvenues.

• **Le sujet**. Dans cet extrait du livre, Paul évoque rétroactivement, non sans humour ni sans jugement, le moment mémorable où ils s'engagèrent dans ce projet. Dans un lieu pour le moins incongru, un pub, ils prirent la décision irraisonnée de franchir des kilomètres en direction de l'Australie, avec, pour tout moteur, une excitation jubilatoire !

Vocabulaire

*to fix* (l. 7) : réparer • *to claim* (l. 11) : prétendre • *to fancy* (l. 14) : avoir envie de • *route* (l. 25) : itinéraire • *roughly* (l. 28) : vaguement • *spark* (l. 28) : étincelle • *to carve* (l. 31) : graver

## Document 3

L'essentiel

• **L'auteur**. Depuis une quinzaine d'années, Rogue One crée des peintures originales sur des supports variés, souvent sur les murs de la ville écossaise dont il est originaire : Glasgow.

• **La source**. Cette peinture murale intitulée *Taxi Balloons* (ballons de baudruche sur un taxi) a été réalisée en 2013.

• **Le sujet**. Cette œuvre artistique figurative représente un homme qui adresse un signe de la main à un taxi noir londonien traditionnel. Le véhicule est légèrement suspendu au-dessus de la chaussée grâce, semble-t-il, à de nombreux ballons de baudruche accrochés par des ficelles de part et d'autre des pare-brise et l'on aperçoit un chauffeur au volant.

## Bien répondre aux questions

**1 b.** Vous avez trois occurrences de la durée du stage de formation.

**2 c.** *requirement* : cherchez la racine de ce mot ; *to require* ressemble au mot français « requérir ». Essayez d'en déduire le sens du nom.

**4** Vous rendrez compte de l'insistance avec laquelle Brian Nayar démontre la teneur **illégale** des activités de la société concurrente Uber, qui utilise des véhicules privés et dont les conducteurs s'improvisent chauffeurs sans avoir fourni l'effort de suivre la formation officielle requise : *The Knowledge*.

**7 b.** Insistez sur le caractère **inédit** de l'expérience menée à bord d'un véhicule hors du commun, par des jeunes **inexpérimentés**, et dont les décisions de partir à l'aventure sont prises dans l'**euphorie** du moment.

**12 b.** Gardez à l'esprit que ces aventuriers sont déterminés à **battre le record** de la plus longue course en taxi.

**15** Vous devrez vous concentrer sur le **contraste** saisissant entre le décor terne et piteux d'une sombre petite rue londonienne et l'aspect festif suscité par les ballons soulevant ce taxi à la finition rutilante.

## Pistes pour les sujets d'expression

### Sujet 1

Bien comprendre le sujet

**Sujet d'invention** : rédiger une page de journal de voyage, liée au document 2.

Les attentes du correcteur

- Ce récit est celui d'une journée au cours de cet impressionnant périple. Tentez de préciser à quelle étape du voyage elle se situe.
- Gardez à l'esprit qu'il s'agit d'une **aventure** aux multiples **rebondissements**, et relatez un fait ou une anecdote susceptible de perturber le déroulement du voyage.
- Mobilisez le lexique du **ressenti**, des **craintes** et des **doutes**.

Organiser ses idées

- Présentez l'**étape** de votre voyage, le lieu où vous vous trouvez.
- Racontez les déconvenues ou les surprises qui ont modifié votre programme. Partagez vos **états d'âme**, éventuellement vos **regrets**.
- Concluez sur une note positive, confiant dans les événements à venir.

### Sujet 2

Bien comprendre le sujet

**Sujet de type argumentatif**

Les attentes du correcteur

- La citation de ce sportif australien doit vous amener à réfléchir aux **objectifs** que l'on se fixe lorsque l'on part en voyage.
- Vous développerez cette idée qui privilégie les belles rencontres amicales et le partage, aux dépens de l'accumulation de distances kilométriques.
- Vous évoquerez l'enrichissement personnel né d'amitiés nouées au cours de vos voyages.

Organiser ses idées

- Vous montrerez que vous avez saisi le sens de cette assertion, qui propose une problématique claire : l'**humain** doit constituer le fer de lance de ces voyages.
- Vous citerez des exemples montrant l'importance que vous portez aux rencontres et aux échanges enrichissants avec des étrangers.
- Vous conclurez sur la raison pour laquelle créer des amitiés finit par rapprocher les peuples et atténuer les inimitiés, tout en développant la **tolérance** et la **compréhension**.

### Sujet 3

Bien comprendre le sujet

**Sujet de type argumentatif**

Les attentes du correcteur

- Si vous savez qui est Ray Bradbury, n'hésitez pas à mobiliser vos connaissances sur cet auteur. Vous aurez à cœur de donner votre interprétation personnelle de cet impératif : « *See the world.* »
- Interrogez-vous sur ce message **optimiste** qui fait du monde réel un lieu plus attirant que le monde onirique ou virtuel.

Organiser ses idées

- Vous expliquerez ce que vous savez sur l'œuvre de l'auteur.
- Vous donnerez une **interprétation** de la formule laconique « *See the world* » : une invitation au voyage, à la contemplation de la réalité ? En tout état de cause, une **célébration** de la beauté du monde réel.
- Vous lirez entre les lignes afin de dégager l'**avertissement** latent sur les dangers du rêve qui pourrait nous faire passer à côté de la vraie vie.
- Vous pourrez **nuancer** ces propos qui laissent à entendre que nous vivons dans un monde fabuleux dont le virtuel et nos rêves tenteraient de nous faire oublier la beauté.

# Sujet 3 Corrigé

## Compréhension de l'écrit

**1** **a.** "Name any spot in Britain's capital and the driver knows exactly where to go and how to get there as fast as possible." (l.2-3)
**b.** "For 150 years, drivers have passed tests requiring years of study." (l. 5-6)

**2** **c.** The "Knowledge" is a requirement to work as a cabbie.

**3** "First they flit around the city on mopeds, learning the streets, and then spend months in rooms hunched over large, laminated maps." (l.21-22) Then "they draw routes with marker pens and then close their eyes and call out directions from the image in their minds." (l.22-24)

**4** Brian Nayar disapproves of the thriving company called Uber. Indeed, according to him, the latter threatens the success of the traditional independent taxi drivers, by not complying with the law and by using an online application as a meter. "They're circumventing the law" (l.12), "undermining an important British tradition" (l.16) and "Uber's online car-booking app is ...cheating the system." (l.13-14)

**5** First and foremost when you ride a black cab as a passenger you will be stunned at how well the driver knows the city like the back of his hand. All the drivers are infallible when it comes to finding any street or any shortcut in the capital in next to no time. "Name any spot in Britain's capital and the driver knows exactly where to go and how to get there as fast as possible." Nowhere else are the cabs similar to the iconic ones in London: spacious, comfortable. "Getting into the back of a black taxi is the quintessential London experience." (l.1) "It's all part of a great British tradition." (l.27)

**6** The cab driver considers himself as "an ambassador for this great city." (l. 29) The drivers act like advocates for the city and promote its image with pride while Uber taxi drivers have little knowledge of the city and rely on the GPS, a mere technological tool.

**7 a.**

| | |
|---|---|
| Point of departure | London |
| Point of arrival | Australia |
| Means of transportation | A London black cab |

**b.** This journey sounds like a thrilling adventure since this is the first time young unexperienced people have made up their minds to embark on a world tour in a London cab. The three dauntless adventurers and pioneers do not realize how challenging such a trip might turn out to be, all the more so as they know so little about the route or the problems they are bound to come across with such a big and noticeable car. They are so unprepared that they are most likely to have to cope with surprises on the way.

**8 a.** 1) **False**. "Yeah, alright." (l. 4) "he had said yes in about one second flat." (l. 12-13)

2) **True**. "I put my doubts about his engineering prowess aside." (l. 12)

**b.** Leigh sounds like an impetuous careless youngster longing for adventure, unable to refuse a friend's outlandish offer especially since he seems to have been waiting for that brilliant opportunity to escape from his humdrum existence. He must be elated at the prospect of being carried away from his everyday life into a journey full of expectations leading to hitherto unexplored worlds. He sounds easy-going, foolish, and might well be a daredevil!

**9 a.**

| | |
|---|---|
| Place | 1) a pub |
| Tools | 2) a map – 3) a laptop, a marker pen |
| People involved | 4) The narrator, Paul Archer – 4) Leigh – 5) Johno Ellison |

**b.** "Now here, you'll see is where we made our first — and possibly gravest — error of the trip: never plan anything in a pub." (l. 21-22)

**10** "There were no options other than possibly a yellow New York cab, and it was agreed that that was hardly very British." (l. 23-25) They were looking for "an iconic form of London transport."

**11 a.** **True**. "Next came the route. London to Sydney seemed as good as any." (l. 25-26)

**b.** **False**. "some bright spark pointed out that a true black cab driver would take the longest route possible to 'rack up the meter.'" (l. 28-30) "passing through Europe, Russia, Africa, the Middle East, India, China, South East Asia and Australia." (l. 31-33)

**12** **a.** Cabbies are presented as greedy crooks, eager to fool their clients, making sure they are choosing the longest route so that the passengers will have to pay more. They seem to be on the make.
**b.** Eventually instead of sketching a more or less straight route to Sydney, they ended up making the itinerary much longer than it should have been, going through countries like Russia and Africa which were rather out of the way. They felt urged to act the same way as many dishonest drivers.

**13** The bleak setting reminds the viewer of an old and neglected London backstreet because there is rubbish on the ground and graffiti on the door.

**14** The cab seems to be suspended in the air pulled up by lots of balloons that are lifting it up from the road. The pristine-looking cab sharply contrasts with the gloomy surroundings. The balloons make the car look as if it were coming out of a children's birthday party, celebrating a happy event, hence creating a sharp contrast with the dull setting.

**15** The artist may have wanted to brighten up the urban environment poetically and painted this mural outside so that everyone might have access to art. By disobeying the laws of gravity against all odds, and possibly exceeding legally posted speed limit the London cab embodies freedom and excites passers-by's imagination conjuring up a fantasy world.

**16** In documents 1, 2 and 3, the London cab is presented as an iconic element of British culture easily recognizable by its size, shape and colour. It has been an outstanding symbol of British tradition since 1865. Should London be deprived of its cabs, the capital would lose a crucial part of its identity. However in the first document Leila Fadel insists on praising the cabbies for their righteousness and their relentless endeavour to learn their "Knowledge", a purposeful and industrious undertaking which requires patience, an acute sense of direction and a good memory. The journalist warns the readers against the rising of Uber that is becoming a threat.

The young adventurers' project stems from a longing for adventure but in a legendary vehicle. Yet Paul Archer wonders about the infallibility of the cab; he thinks it might break down. Moreover according to the young travelers, cab drivers sound like crooks, as opposed to hard workers in Document 1.

The second and the third documents suggest that the black cab allows you to fly off. It is a symbol of freedom, like a delightful experience. Indeed, the third document brings us into a world of fantasy in which the beautifully polished ebony car provides entertainment, speed and luxury.

To conclude in the three documents the cabs are endowed with a human dimension, and getting into one provides the passenger with a blissful moment.

## Expression écrite

*Les mots et expressions en gras peuvent s'avérer utiles pour ce type de sujet.*

**1** Dear Logbook,

Monday, July 14th, 2015

As the saying goes, **it never rains but it pours.** This is **the last straw**: a puncture! Johno and I stared at Leigh, **slack-jawed** for a moment, when we heard the news. What if Leigh the so-called "**mechanic** who can **fix** everything" were actually wrong? He might just be **at the end of his tether**! Driving can be **tiresome** especially on those long straight Bush roads with Johno **snoring** at the back and me **dozing,** totally blinded by the scorching sun, in a hot air oven: it must be 30 degrees in the car and ...it's winter time in Australia! So we've decided to stop and rest, after giving up any hope of finding a guest house. **Not a soul** around and **you could hear a pin drop**. Hopefully the night will be cool as they usually are in the Outback at this time of the year. But what shall we do tomorrow? Let's **sleep on it**...in the cab!

I can't help thinking of our latest issue though. Don't they say black cabs have **puncture-proof tires**, can turn **on a two-pence**, and are meant for **long-lasting** journeys? Hannah, poor thing, (this is how we've been calling our cab lately) we may have overestimated your **strength**: from driving down the steep winding roads in the mountains to crawling in the **hustle-and bustle** of New Delhi among the sacred cows and the crowds eager to touch you, Hannah, you've been going through an **ordeal**, not to mention the day we were caught in an ambush... **You reap what you sow**, don't you? So I have **no clue** where we are exactly, somewhere between Darwin and Alice Springs...in whoop-whoop! Yes, we somehow **made it to** Australia at last, believe it or not! **No pain, no gain!** Seeing kangaroos was one of our dreams, but no luck so far! Maybe it's just **sheer fallacy**: there are no more kangaroos in Down Under than there are unicorns in midtown Manhattan. Well, I'm beginning to **ramble on**... At least I can lie under the star-lit sky and this is a **sight** not to be missed for anything in the world!

> **Gagnez des points !**
> Un proverbe est toujours le bienvenu quand le contexte le permet.

**2** Lots of young people **undertake** long journeys across the world often after **graduating from** high school, as we all know that being confronted to **the unknown** will undoubtedly **turn out** to be a **rewarding**, **self-affirming** and **empowering** experience. Indeed not only do you learn about cultural **landmarks** but you also create many opportunities for yourself to meet the local people, getting an **insight** into their ways of life and opening up new perspectives in your own.

That being said, **to what extent** is distance necessary to make the experience more **worthwhile?** Many of us might have their own **buckets lists** of the top ten **renowned** places not to be missed. We might **fancy** a visit to the Taj Mahal in Agra, India, or a swim with dolphins in the Indian Ocean, or an Antarctic cruise. Yet how does that compare to building up close relationships with people on the way and **paying attention** to what they say? A French man regularly **highlights** the necessity to **meet** strangers: Antoine de Maximy **roams** the world with his cameras asking people whether they wouldn't mind his staying overnight at their homes in order to spend enjoyable times with them and get to know them better. His programmes are **broadcast** on television as he intends to **share** those unique moments with a much larger audience.

Needless to say, one of the best and cheapest ways to travel is probably to stay at **youth hostels** where you might meet people who do not mind **mixing** with others. **Sparking** conversations with some of them will end up being really enriching **provided** you are fluent enough in English. Your **broad-mindedness** and your **cheerfulness** are likely to give you a chance to make friends coming from faraway lands.

Therefore you don't need to **travel miles** to make good friends, however you need to make friends among **foreigners** to appreciate other cultures, erase hard borders and **enmities**, and break walls of misunderstanding for the sake of peace and tolerance in the world.

**L'astuce du prof**

Tentez de donner à votre expérience personnelle une dimension universelle pour le bienfait de nos sociétés, une ouverture bienvenue à la fin de votre devoir.

**3** Ray Bradbury (1920-2012) was an American author and **screenwriter**. He specialized in fantasy and science fiction. He's **widely known** for his **dystopian** novel Fahrenheit 451. However he was an enthusiast who, in Thoreau's words "*wanted to live deep and* ***suck out all the marrow of life***". No wonder Ray Bradbury once said "*See the world. It's more fantastic than any dream.*" In 2001 he delivered a speech and advised young students to live "***at fever pitch***" telling them life is "*a joy and a celebration*". He was an **acute** observer and took advantage of everything he saw to write stories and novels. He also said "*we are here on earth to be the audience of the miraculous*". Reality was his source of inspiration.

It does not mean that you should be **unaware** of the horrors occurring on the planet on a daily basis, but optimism and **faith** can be found in real life. "*See the world*" can mean travel, take your **backpack** and **hit the road**, let life surprise you and do not **waste** any time for you only live here once. The whole world is around the corner waiting for you to explore it. Be **bewildered** at the **marvels**! Travelling is one way of seeing how **dazzling** they are, but you may not have to go on a long **journey** to find them. The marvel could be next door: the flight of a bird, the look of a child, a butterfly chilling out on a rose petal, the voice of an elderly person remembering his childhood, or a poppy blossoming in your garden for the first time in 2018.

Many of us are trying to **seek** happiness by escaping to other **realms**, dreaming our lives instead of living them. Technology is **time-consuming** and we tend to watch the world on our screens **engrossed** as we are in a virtual world. It is **high time** we realised that we are losing touch with reality and that there is so much to do out there that is truly fantastic!

# Sujet 4

Séries technologiques

2 heures

## Prendre un nouveau départ dans sa vie

France métropolitaine, juin 2018

### Doc. 1 Female WWII Pilots: The Original Fly Girls

Margaret Phelan Taylor grew up on a farm in Iowa. She was 19, had just completed two years of college and was ready for adventure in 1943 when a *Life* magazine cover story on the female pilots caught her eye. Her brother was training to be a pilot with the Army. Why not her? She asked her father to lend her money for a pilot's license — $500, a huge amount then.

"I told him I had to do it," Taylor says. "And so he let me have the money. I don't think I ever did pay it back to him either."

But there was a problem. She was half an inch shorter than the 5-foot-2-inch[1] requirement.

"I just stood on my tiptoes," she says. When she arrived at Avenger Field in Sweetwater, Texas, where most of the WASPs[2] were trained, "Well, there were a lot of other short ones just like me, and we laughed about how we got in."

Short, tall, slim, wide, they all came in knowing how to fly. The military trained male pilots from scratch, but not the female civilian volunteers. "They didn't want to bring in a bunch of girls who didn't know how to fly an airplane," says Katherine Sharp Landdeck, associate professor of history at Texas Woman's University, who's writing a book about the WASPs, tentatively called *Against Prevailing Winds: The Women Airforce Service Pilots and American Society.* "So you have women who are getting out of high school and taking every dime they had to learn how to fly so they could be a WASP."

Once when Taylor was ferrying an aircraft cross-country, somewhere between Arizona and California, she saw smoke in the cockpit. Taylor was trained to bail out if anything went wrong. "But the parachutes were way too big. They weren't fitted to us," she says. Her plane was smoking and Taylor faced a defining moment.

"I thought, 'You know what? I'm not going until I see flame. When I see actual fire, then I'll jump.'"

Was she scared? "No. I was never scared. My husband used to say, 'It's pretty hard to scare you.'"

From Susan Stamberg, *www.npr.org,* March 9, 2010

---

1. **5-foot-2-inch**: 1.57 metre.
2. **WASPs**: Women Airforce Service Pilots.

## Doc. 2 A new start, away from home

'Well, would ya like to go to Dublin?'

'Why would I want to do that, Tommy?'

'I know a nice woman in the city who's lookin' for a good girl to work in her house.'

'Oh, really? And what would I be expected to do?'

'You know, cookin', cleanin', that kind of thing.'

Well, I was a girl and I suppose I was a *good* girl. I knew how to cook and clean and 'that kind of thing' – and I needed a job.

I had mixed feelings about going to the big city. I was delighted but also apprehensive.

The morning I left, I crossed the kitchen to the hall to say my goodbyes. Mammy was the only one in the house to wish me well. I picked up the new cardboard suitcase I'd bought in the town that weekend, ready to leave.

Mammy was crying. 'Won't you take care?' was all she said. I wanted to put my arms around her but I wasn't comfortable about showing my feelings; my body shrank with tension when we hugged. I was determined to walk out the door with my head held high, and I didn't want to cry. As I reached the gate, I turned to see Mammy standing in the doorway. Her tears upset me but I had to leave and catch my bus. When I reached the top of Wakley's Hill I stopped and turned round to see if she was still waving me off. She wasn't. I knew there was nothing left for me in Clonmore but, secretly, I hoped she would beg me not to go and give me an excuse to stay at home with her.

Ireland had little to offer the working classes in the 1940s, particularly in rural towns. And Clonmore was in the middle of Ireland's bog land. There was nothing there for a young woman like me. I resented leaving my home to work in somebody else's.

From Maura MURPHY, *Don't wake me at Doyles*, 2004

## Compréhension de l'écrit **10 pts**

**1 Doc. 1.** Answer the following questions about Margaret, using words from the document.

**a.** Which job did Margaret want to get?

**b.** What year did she make her decision?

**c.** What was the historical context at the time?

**d.** Where did she finish her training for this job?

**2 Doc. 1.** True or false? Answer and justify by quoting the text.

**a.** Both m ale and fem ale pilots were obliged to have flying experience before training.

**b.** Some of the women were very young.

**c.** Margaret faced a dangerous situation in her plane.

**3 Doc. 1.** Pick out the 2 sentences showing that Margaret was really motivated. Copy them onto your paper and justify each sentence by quoting the text.

**a.** She wanted to be on the cover of *Life* magazine.

**b.** She asked her dad to pay for her training.

**c.** She dreamt of doing the same job as her father.

**d.** She pretended to be taller to join the Army.

**e.** She wanted to fly to Europe.

**4 Doc. 1.** Complete the following sentences by choosing the right element and copy them onto your paper.

**a.** The parachutes were adapted to

1) men only.

2) women only.

3) both men and women.

**b.** As a consequence,

1) m en and wom en could get training about how to deal with fire on a plane.

2) women had better equipment in case of danger.

3) women in the cockpit had no reason to be afraid.

4) men had better protection than women.

**5 Doc. 1.** Quote 1 sentence from the text describing Margaret's personality.

**6 Doc. 2.** Copy the following sentences and complete them with words from the text.

The scene takes place in ………. (country) in ………. (time period). The narrator is moving to ………. (city) to get a ………. at a woman's house.

**7 Doc. 2.** What could the narrator say to her employer? Choose the 2 appropriate answers. Quote the text to justify each answer.

1) I read your job ad in a newspaper.

2) I want to earn money.

3) I know how to take care of a house.

4) I have always dreamt of living in Dublin.

**8 Doc. 2.** Who thinks what? Match each element on the left with the appropriate element on the right. Copy the number and the appropriate letter onto your paper.

| | |
|---|---|
| **a.** "I'm sad and I just can't hide it." | 1) only the narrator |
| **b.** "I'm sad but I don't want to show it." | 2) only the narrator's mother |
| **c.** "I'm sad but I accept the situation." | 3) the narrator and her mother |
| **d.** "I need to see you one more time." | |
| **e.** "I feel uncomfortable about cleaning another person's house." | |

**9 Doc. 1 et 2.** What are these young women's reasons for leaving their homes? Match each reason on the left with the appropriate answer on the right.

| | |
|---|---|
| **a.** There is no other option. | 1) **ONLY** document 1 |
| **b.** It is a life-changing opportunity. | 2) **ONLY** document 2 |
| **c.** It is a real personal choice. | 3) Document 1 **AND** Document 2 |

## Expression écrite

10 pts

**Choose ONE of the following subjects. (150 words minimum)**

**1** You are Emma or Trevor. You have decided to leave home to study in another town.

Imagine the conversation with your parents when you tell them about your decision.

**2** You are Jane or Timothy. You take part in a speech contest in your school. The subject is:

| **Defend your choice of a career!** |
| --- |
| Speak about the career or the job that you would like to have. |
| You know you will face obstacles, but you want to show that you are determined to be successful. |

Write your speech. Be convincing!

## Les clés pour réussir

### Bien comprendre les documents

#### Document 1

L'essentiel

• **L'auteur**. Susan Stamberg est une journaliste américaine, correspondante spéciale pour National Public Radio. Elle anime l'émission Weekend Edition Saturday. Elle est la première femme à avoir obtenu un poste permanent de présentatrice de nouvelles de nuit sur une radio nationale aux États-Unis.

• **La source**. Il s'agit d'un extrait du site *www.npr.org*. NRP est une organisation médiatique à but non lucratif, basée à Washington DC, qui opère grâce à des fonds publics et privés. Elle permet le fonctionnement de mille stations de radio aux États-Unis.

• **Le sujet**. Il s'agit de l'histoire d'une jeune femme nommée Margaret Phelan Taylor, dix-neuf ans, qui eut l'ambition, voire l'audace, en 1943, de devenir pilote d'avion, à une époque où les femmes n'avaient pas l'accès facile à des carrières très souvent réservées à la gente masculine.

Vocabulaire

*cover story* (l. 3) : la une d'un magazine • *to catch (caught, caught)* (l. 3) : attraper • *to train* (l. 4) : se former • *to lend (lent, lent)* (l. 5) : prêter • *license* (l. 5) : permis • *inch* (l. 9) : deux centimètres et demi • *requirement* (l. 10) : condition de recrutement, exigence • tiptoes (l. 11) : pointes de pieds • *from scratch* (l. 16) : à partir de zéro • *dime* (l. 22) : un centime • *fitted* (l. 27) : adapté (ici la taille).

## Document 2

L'essentiel

- **L'auteur**. Maura Murphy (1928-2005) était une écrivaine irlandaise. En 1959, elle s'installa en Angleterre.
- **La source**. *Don't Wake Me at Doyles* est son autobiographie qui bénéficia de très bonnes critiques lors de sa publication en 2004. Née dans la pauvreté, elle rencontra beaucoup de difficultés dans sa vie et prit la défense des femmes, en particulier vis-à-vis de la contraception.
- **Le sujet**. Dans les années 1940, les opportunités de trouver du travail dans la campagne irlandaise sont minces pour les jeunes filles. Cet épisode relate le moment éprouvant du départ de Maura, contrainte d'aller occuper un poste d'employée de maison à Dublin, laissant derrière elle, non sans déchirement, sa mère, la seule présente pour lui dire au revoir.

Vocabulaire

*ya* (l. 1) : équivalent de *you*, dans une langue moins soutenue • *delighted* (l. 9) : ravi • *cardboard* (l. 13) : carton • *to shrink (shrank, shrunk)* (l. 17) : rétrécir, se contracter • *to upset (upset, upset)* (l. 20) : contrarier • *to wave off* (l. 22) : faire un signe de la main • *to beg* (l. 23) : supplier • *bog land* (l. 26) : tourbière.

## Bien répondre aux questions

**1** **a.** Pensez à utiliser le déterminant « ***a*** » devant les noms de métier.

**b.** Veillez à utiliser le prétérite du verbe *make* dans la réponse : *she* ***made***. Une date est attendue, non l'âge de l'héroïne.

**c.** Lisez bien le titre du document 1. La question fait référence à un événement historique mondial.

**d.** La question porte sur un lieu. Repérez le mot *trained* à la ligne 12, qui a la même racine que le mot *training* : la réponse se situe dans cette même phrase.

**9** Vous aurez compris que dans le document 1, la jeune femme fait un choix de son plein gré contrairement à Maura qui est contrainte de partir pour des raisons financières. Dans les deux cas, ces femmes saisissent une opportunité, un tournant dans leurs vies.

## Pistes pour les sujets d'expression

### Sujet 1

Bien comprendre le sujet

**Sujet d'invention** inspiré du document 2 : rédiger une conversation.

Les attentes du correcteur

- Sachez présenter un dialogue et revoyez, pour ce faire, la présentation fiche 11 du mémento.

- **Utilisez une langue « orale » et des proverbes** qui permettent de faire passer des messages importants quand le contexte le permet.
- Sachez mener une conversation avec un énoncé, un développement et une conclusion.

Organiser ses idées

- Imaginez **une situation** susceptible de déclencher la conversation.
- Développez **l'argumentation**, dans laquelle chacun défend son opinion.
- Trouvez **un dénouement** qui, si possible, tienne compte des points de vue de chacun.

## Sujet 2

Bien comprendre le sujet

**Sujet d'invention** : rédiger un discours dans le cadre d'un concours.

Les attentes du correcteur

- Il s'agit de convaincre : **soignez l'éloquence et développez le pouvoir de conviction** en utilisant le lexique approprié, la forme interrogative et/ou exclamative. C'est un concours !
- Surprenez votre auditoire par votre **motivation**. Insistez sur votre **détermination** en dépit des obstacles.
- Choisissez une carrière dont vous saurez parler, en termes de lexique, vous vous faciliterez la tâche.

Organiser ses idées

- Votre discours devra s'adresser à un public. Précisez lequel.
- Afin de surprendre votre auditoire, **maintenez un peu le suspense.** Ne donnez pas immédiatement le nom du métier que vous envisagez.
- Expliquez **l'origine de votre décision de poursuivre cette carrière.** Profitez-en pour faire référence à un livre, un film ou une exposition qui aurait pu être le déclencheur de votre passion.
- Concluez en assurant votre public de votre détermination.
- Remerciez-les de leur attention.

# Sujet 4 Corrigé

## Compréhension de l'écrit

**1 a.** Margaret wanted to be a pilot, maybe like the WASPs, the Woman Airforce Service Pilots she saw on the cover of a magazine called *Life.*
**b.** She made her decision in 1943.
**c.** She made this decision during World War II.
**d.** She finished her training at Avenger Field in Sweatwater, Texas.

**2 a. False**. "The military trained **male pilots** from scratch, but **not the female** civilian volunteers." (l. 15-16)
**b. True**. "**She was 19**, had just completed two years of college" (l. 1-2) "You have women who are getting out of high school" (l. 21-22)
**c. True**. "Her plane was smoking and Taylor faced a defining moment." (l. 27-28) "She saw smoke in the cockpit." (l. 25)

**3 b.** She asked her dad to pay for her training. "She asked her father to lend her money for a pilot's license." (l. 4-5)
**d.** She pretended to be taller to join the Army. "I just stood on my tiptoes." (l. 11)

**4 a.** The parachutes were adapted to men only.
**b.** As a consequence, men had better protection than women.

**5** My husband used to say, "It's pretty hard to scare you." (l. 31-32)

**6** The scene takes place in **Ireland** in **the 1940s.** The narrator is moving to **Dublin** to get a **job** at a woman's house.

**7** 2. I want to earn money. "I needed a job." (l. 8)
3. I know how to take care of a house. "I knew how to cook and clean and 'that kind of thing.'" (l. 7-8)

**8 a.** "I'm sad and I just can't hide it." 2) only the narrator's mother
**b.** "I'm sad but I don't want to show it." 1) only the narrator
**c.** "I'm sad but I accept the situation." 3) the narrator and her mother
**d.** "I need to see you one more time." 1) only the narrator
**e.** "I feel uncomfortable about cleaning another person's house." 1) only the narrator

**9 a.** There is no other option. ONLY document 2.
**b.** It is a life-changing opportunity. Document 1 AND Document 2.
**c.** It is a real personal choice. ONLY document 1.

## Expression écrite

*Les mots et expressions en gras peuvent s'avérer utiles pour ce type de sujet.*

**1** « What **are you up to**, Emma? » my mother asked looking over my shoulder as I was **browsing** through a university website in the New York state." I stood up all at once, leading her out of my bedroom.

"Mum, stop **spying on** me, will you? You must be **aware** that I need **to paddle my own canoe** now that I've **graduated**. I'm leaving home and **there's no** trying to **talk me out of** it", I replied self-assured.
"It is **crystal clear** that you can't stand us anymore. There's a **renowned** college in our town. You could study art there, so you wouldn't have to **borrow** money from the banks for **accommodation**, which would **enable** you to travel in the summer", she **ventured lamely**.
"Mum, I **can't believe my ears**. I **do love** you but I just need to see the world, make new friends, have roommates and grow up by myself! I have sent my **application** to Skidmore College, upstate New York and I won't **change my mind**."
My mother was **dumbfounded** for a second. Then she hugged me and **whispered**: 'I wish you well. You'll come and visit us **once in a while, won't you**?"
I smiled at her. "Of course I will. As you know, **venting** brings **relief** and who else but my Mom would I **confide in**?" We both laughed **heartily**.

**Gagnez des points !**

Rendez votre dialogue plus authentique, en utilisant des expressions idiomatiques et des question tags !

**2** Dear fellow students, honourable teachers, beloved parents,
The reason I am **delivering** this speech today is to let you know I've decided to take a new turn in my life **against all odds**. Many a time have I neglected my homework and skipped certain lessons, or forgotten my textbooks. But believe me this time is over, for indeed I have **made up my mind** about the career I want to **pursue** and nobody will **deter** me **from** making my dream **come true.** I can hear you whispering "what is this new decision of his, a new promise he will never keep..." Well, I **give you my word** that you won't be disappointed.
Let me tell you how it all **occurred** to me. A few weeks ago we were told by our English teacher to read *To Kill a Mockingbird* by writer Nelle Harper Lee. I got more and more **engrossed** in the story until I read Atticus' speech for the defence, during the final hearing at court. I was **stunned** at how **cleverly** he managed to **give evidence** of Tom Robinson's innocence, therefore demanding his acquittal. The truth was blatant and yet the court declared Tom was the culprit! How **unfair**, another **miscarriage of justice**!
Well, this is why, ladies and gentlemen, I now want to become a lawyer and defend innocent victims' causes **for the sake of** justice and equality. I will **put my mind and heart** to this career and if somebody **puts a spoke in my wheel** I will know how to defend myself **tooth and nail**. I'm not saying it will be easy but **where there's a will there's a way**! I did not choose this career but this career chose me!
Please give me a chance to prove to you that people can change when motivated. I will **strive** for my goal no matter what! Thank you for listening to me.

**L'astuce du prof**

Puisez dans vos connaissances afin de fonder votre speech sur un élément culturel qui aura constitué une sorte de révélation, et vous aura donné la motivation nécessaire pour poursuivre votre choix de carrière.

# Les sujets pour préparer l'écrit

# Sujet 5

Séries L, ES, S

3 heures

## Réseaux sociaux et vie privée

**Amérique du Nord, mai 2017**

### Doc. 1 Privacy is evil

"I think it's simple. If you care about your fellow human beings, you share what you know with them. You are what you see. You give them anything you can. If you care about their plight, their suffering, their curiosity, their right to learn and know anything the world contains, you share with them. You share what you have and what you see and what you know. To me, the logic there is undeniable."

The audience cheered, and while they did so, three new words, SHARING IS CARING, appeared on the screen, below the previous three. Bailey was shaking his head, amazed.

"I love that. Mae, you have a way with words. And there's one more statement you made that I think should cap off what I think everyone here would agree has been a wonderfully enlightening and inspiring talk."

The audience clapped warmly.

"We were talking about what you saw as the impulse to keep things to yourself."

"Well, it's not something I'm proud of, and I don't think it rises above the level of simple selfishness. Now I really understand that. I understand that we're obligated, as humans, to share what we see and know. And that all knowledge must be dramatically accessible."

"It's the natural state of information to be free."

"Right."

"We all have a right to know everything we can. We all collectively own the accumulated knowledge of the world."

"Right," Mae said. "So what happens if I deprive anyone or everyone of something I know? Aren't I stealing from my fellow humans?"

"Indeed," Bailey said, nodding earnestly. Mae looked to the audience, and saw the entire first row, the only faces visible, nodding, too.

"And given your way with words, Mae, I wonder if you can tell us this third and last revelation you made. What did you say?"

"Well, I said, privacy is theft."

Bailey turned to the audience. "Isn't that an interesting way of putting it, guys? 'Privacy is theft' " The words now appeared on the screen behind him, in great white letters:

**PRIVACY IS THEFT**

Mae turned to look at the three lines together. She blinked back tears, seeing it all there. Had she really thought of all that herself?

**SECRETS ARE LIES**
**SHARING IS CARING**
**PRIVACY IS THEFT**

Mae's throat was tight, dry. She knew she couldn't speak, so she hoped Bailey wouldn't ask her to. As if sensing how she felt, that she was overcome, he winked at her and turned to the audience.

"Let's thank Mae for her candor, her brilliance and her consummate humanity, can we please?"

The audience was on its feet. Mae's face was on fire. She didn't know if she should sit or stand. She stood briefly, then she felt silly, so sat down again, and waved from her lap.

Somewhere in the stampeding applause, Bailey managed to announce the capper[1] to it all – that Mae, in the interest of sharing all she saw and could offer the world, would be going transparent[2] immediately.

Dave Eggers, *The Circle*, 2013

**1.** The capper: final touch.
**2.** To wear a camera and share your life with the world.



## Doc. 2 The dangers of 'oversharing' on social media

KNOXVILLE – More than 65 percent of all adults have social media accounts on sites like Facebook, Twitter or Instagram. Despite all the security features, is your information really safe? Are you paving an easy path for identity thieves?

Computer security expert Bill Dean, with Sword and Shield Enterprises, works with companies to show them their weaknesses and how to protect themselves. He and Knox County mother of two Karen Schemmel had never met before. *WATE 6 On Your Side*[1] asked Dean to see what he could learn from Schemmel's public profile.

"You have everything very secure. I could learn very little from you at all," Dean told Schemmel.

Without being friends on Facebook, Dean could only find out Schemmel's maiden name[2] and some generic public information through some other online searches. For the sake of our investigation, the two became friends on Facebook and that is when oversharing becomes a big security concern. One simple thing Dean points out is the fact that she lists her date of birth.

"You may call into a call center or reset a password to verify who you are. They may ask what is your birthdate," Dean said.

Dean went on to say when you couple that with information about where she went to high school and college, you can start getting into some trouble.

"We want to share everything, but we don't realize it is like bread crumbs that someone can put together and create a new identity or use to know much more about us than we want people to know." […]

Even if you have your privacy settings for just people you know, Dean says everyday posts can sometimes be "too much." He says you should understand that what is posted to social media should be considered permanent. Assume that what you post will be viewed by the world, not just your friends. Don't publicize information on social media that you use for "challenge questions" to authenticate yourself to banks or reset passwords.

Schemmel says these are things she will definitely keep in mind.

"We try to build our lives but could be taken away by someone you don't even know," she said.

Kristin Farley, WATE Online, January 23, 2016
Kristin Farley is a journalist. She works for TV Channel WATE

**1.** A TV programme.
**2.** Maiden name: the woman's name before she marries.

## Compréhension de l'écrit

**10 pts**

**1** **Doc. 1.** Name the characters present in the extract.

**2** **Doc. 1.** What are the characters doing? Choose the right answer.

**a.** They are speakers at a conference.

**b.** They are in the audience at a conference.

**c.** They have arrived late to a conference.

**3** **Doc. 1.** Select two adjectives in the following list which show Bailey's reaction to the speech. Support your choices with two quotes.

complimentary – upset – angry – confused – supportive

**4 Doc. 1. True or false?** Support your answer with a quote.

**a.** The audience disagrees with the speakers.

**b.** Mae believes that not sharing information is like stealing.

**5 Doc. 1.** Answer the following questions and support your answers with a quote.

**a.** What tool is used to emphasize Mae's ideas?

**b.** What is Mae's reaction to the use of that tool?

**6 Doc. 1.** Pick out two quotes that show that Bailey is influencing the audience.

**7 Doc. 1.** Focus on lines 34 to 47. What evolution can we notice in Mae's feelings?

**8 Doc. 1.** "Had she really thought of all that herself?" (l. 36). What does that reveal about Mae and Bailey's relationship?

***Seuls les candidats de la série L LVA** traiteront la question 9.*

**9 Doc. 1.** Mae's statements are referred to as "revelation[s]" (l. 29). What does this choice of word show about the function of the conference?

**10 Doc. 2.** Copy out the following paragraph and fill in the blanks with words from the text.

Bill Dean is specialized in ......... ......... . His job is to explain to companies their ......... and help them make their networks ......... .

**11 Doc. 2.** What personal information is given about Karen Schemmel? Give three elements.

**12 Doc. 2. True or false?** Support your answer with a quote from the text.

**a.** A very small number of adults have a Facebook account.

**b.** Karen and Dean have known each other for a long time.

**c.** Dean claims that all information put on social media remains forever.

**13 Doc. 2.** According to Dean, what information should not appear on your social media account to ensure privacy? Give two elements.

**14 Doc. 1 et 2.** Focus on Mae (document 1) and Dean (document 2). Do they have the sam e opinion on privacy? Explain briefly.

***Seuls les candidats des séries S, ES et L LVO** traiteront la question 15.*

**15 Doc. 1 et 2.** Document 1 mentions "the impulse to keep things to yourself" (l. 14-15). Using documents 1 and 2, discuss how social media affects this impulse.

***Seuls les candidats de la série L LVA** traiteront la question 16.*

**16 Doc. 1 et 2.** Document 1 (l. 17-18): "I understand that we're obligated, as humans, to share what we see and know." To what extent does this idea of obligation apply to both documents?

SUJETS D'ÉCRIT • LV1

## Expression écrite

**10 pts**

***Les candidats des séries S, ES et L LVO** traiteront **le sujet 1 et le sujet 2.***

***Les candidats de la série L LVA** traiteront **le sujet 1 et le sujet 3.***

**1** Mae (document 1) has accepted to take part in the "going transparent" project. What do you think she may expect from this experiment? (150 words, +/– 10%)

**2** "Secrets are lies" (document 1, line 37). Do you agree with this statement? Explain. (150 words, +/– 10%)

**3** "Secrets are lies. Sharing is caring. Privacy is theft" (document 1, lines 37-39). To what extent do you agree with these statements? (250 words, +/– 10%)

## Les clés pour réussir

### Bien comprendre les documents

#### Document 1

**L'essentiel**

- **L'auteur.** Né en 1970 à Boston, Dave Eggers est un écrivain, éditeur et philanthrope américain maintes fois récompensé. Son autobiographie déchirante, dans laquelle il raconte comment il a élevé son petit frère après le décès de leurs parents, l'a révélé au public en 2000.
- **La source.** *The Circle* est un roman de science-fiction qui cherche à nous alerter sur notre dépendance aux nouvelles technologies et sur la menace qu'elles représentent pour notre vie privée. Un film basé sur cette dystopie est sorti en avril 2017 avec Emma Watson et Tom Hanks.
- **Le sujet.** Lors d'une conférence, le charismatique Bailey, dirigeant de The Circle, une puissante entreprise de nouvelles technologies, complimente son employée Mae pour avoir su si bien retranscrire l'idéologie de leur compagnie en quelques maximes bien tournées. Entre fierté et embarras, la discrète jeune femme ne sait comment réagir face à leur auditoire enthousiaste.

**Vocabulaire**

*to cheer* (l. 6) : acclamer, applaudir • *enlightening* (l. 12) : éclairant(e) • *to nod* (l. 27) : hocher la tête, acquiescer • *theft* (l. 32) : du vol • *to wink* (l. 42) : faire un clin d'œil • *candor* (l. 43) : franchise, sincérité.

#### Document 2

**L'essentiel**

- **La source.** WATE est une chaîne de télévision locale américaine basée à Knoxville dans le Tennessee.

- **Le sujet.** Un expert en informatique cherche à alerter la population sur le danger que représentent les réseaux sociaux pour notre vie privée et donne des conseils pour se protéger.

Vocabulaire

*to pave an easy path* (l. 3-4) : faciliter la tâche • *thieves* (l. 4) : des voleurs, des usurpateurs • *weaknesses* (l. 6) : les faiblesses • *bread crumbs* (l. 23) : des miettes de pain.

## Bien répondre aux questions

**5** *a tool :* un outil ; *to emphasize :* insister sur.

**7** Mae est submergée par ses émotions, qui vont de l'incrédulité à la fierté, en passant par l'embarras et la peur du ridicule.

**8** Bailey semble être un homme très charismatique, voire manipulateur comme vous avez pu le montrer à la question 6.

**9** Le terme *revelation(s)* a des connotations quasi religieuses qui peuvent expliquer la ferveur mystique de l'auditoire.

## Pistes pour les sujets d'expression

### Sujet 1

Bien comprendre le sujet

**Sujet d'expression personnelle** lié au document 1.

Les attentes du correcteur

- **Organisez** votre réponse en **paragraphes**.
- **Développez** au moins **trois idées**.
- Utilisez **les modaux** *CAN, MAY, MIGHT* + Base Verbale pour formuler vos **hypothèses**.

Organiser ses idées

- **Les motivations** de Mae peuvent être :

– **d'ordre professionnel** : se faire bien voir de sa hiérarchie, utiliser ce projet comme tremplin pour grimper les échelons de la compagnie et assouvir ses ambitions ;

– **d'ordre personnel** : attirer l'attention, obtenir la reconnaissance de ses pairs, passer pour quelqu'un d'entreprenant et d'innovant.

### Sujet 2

- **Sujet d'expression personnelle** lié au document 1.

Les attentes du correcteur

- On vous demande clairement d'**exprimer votre point de vue** : **impliquez-vous** personnellement et sachez **vous justifier**.

Organiser ses idées

- **Explicitez** cette affirmation, qui sous-entend qu'avoir des secrets est aussi **moralement condamnable** que de mentir.

- Montrez que dire **la vérité n'est pas souhaitable** tout le temps, avec tout le monde, en toutes circonstances : mentir est **un droit** et parfois même **un devoir**.
- **Arguez** qu'il est bon pour tout un chacun d'avoir **un jardin secret** et qu'être sommé de ne rien cacher relève du **totalitarisme**.

### Sujet 3

Bien comprendre le sujet

**Sujet d'expression personnelle de type argumentatif.**

Les attentes du correcteur

- *To what extent* implique de montrer **les limites** de ces affirmations.
- **Organisez** votre réponse de façon **méthodique** (*cf.* Fiche méthode n° 12).

Organiser ses idées

- L'idée de **partager son savoir** et **ses connaissances** semble tout à fait louable et est à l'origine de nombreux **projets collaboratifs** très populaires sur Internet (Wikipédia, Wikileaks entre autres).
- Toutefois, **surexposer sa vie privée** sur les réseaux sociaux ne relève pas vraiment de cette idée généreuse du partage, mais plutôt **d'une pulsion exhibitionniste**, d'un désir de **frimer** ou de **panser des blessures narcissiques** en comptant ses *followers* ou ses *likes*.

# Sujet 5 Corrigé

## Compréhension de l'écrit

**1** The characters present in the extract are Bailey and Mae.

**2** **Answer a.** They are speakers at a conference.

**3** Bailey's reaction to the speech can be said to be complimentary and supportive: "As if sensing how she felt, that she was overcome, he winked at her and turned to the audience" (l. 41-42) – "Let's thank Mae for her candor, her brilliance and her consummate humanity" (l. 43-44).

**4** **a. False**: "The audience cheered" (l. 7) / "The audience clapped warmly" (l. 13) / "nodding" (l. 26) / "the stampeding applause" (l. 47).

**b. True**: "what happens if I deprive anyone or everyone of something I know? Aren't I stealing from my fellow humans?" (l.24-25).

**5** **a.** The tool used to emphasize Mae's ideas is a screen ("The words now appeared on the screen behind him", l. 32-33).

**b.** Mae is impressed by the screen. Seeing the words that she has devised herself up there on the screen makes them real to her. She is moved and dumbfounded. She can't believe she is the one who came up with these epigrams. ("She blinked back tears, seeing it all there. Had she really thought of all that herself?", l. 35-36).

**6** Bailey is indeed influencing the audience. "... what I think everyone here would agree has been a wonderfully enlightening and inspiring talk." The audience clapped warmly." (l. 11-13) – "Let's thank Mae for her candor, her brilliance and her consummate humanity, can we please?" "The audience was on its feet" (l. 43-44).

**7** Mae is first stunned and speechless. She is overwhelmed by her own emotions. She is then proud and flattered by Bailey's compliments but at the same time terribly embarrassed to be the focus of the conference. She doesn't know how to behave as she is afraid of looking ridiculous. She must be shy and is probably not used to being paid so much attention to.

**8** Bailey seems to be quite manipulative and influential. He may have brainwashed Mae into adopting his extreme conception of privacy and into coining these paradoxical sentences, without her even noticing it.

**9** The function of the conference is to win over the audience, to make them adopt Bailey's unusual vision of privacy thanks to the powerful words put together by Mae as if they were gospel. The whole scene smacks of religious fanaticism, as if the company Bailey and Mae work for was some kind of a sect.

**10** Bill Dean is specialized in <u>computer</u> <u>security</u>. His job is to explain to companies their <u>weaknesses</u> and help them make their networks <u>safe</u> / <u>secure</u>.

**11** We learn that Karen Schemmel lives in Knox County, that she has two children and that she has a Facebook account.

**12** **a. False**: "More than 65 percent of all adults have social media accounts on sites like Facebook, Twitter or Instagram." (l. 1-2)

**b. False**: "He and [...] Karen Schemmel had never met before." (l. 7-8)

**c. True**: "what is posted to social media should be considered permanent" (l. 28-29).

**13** According to Dean, you should never mention your birthdate nor the high school or the college you attended on your social media account in order to ensure privacy.

**14** Mae and Dean don't have the same opinion on privacy: Mae believes that everything you know, do or see should be shared while Dean contends that you should reveal as little as possible so as to protect your privacy. To sum up, Mae considers privacy as a sin whereas Dean thinks it is an essential right that we should cherish and preserve.

**L'astuce du prof**

Utilisez *whereas* ou *while* pour exprimer le contraste !

SUJETS D'ÉCRIT • LV1

**15** According to both documents, social media seem to go against this impulse to keep things to oneself. Indeed, we are more and more prone to share what we do, see or like with the world, sometimes without being certain of who might see it, which is risky.

**16** This idea of obligation apply to both documents insofar as in document 1, withholding any personal information is seen as selfish and sinful, and in document 2, computer security expert Bill Dean reckons that there is some private information we have to share online, with our bank for instance. However, in document 2, Bill Dean is keen to warn people against the dangers of oversharing and pinpoints the information we should never share on social media, unlike Bailey and Mae in document 1 who think there should be no limit and prompt people to go transparent.

## Expression écrite

*Les mots et expressions en gras peuvent s'avérer utiles pour ce type de sujet.*

**1** Mae has agreed to take part in the "going transparent project", that is to say, she **is willing to** wear a camera 24 hours a day so as to share her life with the world. We may wonder what she expects from such an extreme experiment.

First of all, as regards her professional career, we may guess that Mae is aiming to **fulfil ambitions** and wants **to climb the company ladder** by complying with her firm's **flagship** program. Getting **involved** in such a personal way is a means for her to show her **commitment to** the company and her readiness **to endorse** its ideals and promote its values.

Then, on a more personal level, Mae seems to be a rather shy woman who might crave the **approval** and **recognition** of her **peers**. Sharing everything about her life may **draw the attention** she **seeks** to get. Mae might also want to be seen as **a trailblazer** by participating in this **pioneering** and **groundbreaking** project. Hopefully she won't be disappointed!

**2** In this extract from Dave Eggers's **dystopian novel** entitled *The Circle*, Bailey and Mae try **to talk** their audience **into** shar**ing** everything they see, do and know by telling them that "secrets are lies", thus implying that secrets are **morally wrong** and that we should always tell the truth to everyone, whatever the circumstances. Personally, I strongly disagree with this statement.

**Piège à éviter**

Il ne s'agit pas d'une dissertation ! Exprimez une opinion tranchée !

Indeed, I am convinced that some things are **better left unsaid**, that we have **the right to** hide the truth, and that it may even be **our duty** to do so, **out of kindness** or compassion. If my neighbour cheats on her husband, why should I tell him?

Besides, and even though some secrets may be deemed as devastating, such as **state secrets** or **family secrets**, we nevertheless have the right to have our own little secrets, some things we like or do that are **no one else's business**. Going transparent as it is described in this novel seems to me to be the archetype of the **totalitarian nightmare**!

**3** "War is Peace. Freedom is slavery. Ignorance is strength". The **paradoxical slogans** that rule over the **totalitarian society** depicted in George Orwell's *1984* must have inspired Dave Eggers when he **coin**ed the three **maxims** "Secrets are lies. Sharing is caring. Privacy is theft" **to encapsulate** the ideals of The Circle company in his Science Fiction novel. Is there any truth to these cleverly worded **aphorisms**?

> **Gagnez des points !**
> Valorisez vos connaissances littéraires grâce à des références bien choisies !

There's no denying that the idea developed by Dave Eggers according to which all knowledge should be shared is quite attractive. It is the very principle of the online collaborative encyclopaedia Wikipedia, which intends to make **knowledge** free and easily **available** to everyone, everywhere, and no longer reserved to an intellectual or **wealthy elite**. It is also the goal of the Wikileaks **whistle-blowers** who condemn state and industrial secrets and believe in the right of the people to know what the rich and powerful do and say **behind closed doors**.

However, should these concerns also apply to the lives of each and every one of us? Is it anyone else's business what I do, where I go or who I see? Is it even interesting? Many **social media users** seem to believe so, who post **countless pictures** of their meals, outfits or holidays... The intention does not so much seem to be to share these moments with the world in some kind of **generous outpouring**, but rather a selfish will **to show off** and **comfort oneself** in seeking the approval and the recognition of one's **peers**.

So all in all, I disagree with these statements that I think should be **rephrased** thus: "Secrets are right. Hiding is sparing. Privacy is best."

# Sujet 6

Séries L, ES, S

3 heures

## Image mythique et romanesque d'un couple de hors-la-loi

**Inde, avril 2017**

### Doc. 1 A world between myths, stories and the harsh reality

WHEN WE LIVED in Mississippi, in Biloxi – which was in 1955, when I was eleven – my father worked at the base there and stayed home on the weekends, the way he did in Great Falls. He liked Mississippi. It was close to where he'd grown up, and he liked the Gulf of Mexico. If he'd left the Air Force then and there, instead of when he did, things would've worked out better for him and for our mother. They could've gotten divorced and gone their separate ways. Children can make their adjustments if their parents love them. And ours did.

My father often took me to the movies on Saturday mornings when there was something he wanted to see or had nothing else to do. There was an air-cooled theater called the Trixy, which was on the downtown main street that ended at the Gulf. The movies started at ten and lasted straight until four, with shorts and cartoons and features running continuously, all for a single admission, which was fifty cents. We would sit through everything, eating candy and popcorn and drinking Dr Peppers, enjoying Tarzan or Jungle Jim and Johnny McShane and Hopalong Cassidy, plus the Stooges and Laurel and Hardy and newsreels and old war footage, which my father liked. We'd emerge at four out of the cool, back into the hot, salty, breathless Gulf coast afternoon, sun-blind and queasy and speechless from wasting the day with nothing to show for it.

On one such morning, we were there in the dark side-by-side, and onto the screen had come a newsreel from the 1930s, relating to the criminals Clyde Barrow and Bonnie Parker, who'd terrorized (the announcer said) several states of the Southwest, robbing and killing and making an infamous name until they were killed in an ambush on a country road in Louisiana, by a posse of deputies who shot them from the bushes and brought their careers to an end. They were only in their twenties.

Later, when my father and I walked out into the steamy, sun-shot afternoon – it was June – our eyes hurting, our heads dull, we found that someone (the Trixy's operators) had parked a long flatbed truck in front of the theater. On the truck bed was an old gray Ford four-door from the '30s, and all over it were shiny holes, and its windows were busted out, its doors and hood perforated, its tires deflated. Up beside the car wheel was a painted sign that read: ACTUAL BONNIE & CLYDE DEATH CAR – WILL PAY $10,000 IF YOU PROVE IT'S NOT. The proprietors had placed a set of wooden steps up to the car, and the theater customers were invited to pay fifty cents to climb up and inspect it, as if Bonnie and Clyde were still inside dead, and everyone should see them.

My father stood on the hot hard concrete, peering up at the car and the customers – kids and grown-ups, women and men – filing past, gawking, making jokes and machine-gun noises and laughing. He didn't intend to pay. He said the car was a fakeroo, or it would never be there. The world didn't work that way. Plus it was fresh painted, and the bullet holes didn't look real. He'd seen bullet holes on plenty of airplanes, and they were bigger, more jagged. Not that this would stop anybody from throwing their money away. But when we'd stood on the sidewalk, looking up at the car for a few minutes, he said, "Would you become a bank robber, Dell? It'd be exciting. Wouldn't that surprise your mother?"

Richard Ford, *Canada*, 2012

**Doc. 2** **Bonnie Parker and Clyde Barrow: the real story behind the glamorous legend**

Possibly the most famous and most romanticized criminals in American history, **Bonnie Parker and Clyde Barrow** were two young Texans whose early 1930s crime spree forever imprinted them upon the national consciousness. Their names have become synonymous with an image of Depression-era chic, a world where women chomped cigars and brandished automatic rifles, men robbed banks and drove away in squealing automobiles, and life was lived fast because it would be so short.

Of course, myth is rarely close to reality. The myth promotes the idea of a romantic couple in stylish clothes who broke the bonds of convention and became a threat to the status quo, who didn't fear the police and lived a life of glamorous luxury outrunning them. The reality was somewhat different. Sometimes incompetent, often careless, Bonnie and Clyde and the Barrow gang lived a hard, uneasy life punctuated by narrow escapes, bungled robberies, injury, and murder. They became one of the first outlaw media stars after some photos of them fooling around with guns were found by police, and the myth-making machine began to work its transformative magic. Soon fame would turn sour and their lives end in a bloody police ambush, but their dramatic and untimely end would only add luster to their legend.

Joe McGasko, December 5th 2013
www.biography.com – "Bonnie and Clyde"

## Compréhension de l'écrit 10 pts

**1** **Doc. 1** **a.** Give the narrator's name and age at the time of the story.

**b.** When and in which country does the scene take place?

**c.** Where did the narrator and his parents live at that time?

**2** **Doc. 1** **a.** Why did the narrator's father like that place?

**b.** Where had he worked before that?

**c.** What can you guess about his job?

**3** **Doc. 1** **a.** Explain what "the Trixy" was and when the narrator and his father would go there.

**b.** How long would they stay at "The Trixy"?

**c.** Lines 14-15: "We would sit through everything." What is meant by "everything"?

Give at least four examples.

**4** **Doc. 1** Answer the following questions.

**a.** Who were Bonnie Parker and Clyde Barrow?

**b.** When and how did they die?

**c.** How old were they when they died?

**5** **Doc. 1** What was the father's attitude on seeing the sign that read: ACTUAL BONNIE & CLYDE DEATH CAR? (Lines 34-35)

**6** **Doc. 1** Read the text from line 18 to line 20.
Explain in your own words how father and son would feel at four o'clock. Explain why.

**7** **Doc. 2** How does the biographer show that Bonnie and Clyde's lives were not as glamorous as their legend?

**8** **Doc. 2** According to the biographer, what elements turned the lives of Bonnie and Clyde into a myth? Find at least four elements. (40 words)

**9** **Doc. 1 et 2** Document 2, lines 17-19: "Soon fame would turn sour and their lives end in a bloody police ambush, but their dramatic and untimely end would only add luster to their legend."
Explain in your own words how this sentence finds its illustration in Document 1. (40 words)

***Seuls les candidats de la série L LVA** traiteront les questions 10 et 11.*

**10** **Doc. 1** Would the father go to "The Trixy" to please his son? Justify your answer with a quote.

**11** **Doc. 1** Line 45: "Not that this would stop anybody from throwing their money away." Explain what the author implies in that sentence. (40 words)

## Expression écrite

10 pts

***Les candidats des séries S, ES et L LVO** traiteront **le sujet 1 et le sujet 2**.*

***Les candidats de la série L LVA** traiteront **le sujet 1 et le sujet 3**.*

**1** Document 1, lines 46-48: "But when we'd stood on the sidewalk, looking up at the car for a few minutes, he said, 'Would you become a bank robber, Dell? It'd be exciting. Wouldn't that surprise your mother?' "
Imagine the rest of the conversation between the father and his son. *(150 words)*

**2** In your opinion, why are outlaws so often portrayed as iconic figures in works of fiction? Support your answer with exam ples.*(150 words)*

**3** Document 2, lines 16-17: "The myth-making machine began to work its transformative magic."
Explain how the "myth-making machine" turns real-life individuals into iconic figures and their lives into m yths.*(150 words)*



## Les clés pour réussir

### Bien comprendre les documents

#### Document 1

L'essentiel

- **L'auteur.** Richard Ford, écrivain américain, né en 1944, dans le Mississippi, est le lauréat de nombreux prix littéraires dont le prix Femina étranger 2013, pour son roman *Canada.* Il affirme que dans ses romans, « il est essentiellement question de rédemption et de résilience ».
- **La source.** *Canada* est une œuvre dont le narrateur, Dell Parsons, adolescent américain de quinze ans, vit à Great Falls dans le Montana, en 1960. Le roman décrit son passage brutal et chaotique du monde de l'enfance au monde des adultes. En effet, son univers s'écroule quand ses parents sont inculpés pour le braquage d'une banque.
- **Le sujet.** Dans cet extrait, Dell se remémore sa vie dans le Mississippi, en 1955. Alors âgé de onze ans, Dell se souvient d'interminables séances de cinéma, le samedi, en compagnie de son père. Lors d'une séance d'actualités filmées, il y avait découvert la vie du tristement célèbre couple des années 30, Bonnie Parker et Clyde Barrow. À la sortie, son père avait remarqué la présence d'une voiture criblée de balles, dont le propriétaire prétendait qu'elle était l'authentique voiture de ce jeune couple de criminels et proposait la modique somme de $10 000 à quiconque prouverait le contraire...

Vocabulaire

*feature* (l. 13) : long métrage • *Dr Pepper* (l. 15) : marque de boisson américaine non alcoolisée • *newsreel* (l. 17, 22) : actualités filmées • *footage* (l. 17) : court métrage, séquence • *queasy* (l. 19) : nauséeux • *infamous* (l. 25) : tristement célèbre • *posse* (l. 26) : détachement • *actual* (l. 34) : réel, véritable • *to gawk* (l. 40) : rester bouche bée • *fakeroo* (l. 42) : un faux.

## Document 2

L'essentiel

• **La source.** Il s'agit d'un article publié sur un site www.biography.com, le 5 décembre 2013, évoquant l'image mythique et magnifiée de ce couple légendaire de hors-la-loi, Bonnie Parker et Clyde Barrow, qui défraya la chronique par ses braquages audacieux et ses meurtres sordides en plein cœur de l'Amérique des années 1930.

• **Le sujet.** Dans cet article, l'auteur, Joe McGasko, rappelle les conditions de vie âpres et difficiles, ainsi que les terribles méfaits commis par ce célèbre couple emblématique, Bonnie et Clyde. Son intention consiste essentiellement à démontrer comment leur histoire a marqué les esprits : ces deux malfaiteurs sans cesse poursuivis par toutes les forces de police du pays, et abattus dans un bain de sang, sont devenus de grands héros romantiques de la criminalité, rejoignant les rangs des icônes mythiques de cette période troublée qu'était celle de la Grande Dépression.

Vocabulaire

*spree* (l. 3) : fête • *to chomp* (l. 5) : mâcher bruyamment • *to squeal* (l. 6) : grincer • *threat* (l. 10) : menace • *to outrun* (l. 11) : dépasser • *to bungle* (l. 14) : rater • *injury* (l. 14) : blessure • *sour* (l. 17) : aigre • *ambush* (l. 18) : embuscade • *luster* (l. 19) : lustre.

### Bien répondre aux questions

**1 b.** Veillez à ne pas confondre « country » et « state ». La question porte sur **le pays**, non sur l'État.

**2 a.** Tentez de trouver les **deux raisons** très explicites dans le texte. Montrez que vous en avez compris le sens en utilisant vos propres mots.

**c.** Repérez les éléments qui pourront vous mettre sur la voie : *base* (l. 2) ; *bullet holes on plenty of airplanes* (l. 44).

**3 b.** Quelques précisions pour votre culture personnelle : *Jungle Jim* (l. 16) : le surnom de Jim Bradley, héros d'une bande dessinée américaine parue en 1934 ; *Hopalong Cassidy* (l. 16) : cowboy de fiction créé en 1904, a inspiré des dizaines de films entre 1930 et 1950 ; *the Stooges* (l. 17) : un groupe de rock ; *Laurel and Hardy* (l. 17) : un duo comique constitué en 1927.

**5** Rappelez-vous que « actual » est un **faux-ami**. Revoyez la fiche n° 5 du Mémento pour un récapitulatif des faux-amis les plus courants.

**7** Repérez les éléments qui mettent en lumière que la vie de ces voleurs n'était pas aussi reluisante ni glamour que la légende a bien voulu le faire croire.

**9** Le premier texte vous donne des éléments de réponse : voyez combien les passants sont fascinés par ces deux personnages de légende et démontrent par leur comportement l'immortalité de ces héros dans la conscience commune.

## Pistes pour les sujets d'expression

### Sujet 1

#### Bien comprendre le sujet

**Sujet d'invention lié au texte** : rédiger la suite de la conversation.

#### Les attentes du correcteur

- Vous devrez présenter votre dialogue en suivant les **conseils méthodologiques** (*cf.* Mémento fiche n° 11).
- Afin de rendre la discussion plus animée, faites en sorte de **confronter les points de vue divergents des deux protagonistes**. Accentuez l'indignation du jeune enfant caractérisé par son **innocence**, face à l'insouciance d'un père en quête d'aventure, sous l'emprise du charme de ce couple légendaire dont il vient de revivre l'épopée au cinéma.
- Cependant, vous pouvez imaginer que le jeune garçon est en réalité au courant de certaines activités illégales de son père et que Dell profite de cette conversation pour révéler ses craintes, laissant son père abasourdi.
- Vous montrerez que vous maîtrisez les notions d'**accord** et de **désaccord** (*I agree* ; I *don't agree with you*) ; la **forme hypothétique** (***If*** *my mother discover**ed** I was a gangster, she **would** probably + V...*) ; et que vous savez **formuler un conseil** (*we ought to + V ; we should + V ; we'd better not + V...*).

#### Organiser ses idées

- Commencez par la vive réaction de Dell, à la suggestion de son père. Exprimez son incrédulité devant cette question pour le moins inattendue.
- Tentez d'attribuer à chaque personnage une personnalité et des arguments clairement définis. Accentuez le trait chez le père qui semble totalement habité par son désir d'aventure et qui projette sur son fils ses propres visées.
- Au terme de la discussion, tentez de trouver un terrain d'entente : l'enfant peut trouver des arguments convaincants, et le père prendre conscience de la gravité de ses propos.

## Sujet 2

### Bien comprendre le sujet

**Sujet d'expression** personnelle de type argumentatif.

### Les attentes du correcteur

- La question porte sur les **raisons** pour lesquelles le hors-la-loi fait souvent l'objet d'une **représentation idéalisée dans les œuvres de fiction**.
- Votre argumentation devra être étayée par des exemples précis. Vous pourrez vous inspirer du film d'Arthur Penn, *Bonnie and Clyde,* brillamment interprétés par Faye Dunaway et Warren Beatty en 1967.
- Al Capone, le célèbre gangster américain, bénéficie également de cette image embellie dans de nombreux ouvrages de fiction littéraires et cinématographiques.
- Vous pourrez évoquer l'histoire de Robin Hood, ce héros du Moyen Âge anglais : un brigand au grand cœur selon la légende, qui détroussait les riches au profit des pauvres, une image d'Épinal susceptible de faire perdurer la légende.

### Organiser ses idées

- Introduisez le sujet par une question sur les raisons qui nous poussent à considérer ces hors-la-loi comme des icônes.
- Les qualités de ces héros qui réalisent leurs rêves contre vents et marées aiguisent notre intérêt, voire notre fascination.
- Les odyssées sanglantes de ces héros constituent un bon sujet d'écriture, un bon scénario, qui tiennent en haleine les lecteurs ou les spectateurs avides d'aventure.
- Ces figures mythiques incarnent la persévérance, la détermination et le goût du risque.
- Pour conclure, ces qualités dépassent les êtres qui les incarnent et sont à elles seules des symboles auxquels nous aimons nous rattacher.

## Sujet 3

### Bien comprendre le sujet

**Sujet d'analyse** en liaison avec une phrase extraite du document 2.

### Les attentes du correcteur

- Il s'agit d'expliquer le fonctionnement de cette « machine » qui parvient à transformer des individus en véritables icônes et à faire de leur vie un mythe.
- Vous veillerez à utiliser le lexique qui vous est proposé autour de la notion de Mythes et Héros dans le Mémento.
- Soyez méthodique et utilisez une forme didactique puisqu'il s'agit d'expliquer un mécanisme, qui se propage à la vitesse de l'éclair, faisant d'individus des êtres à renommée mondiale en un rien de temps.

Organiser ses idées

- Partez d'exemples concrets inspirés du texte, comme *Bonnie and Clyde.* Citez le travail des médias aujourd'hui qui hissent très rapidement ces personnes ordinaires sous les feux des projecteurs.
- Expliquez comment les œuvres de fiction littéraires ou cinématographiques contribuent à modifier, voire embellir ou ternir, la véritable histoire de ces personnages jusqu'à leur donner une teinte romantique, éloignée de la réalité.
- Tentez d'expliquer comment le mythe se transmet dans l'espace et le temps.

# Sujet 6 Corrigé

## Compréhension de l'écrit

**1 a.** The narrator's name is Dell. He was eleven years old at the time of the story.
**b.** The scene is set in the USA, in 1955.
**c.** At that time, in 1955, the narrator and his parents lived in Biloxi, Mississippi.

**2 a.** The narrator's father was fond of that place because he had been brought up very close to it. Moreover he was near the Gulf of Mexico, which he also liked.
**b.** Before that he had worked in Great Falls.
**c.** Owing to certain pieces of information such as "at the base" (l. 2) and "he'd seen bullet holes on plenty of airplanes" (l. 44), we can infer that the narrator's father must have been a soldier of the US Air Force, or a pilot, or at least a member of the military.

**3 a.** The "Trixy" was a cinema "on the downtown main street that ended at the Gulf" where you could sit for six hours, for very little money. The narrator and his father would go there on Saturday mornings whenever there was nothing else to do or when there was something specific the father wanted to see.
**b.** They would stay there for hours, from 10:00am till 4:00pm.

**Piège à éviter**

Prenez toujours le temps de lire le texte attentivement et dans son ensemble avant de répondre aux questions. La réponse peut se trouver à la dernière ligne du document.

**L'astuce du prof**

Veillez à réemployer le temps utilisé dans la question **2 a.**, ici le pluperfect ; le temps est antérieur à celui du récit qui est au Simple Past.

**Gagnez des points !**

Notez la présence de l'auxiliaire *would* + *V* servant à insister sur la récurrence d'une action dans le passé ; montrez que vous maîtrisez son emploi en le réutilisant dans vos réponses.

**c.** In the sentence "We would sit through everything" (l. 14-15), "everything" refers to the different types of films shown on Saturdays at this cinema : films, cartoons, short films, newsreels, and old war footage.

**4** **a.** Bonnie Parker and Clyde Barrow were love-bound criminals who terrorized several states of the Southwest of the USA by robbing banks and killing people until the deputies eventually fired a hundred and fifty bullets into their car.

**b.** They were shot by the police on a road in Louisiana in the 1930s.

**c.** They were in their twenties when they died.

**5** At first the narrator's father was quite skeptical. Indeed he believed the car was a sham. The owners were mere crooks : they were lying about the car which was just a poor replica of the genuine *actual* car, with fake *bullet holes* and *fresh paint*. Therefore he felt annoyed. It upset him to think people were being deceived into giving money for nothing. However he ended up being amused as his mood suddenly changed.

**6** At four o'clock the narrator and his father would barely see because of the sharp contrast between the darkness in the movie theater and the bright light outdoors, the air conditioning inside and the hot weather outside. The reader is also told that they felt slightly sick and *queasy* and were unable to speak because of the weird and uncomfortable impression of having wasted their time.

**7** The biographer intends to show evidence that Bonnie and Clyde's lives were not as glamorous or romantic as their legend might urge us to believe. Indeed he points out that their plight led to feelings of uncertainty, fear and guilt at all times. They were always on the run and would often fail because of their lack of judgment, risking their lives again and again, killing innocent people, probably aware that they were doomed to be caught by the police sooner or later.

**8** According to the biographer, Bonnie and Clyde's lives became a myth after they died for they had committed so many crimes, even taking pictures of themselves playing with guns. Moreover the dramatic staging of their death by the police marked people's minds. Had they been older the impact would have been different, but their youth and their love for one another made their story sound like the tragedy of two moving immature victims. Besides, there was something glamorous about a woman being involved in crimes with "style".

**9** In document 1 the narrator refers to the fake car replica in front of the cinema which the owner claims to be the *actual* car in which the couple died. It is described as rusty, broken, with deflated tires and busted out windows and bullet holes everywhere. Whoever is using that car in order to make money thanks to gullible people is very clever: the fascination is still working even after twenty years, which shows how powerful a legend can be. People are still mesmerized by this couple whose odyssey will remain unforgettable.

**10** No, the father would go to "the Trixy" because he was interested in specific films or just because he was bored. It didn't matter to him whether his son would like the movies or not. "My father often took me to the movies on Saturday mornings when there was something he wanted to see or had nothing else to do." (l. 9-10).

**11** The narrator's father reckoned there was no explaining to these people that they were throwing their money down the drain by giving fifty cents for a car that had nothing to do with Bonnie and Clyde's actual car. Had they been aware of that, they might still have decided to spend the money as the myth was stronger than their common sense. They didn't mind deceiving themselves as long as they felt the excitement.

## Expression écrite

*Les mots et expressions en gras peuvent s'avérer utiles pour ce type de sujet.*

**1**

"You mean robbing banks, just like you?" I asked, looking at my father straight in the eyes. My father blushed, **flabbergasted**, and looked away.

"Wh..what are you talking about, son?" he finally **stuttered**, trying to keep his composure.

"No need to lie anymore, Dad, I've **overheard** your arguments with Mum and I've found a heap of dollar bills in the basement hidden behind the woodpile and--" I suddenly stopped talking as a man was passing by. "And I've known it for a long time."

My father **grasped** my hand and strongly pulled me towards him. "Let's go back home, hurry up!" His tone had changed. He looked angry and I suddenly realized I **shouldn't have spoken** so **bluntly**.

"But Dad, I haven't told anyone and I won't. Honestly! I've been **eavesdropping** at night and I know Mum **disagrees with** the whole thing. I just don't want you to get divorced."

My father looked at me **apologetically**, bent towards me and gave me a hug. "Just forget about what you've seen, OK? We're gonna **fix** this problem with your Mum."

"I really hope so, Dad; I don't want you to go to jail!...What would become of me?" I added with **a lump in my throat**.

**2**

In works of fiction **wanted criminals** are often portrayed as iconic figures. The reasons why they are is **food for thought**.

Indeed a work of fiction gives you the opportunity to **flee** your **humdrum** life, thanks to characters who manage to escape from the rules of society. Something in you might be **fascinated** by their **helter-skelter** lifestyle. Those are exciting ingredients for **cliffhangers**. You can be **mesmerized** by their freedom - and somehow reassured by the final punishment, for the sake of morality. The romanticized saga of Bonnie and Clyde in Arthur Penn's film makes the heroes very attractive.

Al Capone, despite his numerous crimes, gained **popularity** when he once gave food to five thousand people on Thanksgiving Day in Chicago. He appears in about 30 different films of fiction and remains popular, all the more so as he proved so clever at **eluding** his pursuers' grasp. The writer Hamilton even made Al Capone come back to life in the 27th century as the powerful domineering master of the planet.

Last but not least, outlaws sometimes fight for a cause. They rebel against a society they believe is unfair and they have the courage to follow their hearts. Robin Hood is a **legendary role model** in that respect! He deprives the rich of their money to give it to the poor! He may **embody** courage and justice and don't we all need symbolic figures in our lives?

**3**

The myth-making machine is that **bewildering device** conceived by society, the media, the film directors, the novelists, the artists who turn an unknown person into an iconic figure and his or her life into a myth. But how does it work?

First and foremost you must get hold of one or a few individuals, who behave differently, or can demonstrate a specific talent, usually **endowed with** a strong personality. Immediately all sorts of people will show interest in them and will distort reality in order to **epitomize** that particular trait which will be exaggerated; so much so that the individuals themselves caught in the trap will be tempted to **highlight** this particular aspect of their personality. That is how a shoplifter might become a highwayman and an ordinary woman singing at a voice competition **is likely to** become a worldwide celebrity, willy-nilly put **in the limelight**.

Then the legend will be born and spread across the miles and for years ahead with little interest in the actual truth of the story, the glamorous tale being **paramount** contributing to making millions of people dream even though deep inside they all know that **all that glitters is not gold**.

**Gagnez des points !**

Un proverbe est toujours le bienvenu quand le contexte le permet.

# Sujet 7

Séries L, ES, S

3 heures

## Nos célébrités, des modèles à suivre ?

Pondichéry, mai 2018

### Doc. 1 Celebrities should not be our role models

For me, it started with Muhammad Ali. I can perfectly recall sitting in the living room with my father, watching as he danced around the ring with a rare mix of fluidity and power, dispatching one rough, plodding opponent after another. He seemed the perfect embodiment of masculine striving. But the best part was after the match had ended. That's when Ali would unleash one of his verbal rants. Full of braggadocio, he would proclaim to the world, "I am the greatest." And I believed him.

But why? Why was I so willing to listen to Ali? Why do we take any guidance from athletes? In the midst of Tiger Woods' Thanksgiving car wreck and his apparent infidelity with multiple women, I can't help but wonder why we bother to make heroes of our sportsmen. […]

We live in an era where our star athletes — and our celebrities in general — are treated as our cultural elite. We yearn for a connection to them. It is the height of absurdity that so many people actually feel let down by Tiger's infidelities, just as it always struck me as bizarre when public hordes gather outside the homes of recently deceased celebrities, sobbing uncontrollably (think Michael Jackson or Princess Diana). Somehow, we have come to value our celebrities so much that we feel an actual sense of personal connection to them — even when we've never met them.

The danger is that we have come to admire celebrities more than real heroes. Charles Barkley famously made this point in 1993 when he declared, "a million guys can dunk a basketball in jail; should they be role models?"

Later that year, Barkley filmed a self-written Nike commercial in which he argued that athletes should not be considered role models: "I am not a role model," Barkley said. "I am not paid to be a role model. I am paid to wreak havoc on the basketball court. Parents should be role models. Just because I dunk a basketball, doesn't mean I should raise your kids."

*The Washington Times*, December 14, 2009

SUJETS D'ÉCRIT • LV1

## Doc. 2 Self-delusion and the shocking truth about Mickey Mantle

*[The narrator, Holling Hoodwood, meets Mickey Mantle.]*

He was sitting at a table, dressed in his street clothes. Behind him, Mr Mercutio Baker, who owned the Emporium, had put up a bulletin board full of Yankee photographs, most of Mickey Mantle swinging away. Above them was a jersey with Number 7. Mickey Mantle had signed his name below it.

He was bigger than he looked on television. He had hands as large as shovels, and the forearms that came from his sleeves were strong as stone. His legs struck out from beneath the table, and they looked like they could run down a train on the Long Island Rail Road. He yawned a couple of times, big yawns that he didn't even try to hide. He must have had a long day.

In front of me, standing at the table all by themselves with Mickey Mantle, were Danny Hupfer and his father. Mickey Mantle was just handing a baseball back, and Danny was just taking it into his hands. It was sort of a holy moment, and the light that shone around them seemed to glow softly, like something you'd see in one of the stained glass windows at Saint Andrew's.

"Thanks," said Danny. He said it in awe and worship.

"Yeah, kid," said Mickey Mantle.

Then I came up.

I held out the new perfect white baseball and whispered, "Can I please have your autograph?" And he took the ball from my hand and held his pen over it. And then Mickey Mantle looked at me. Mickey Mantle, he looked at me!

And he spoke.

"What are you supposed to be?" he said.

I froze. What was I supposed to say?

"You look like a fairy[1]," he said.

I coughed once. "I'm Ariel," I said.

"Who?"

"Ariel."

"Sounds like a girl's name."

"He's a warrior," I said.

Mickey Mantle looked me up and down. "Sure he is. Listen, I don't sign baseballs for kids in yellow tights." Mickey Mantle looked at his watch and turned to Mr Baker. "It's past nine thirty. I'm done." He tossed my new perfect white baseball onto the floor. It rolled past my feet and into the folds of my blue cape.

The world should split in two. The world should split in two, and I should fall into the crack and never be heard from again.

Holling Hoodwood. Me. The boy in yellow tights with white feathers on the butt and a blue floral cape.

The boy Mickey Mantle wouldn't sign a baseball for.

And Danny Hupfer had seen it all. The yellow tights. The cape. The ball. Everything.

Danny Hupfer, who stepped to the table and slowly placed his baseball – his baseball signed by Mickey Mantle – back in front of the greatest player to put on Yankee pinstripes since Babe Ruth. "I guess I won't need this after all," Danny said.

He lifted his hand from it, and I could tell it wasn't easy.

Gary D. Schmidt, *The Wednesday Wars*, 2007.

---

1. The narrator is dressed as a fairy as he has just played the part of Ariel, a spirit, in Shakespeares's *The Tempest.*



## Compréhension de l'écrit **10 pts**

**1** **Doc. 1.** How did the journalist feel towards Muhammad Ali when he was a child? Give two reasons why he felt that way.

**2** **Doc. 1.** Explain why, according to the journalist, people feel like him towards celebrities. (2 elements)

**3** **Doc. 1. a.** How have the journalist's feelings towards athletes evolved?
**b.** To what extent does Charles Barkley share the journalist's point of view? (20-30 words)

**4** **Doc. 2.** What does Mickey Mantle do for a living?

**5** **Doc. 2.** Say what the narrator expects from Mantle.

**6** **Doc. 2. a.** Focus on lines 7 to 12. How does the narrator's perception of Mantle compare to the way he imagined him?

***Seuls les candidats de la série L LVA*** *traiteront les questions 6.b. et 7.*

**b.** "He yawned a couple of times, big yawns that he did not even try to hide. He must have had a long day." (lines 10-12) Comment on the way the narrator perceives Mantle's attitude.

**7** **Doc. 2.** Show that, in the eyes of the narrator, Mantle appears like a god to Danny Hupfer. Answer by quoting from the text.

**8** **Doc. 2. a.** Describe and comment on Mantle's attitude towards the narrator as they talk. (+/– 50 words)

**b.** Say what impact Mantle's attitude has on the narrator.

**9** **Doc. 2.** What does Danny Hupfer do as a result? In your opinion, why does he react that way?

**10** **Doc. 1 et 2.** To what extent do both texts illustrate the difference that may exist between being a celebrity and being a hero?

## Expression écrite

**10 pts**

***Les candidats des séries ES, S et L LVO*** *traiteront le sujet 1* ***OU*** *le sujet 2.* (300 mots +/– 10 %)

***Les candidats de la série L LVA*** *traiteront obligatoirement le sujet 2.* (350 mots +/– 10 %)

**1** **Doc. 2.** "'I guess I won't need this after all,' Danny said. He lifted his hand from it, and I could tell it wasn't easy." (lines 49-51)
Mickey Mantle cannot believe Danny's reaction. He starts a conversation with him. Write the scene.

**2** **Doc. 1.** "The danger is that we have come to admire celebrities more than real heroes." (lines 20-21)
To what extent do you agree with this statement?

## Les clés pour réussir

### Bien comprendre les documents

#### Document 1

L'essentiel

- **La source**. Le *Washington Times* est un quotidien américain publié à Washington, fondé en 1982, comme alternative conservatrice au *Washington Post*. Cet article a été publié le 14 décembre 2009.
- **Le sujet**. Le journaliste tient à démontrer que nous nous méprenons trop souvent sur le véritable rôle que jouent les célébrités dans notre société. Elles se distinguent par des performances inédites et des qualités ou des compétences indéniables dans certains domaines, mais cela fait-il d'elles des héros ? L'auteur se souvient par exemple de son admiration, voire sa dévotion pour le boxeur Muhammad Ali, mais s'interroge aujourd'hui sur l'erreur qui consiste à confondre héros modèle et simple célébrité.

Vocabulaire

*plodding* (l. 3) : laborieux, maladroit • *opponent* (l. 4) : adversaire • *embodiment* (l. 4) : incarnation • *striving* (l. 5) : ambition • *to unleash* (l. 6) : libérer • *rant* (l. 6) : déclamation • *midst* (l. 9) : milieu • *I can't help but* (l. 10) : je ne peux m'empêcher de • *to bother* (l. 11) : ici, se donner la peine • *to yearn* (l. 13) : désirer • *to strike* (l. 15) : frapper • *to gather* (l. 16) : rassembler • *to sob* (l. 16) : pleurer • *to dunk a basketball* (l. 22) : mettre un panier, au basket • *jail* (l. 22) : prison • *to wreak havoc* (l. 27) : semer le chaos

## Document 2

L'essentiel

• **L'auteur**. Gary D. Schmidt est un auteur américain né en 1957, dans l'État de New York, qui de nos jours écrit essentiellement pour les enfants et les jeunes adultes.

• **La source**. Son œuvre *The Wednesday Wars* est un livre de fiction historique publié en 2007. La toile de fond du roman est la guerre du Vietnam. Son ouvrage fut récompensé par la médaille d'honneur de Newbery pour la contribution de l'auteur à la meilleure littérature pour enfants.

• **Le sujet**. Cet extrait relate la rencontre du jeune Holling Hoodwood avec Mickey Mantle, un joueur professionnel de baseball élu au Temple de la renommée de ce sport en 1974. Ce jour-là à l'Emporium, Mickey Mantle est venu apposer sa signature sur des balles de baseball devant une file de jeunes admirateurs. Holling doit malheureusement essuyer une humiliation quand le sportif, du haut de sa gloire, le ridiculise par une remarque insultante et envoie rouler sa balle par terre négligemment, signifiant son refus de la signer. Un jeune témoin de la scène en profite pour indiquer au dieu du baseball sa désapprobation et donc son immense déception.

Vocabulaire

*to swing away* (l. 4-5) : frapper fort • *shovel* (l. 8) : pelle • *to yawn* (l. 10) : bâiller • *holy* (l. 16) : sacré • *stained glass window* (l. 17) : vitrail • *awe* (l. 19) : respect et crainte • *worship* (l. 19) : vénération • *to whisper* (l. 22) : murmurer • *to freeze* (l. 28) : se figer • *tights* (l. 36) : collant • *to toss* (l. 37) : jeter.

### Bien répondre aux questions

**2** Soulignez l'attraction qu'exerce sur nous le monde des célébrités, et combien cette attitude peut devenir absurde quand l'on s'attarde sur certains aspects négatifs de leur vie privée. Ces incohérences ne semblent pas ternir l'image que nous avons de ces sportifs qui nous fascinent au-delà du raisonnable.

**3 b.** Charles Barkley (l. 21) est un ancien joueur de basketball américain, né en 1963. Il est spécialiste du *trash talking*, le fait d'insulter son adversaire pendant les compétitions. Tiger Woods, pour sa part, est considéré comme étant le plus grand golfeur de tous les temps.

**4** À titre d'information, Mickey Mantle (1931-1995) était un joueur professionnel de baseball, qui fut promu en 1974 au rang des meilleurs joueurs, dans l'équipe des Yankees de New York.

**6 a.** Mobilisez votre lexique afin de trouver des synonymes : *sturdy, well-built, athletic, robust, mighty, tall, impressive*..., et montrez que vous maîtrisez le comparatif.

**b.** Comprenez que le jeune garçon ne peut que trouver des excuses à son « héros » qui bâille impoliment devant ses fans, preuve en réalité de son désintérêt total pour ses admirateurs.

**7** Relevez le champ lexical du sacré : *holy, stained glass windows* (les vitraux) et *Saint Andrew's* (une église catholique de Manhattan) ; puis *awe* (mélange de crainte et de respect) et *worship* (la vénération).

**8** Notez combien le narrateur insiste sur le ressenti de l'enfant devant son héros et prépare ainsi la chute : l'immense déception de l'enfant, meurtri devant le mépris de celui dont il attendait une sorte de reconnaissance. Insistez sur le rêve soudainement brisé et la blessure de l'enfant, soulignée par le style de l'auteur et les répétitions pour décrire le gouffre dans lequel le garçon se sent comme emporté.

## Pistes pour les sujets d'expression

### Sujet 1

Bien comprendre le sujet

**Sujet d'invention** lié au texte : rédaction d'une conversation liée au second document.

Les attentes du correcteur

- **Vous endosserez la personnalité du narrateur** du document 2, Holling Hoodwood, qui se trouve être le témoin de la scène et des échanges qui se déroulent entre Danny et Mickey Mantle.
- Vous aurez à cœur de montrer **la déception du jeune Danny**, mais également d'insister sur **sa bravoure**. En effet, malgré son jeune âge, il ose, au prix de nombreux efforts, prendre la défense de Holling, mais également donner une leçon d'humilité à celui qui, jusqu'alors, était son indéfectible modèle.
- Vous veillerez à donner **quelques indications scéniques**, sous une forme narrative, qui permettront à votre lecteur de mieux visualiser la scène.

Organiser ses idées

- **Imaginez la colère de ce joueur de baseball**, qui se voit donner une leçon d'humilité par ce jeune admirateur.
- Accordez à Danny le temps d'exprimer sa déception, voire son indignation.
- Puis faites réagir Mickey Mantle. Donnez une chance à ce joueur de réputation mondiale d'exprimer son point de vue sur l'aura démesurée dont il fait l'objet, bien malgré lui. Il saisira ainsi **l'occasion de se défaire de cette image de héros vénéré**, en se montrant tel qu'il est, un homme parmi les hommes.

## Sujet 2

Bien comprendre le sujet

**Sujet d'argumentation personnelle** lié aux textes.

Les attentes du correcteur

- Il s'agit d'une argumentation dans laquelle vous devrez développer un point de vue personnel. Vous devrez **prendre clairement position.**
- Vous puiserez dans vos connaissances afin de **citer quelques noms représentatifs** du monde des célébrités.
- Vous pourrez utiliser parfois la forme interrogative ou exclamative afin de convaincre votre lecteur et de donner du dynamisme à votre démonstration.

Organiser ses idées

- Citez des **exemples concrets** susceptibles de surprendre votre lecteur.
- Rappelez la phrase du journaliste du premier document et insistez sur le terme *danger* afin de donner à votre devoir **une tonalité d'avertissement.**
- Évoquez la nécessité d'une prise de conscience collective.
- Redonnez leurs lettres de noblesse à ces célébrités qui se servent de leur pouvoir afin de **transmettre un message éthique et humanitaire.**

# Sujet 7 Corrigé

## Compréhension de l'écrit

**1** When he was a child the journalist revered Muhammed Ali as one would worship a semi-god, an inspiring "flawless" sports figure to say the least. Whenever the sportsman appeared on TV, the youngster would watch him dancing around the ring "with both fluidity and power" (l. 3), winning one fight after another. Moreover the boy would soak up everything Ali used to say when "he unleashed his verbal rants" (l. 6). Last but not least in this gullible child's eyes Ali seemed "the perfect embodiment of masculine striving" (l. 4-5), therefore he stood as an undefeatable role model.

**2** The journalist aims at showing that our keenness for celebrities stems from our need to admire them and our longing to identify with them. Indeed we feel as though we had a personal connection to them even if we have actually never met them. Furthermore celebrities seem to stand for real heroes as the media keep putting them in the limelight as if they were our cultural A-list. We are being brainwashed into valuing people even though their behaviours in their private lives are far from being worthy of admiration, which does not seem relevant to the journalist.

**3** **a.** From being totally mesmerized by the successful boxer in his early years, the journalist starts wondering why we tend to treat our celebrities as heroes while they are mere skilled athletes. They are considered to be "our cultural elite". We long to be connected to these people and we tend to take over their feelings. Then the journalist remarks how affected some of us may be when our so-called "heroes" pass away, by giving the example of the public's overwhelming reaction to Lady Diana's or Michael Jackson's death. It sounds as though they had been our close relatives or intimate friends. To him this kind of behavior is absurd and reveals a serious confusion in the actual definition of a hero.

**b.** Both the journalist and Charles Barkley agree with the idea that however good an athlete might be at his sport he can't be raised to the pinnacle of heroism for that specific reason only. This is a mere job which does not entitle those people to teach right from wrong to children who are not theirs. It remains the parents' task to bring up their own kids, not sportsmen's whose only goal should be to improve their specific skills.

**4** Mickey Mantle is a renowned American baseball player who plays in the Yankees' team.

**5** The narrator expects Mickey Mantle to autograph his brand new baseball as he feels a lot of admiration for this sports player whom he considers to be his role model.

**6** **a.** Before seeing Mantle in real life Holling had seen him on TV. Now he is in front of him he finds him more impressive physically, taller and sturdier, more powerfully built. His perception of him may remind the reader of the mighty Hercules. However this is a child's perception: no wonder Mantle appears like the giant Gulliver in the Lilliputians' world. It seems Holling had underestimated the player's size and physical strength.
**b.** Holling seems to be showing empathy towards his hero. The young boy finds yawning openly to people's faces a little out of place and a sign of boredom but he forgives his hero trying to find him an excuse for being impolite: Mantle would not do that unless he were terribly exhausted.

**7** Danny looks up to Mantle as though he were a god. "Danny was just taking "the ball" into his hands. "It was sort of a holy moment, and the light that shone around them seemed to glow softly, like something you'd see in one of the stained glass windows at Saint Andrew's." (l. 15-18) The words "awe and worship" emphasize the sacred aspect of that moment in the boy's perception of the event.

**8** **a.** Holling exults when Mantle lays his eyes on him for the first time as though he had been chosen by a holy figure. "He looked at me!" Then he jubilates when Mantle actually talks to him. It sounds like a blissful moment for the youngster. Then Mantle starts making fun of his fairy outfit and Holling's explanations end up making things worse since Mantle has never heard of Ariel, nor does he know anything about Shakespeare's literary work, which may point out to his lack of cultural knowledge.
**b.** Unwilling to sign the ball Mantle tosses it to the ground and poor Holling is immediately devastated. His dreams are dashed in one fell swoop and the world starts crumbling under his feet. He realizes he has been deceived.

**9** Danny who has just witnessed the whole scene can hardly believe his ears. In next to no time he places his own ball back on the table and painfully declares that he doesn't need it anymore. He has decided to support Holling as he probably sympathized with him when he was being laughed at. However special that keepsake might have been to Danny a moment ago, it has suddenly lost its meaning and he wants Mantle to know that he cannot fool children.

**10** The article from *The Washington Times* aims at demonstrating that we are mistaken in our conception of heroism. The journalist intends to warn us about the necessity to give back its nobleness to the term "hero" as opposed to "celebrity". He is appalled at the inconsolable grief of people mourning the death of celebrities as though the latter had been close relatives like Michael Jackson or Princess Diana. We pay tribute to dead idols we have never seen in real life. Our only connection to them comes from highly filtered stories from the media who talk us into believing they are our role models. In the excerpt from the novel the encounter with the mythical baseball player and his admirers turns out to be a huge disappointment for the two youngsters who at last understand they were wrong to deify a sportsman who felt no gratefulness towards his fans' devotion whatsoever. Therefore the second text confirms the journalist's viewpoint. Beware of celebrities and pay tribute to real heroes!

## Expression écrite

*Les mots et expressions en gras peuvent s'avérer particulièrement utiles pour ce type de sujet.*

> **L'astuce du prof**
> Faites de ce soi-disant héros un être repenti et lucide, il en sera plus crédible et éveillera davantage d'émotions chez votre lecteur.

**1** Suddenly I noticed a **fierce** look on my **role model**'s face, not the usual **undefeatable** one I'd seen before but the look of a man all **shaken-up**, losing his **composure**. "**How dare you** give it back to me!" he **burst with anger**. "This ball now costs a fortune!" he added **towering over** Danny, waving the ball at his face. "Who the devil are you to defy me? I have no time to waste with a brat", he **gasped out**, looking for Mr Baker's approval.

Danny was **quivering** with fear. He swallowed and **bravely** replied: "You see, my father and I have always been **unwavering supporters** of *Mickey Mantle*! We do not simply **root for** you but we feel for you. During the baseball games you exude your excitement but you also touch our hearts. When you're hot we feel great, when you get hurt, we sag a bit too. I try to crease my cap like you. I run head down, elbows up, just like you!"

Danny stopped speaking in order to **catch his breath**. Mickey was now sitting, staring silently at the ball **clutched** in his right hand. So Danny went on **standing up for me**. "You see, Holling's been waiting for so long to get *your* autograph, the **pathway to happiness** as it were. Some of us have bet that even God would want it! Until tonight you were our **flawless guiding example**. Why did you refuse to autograph Holling's brand new ball? Because of a fairy costume he had to wear a moment ago at his performance of *the Tempest*? How **spiteful**! I feel I've been **deceived** or maybe too **gullible**. Sorry, you no longer are my baseball hero."

Monkey Mantle cleared his throat and slowly raised his eyes. "You are perfectly right" he said calmly, "I am no **deity**, never was, never will be. Kids would go starving in order to come **close to** me. Their parents stammer like school children in front of me. Those fans build **shrines** to **so-called** baseball heroes like me. But you see, I don't want **misplaced** and **mindless** celebrity **worship**. I don't want to be **held to account** for every moment of my life. I have **flaws**, I get **cranky**. I've already signed six dozens baseballs tonight and I'm exhausted. Take your ball back, give it to this boy. And now, do leave me alone, please."

Danny and I looked at each other, **speechless, bewildered**. The hero we had always **revered** had turned into a human being, no more, no less.

**2** Recently famous TV presenter Oprah Winfrey gave a speech of women's **empowerment** at the Golden Globes. **Pundits** immediately speculated that she might run for US presidency. Media networks are now dreaming of a 2020 presidential race between Donald Trump and Oprah even though the queen of the talk shows and the **champion** of the women's cause has not confirmed anything. However Kim Kardashian the renowned reality TV star announced she would not mind **running for office** in the USA.

**Gagnez des points !**

N'hésitez pas à citer quelques noms significatifs afin d'étayer votre argumentation et d'ancrer le débat dans la réalité de notre société actuelle. Vous en serez d'autant plus convaincant.

Celebrities are usually associated with **success**. This might be the reason why many people turn away from traditional politicians and would rather see a star as a **head of state**. Wasn't Ronald Reagan president of the USA a movie star? So was Schwarzenegger who served two **terms** as governor of California. In the first document the statement "*The danger is that we have come to admire celebrities more than real heroes*" raises a very serious issue: are we more inclined to trust celebrities than real heroes? Are we attracted to **stardom** to a point that we **give credit** to each and every word some celebrities **utter** instead of valuing people who really deserve admiration for their heroic **deeds**?

The problem is not all celebrities are **examples** to be followed. How could Charles Barley the master of trash talking teach children respect and fair play? It seems we live in a world where money and **name recognition** can be key factors in attracting people's concern. It is **high time** we became **aware** of such a dangerous **trend**. Who is there to blame? Some advertisers, marketers and some media are cultivating the rise of **celebrity culture**. The main qualities sought in a celebrity are vapidity and physical beauty.

But who wants **fashionista** to **channel** our vision of the world? **Models** might become celebrities for wearing clothes with style but it doesn't make them **role models**, **beauty** being too often only **skin deep**. **Heroism** requires a sense of **self-sacrifice** for the **sake** of others' **well-being** and **safety**. Most heroes do not *choose* to become heroes. That is why this title is often **bestowed posthumously** but their **deeds** will hopefully be remembered as examples of virtue and courage.

To conclude, even if some celebrities do use the power they are **endowed** with to defend **worthwhile** causes like Bono or George Clooney, **to my mind** many seem to have become a **weapon** of mass distraction that **deters** us from the real issues we need to address. Let's not make them weapons of mass destruction!

# Sujet 8

Séries L, ES, S

3 heures

## Le pouvoir de la photographie et ses limites

**France métropolitaine, juin 2017**

### Doc. 1 Breathtaking beauty of Britain: Landscape photographs taken around the UK reveal the stunning wild countryside

The monument rises from a hill behind a shroud of mist. Before it, trees shed their coats into a placid body of water reflecting a cloud-flecked sky. It could be the setting for a fantasy adventure, a game of thrones played out in murky[1] history, whose heroes have long since been forgotten.

And indeed it probably was once, for this ethereal image is a photograph of Glastonbury Tor[2], one of England's most spiritual and historic locations.

The photo is just one of dozens of entries from last year's Take A View Landscape Photographer of the Year Award competition. This year's competition is now open for submissions from now until July 11.

The brainchild of renowned landscape photographer Charlie Waite [...] is one of the world's most exciting photography competitions, but with an exclusive focus on the British landscape.

He said: 'The power of a photograph can be key to conveying information; what better way to encourage visitors to appreciate what Britain has to offer and to discover that there is joy to be had from our landscapes, whether they be large scale and dramatic or small and involving.'

Unlike many other photographic competitions, the Landscape Photographer of the Year Award celebrates the United Kingdom only, offering photographers worldwide the opportunity to showcase their images of this unique country.

From dramatic cityscapes to rolling countryside, misty tors in the West Country to the turquoise waters of the Hebrides, Britain's remarkable landscape and volatile weather are showcased in all its beauty.

Last year an atmospheric shot of a misty autumn dawn at Crummock Water in Cumbria won the top spot when Derby photographer, Tony Bennett, became the seventh person to win the prestigious title.

His picture was chosen by the judges from the thousands of entries and appears in the book that accompanied last year's award. [...]

The 2014 Awards are being held in association with *VisitBritain* and *Countryside is GREAT*.
Jasmine Teer, *VisitBritain*'s photography manager, said: 'Capturing the breath-taking beauty of Britain's landscapes through the lens is a skill that should be celebrated and shared, so we are very proud to support the Take A View Awards.
'Britain's natural scenery rivals that of many of our competitor destinations. Photographs that showcase the best of Britain play a vital role in VisitBritain's mission: to raise our profile and inspire people all over the world to come and experience this beautiful country.'

Article from *The Daily Mail* website by Damien Gayle, May 30, 2014

1. **murky**: unclear, troubled.
2. **tor**: a high, rocky hill.



## Doc. 2 My camera, this wonderful machine

*The narrator is Amory Clay, a female photographer.*

What drew me down there, I wonder, to the edge of the garden? I remember the summer light – the trees, the bushes, the grass luminously green, basted by the bland, benevolent late-afternoon sun. Was it the light? But there was the laughter, also, coming from where a group of people had gathered by the pond. Someone must have been horsing around making everyone laugh. The light and the laughter, then.
I was in the house, in my bedroom, bored, with the window open wide so I could hear the chatter of conversation from the guests and then the sudden arpeggio of delighted laughter came that made me slip off my bed and go to the window to see gentlemen and ladies and the marquee[1] and the trestle tables laid out with canapés and punchbowls. I was curious – why were they all making their way towards the pond? What was the source of this merriment? So I hurried downstairs to join them.
And then, halfway across the lawn, I turned and ran back to the house to fetch my camera. Why did I do that? I think I have an idea, now, all these years later. I wanted to capture that moment, that benign congregation in the garden on a warm summer evening in England; to capture it and imprison it forever. Somehow I sensed I could stop time's relentless motion and hold that scene, that split second – with the ladies and the gentlemen in their finery, as they laughed, careless and untroubled. I

would catch them fast, eternally, thanks to the properties of my wonderful machine. In my hands I had the power to stop time, or so I fancied.

William Boyd, *Sweet Caress*, 2015

1. **marquee**: a large tent for an outdoor event.

## Doc. 3 A photograph that won an award in 2015

Elena Marimon Munoz, *Past Present*, Stonehenge, Wiltshire, England, 2015.

This photograph won the 2015 British Life Photography Award in the "Brits on Holiday" category.

## Compréhension de l'écrit 10 pts

**1** **Doc. 1.** Copy the numbers and find the corresponding information.

**a.** Name of the competition
**b.** Founder of the competition
**c.** Submission deadline for 2014
**d.** 2013 winner
**e.** Location of the 2013 winning photograph
**f.** Season depicted in the 2013 winning photograph

**2 Doc. 1.** Say whether the following statements are **True or False**. Justify with one element from the text for each statement.

**a.** The competition only accepts photographs of British landscapes.

**b.** The competition is only open to British photographers.

**c.** The com petition was first organized in 2013.

**3 Doc. 1.** Focus on lines 1 to 7. What adjectives best describe Glastonbury Tor? (two different ideas) Use elements from the text to justify your answers.

**4 Doc. 1.** Copy the right answer(s) and justify with elements from the text. Charlie Waite says that photography can:

**a.** be informative.

**b.** be used to advertise Britain.

**c.** capture an ephemeral moment.

**d.** make people appreciate Britain's beauty.

**5 Doc. 1. a.** Name three types of landscapes found in the submitted photographs and justify each of them by quoting from the text.

**b.** Explain in one sentence what this suggests about the British landscape.

**6 Doc. 1. a.** Identify the two sponsors of the 2014 competition.

**b.** In your own words, give two reasons why one of the sponsors supports the competition. Justify with elements from the text.

***Seuls les candidats des séries S, ES et L LVO*** *traiteront la question 7.*

**7 Doc. 1.** Say if this statement is **True or False**. Explain your choice in your own words and justify with two quotations from the text.

The article is critical of the competition.

***Seuls les candidats de la série L LVA*** *traiteront la question 8.*

**8 Doc. 1.** Using elements from the text, explain the goals of the article regarding the competition.

**9 Doc. 2.** Pick out information about the scene (country, time of day, season).

**10 Doc. 2.** Put the following sentences in chronological order.

**a.** The narrator hears noise outside.

**b.** The narrator goes back to get her camera.

**c.** The narrator is alone in her room.

**d.** The narrator decides to join the people in the garden.

**11 Doc. 2. a.** Comment on the overall mood of the people outside. Justify with two elements from the text.

**b.** What event may be taking place outside?

**12** **Doc. 2.** Focus on lines 15 to 22.

**a.** What are the narrator's intentions in taking a photograph? (two ideas) Justify each idea with one quotation from the text.

**b.** What does this passage show about the power of photography? (two elements)

***Seuls les candidats de la série L LVA*** *traiteront la question 13.*

**13** **Doc. 2.** "What drew me down there, I wonder, to the edge of the garden?" (l. 1)

"Why did I do that? I think I have an idea, now, all these years later." (l. 15)

**a.** Comment on the narrator's state of mind as illustrated by the above sentences.

**b.** How is this conveyed stylistically? (two elements)

**14** **Doc. 3.** Document 3 involves two types of photographers: the tourists and Elena Marimon Munoz.

**a.** Using elements from the picture, give two reasons why the tourists are taking photographs.

**b.** In what ways do Elena Marimon Munoz's intentions differ from those of the tourists? (three elements)

***Seuls les candidats de la série L LVA*** *traiteront la question 15.*

**15** **Doc. 3.** How is Elena Marimon Munoz's message conveyed visually?

**16** **Doc. 1, 2 et 3.** Comment on the power of photography as shown in the three documents. (three forms of power)

## Expression écrite

**10 pts**

***Les candidats des séries S, ES et L LVO*** *traiteront* ***le sujet 1 OU le sujet 2.***

***Les candidats de la série L LVA*** *traiteront* ***le sujet 2 ET le sujet 3.***

**1** Elena Marimon Munoz gives an acceptance speech at the British Life Photography Award ceremony on the virtues and limits of photography. Write her speech. (300 mots ± 10 %)

**2** Discuss this statement from Document 2: A camera can be a "wonderful machine" (l. 19). (300 mots ± 10 %)

**3** The narrator of Document 2 arrives at the party with her camera. Continue the scene, imagining the reactions of the guests. (150 mots ± 10 %)

## Les clés pour réussir

### Bien comprendre les documents

#### Document 1

L'essentiel

- **L'auteur.** Damien Gayle est un journaliste reporter pour la presse britannique nationale.
- **La source.** daily.mail.co.uk est le site Internet du journal *Daily Mail* qui arrive deuxième au rang des quotidiens nationaux les plus vendus en Grande-Bretagne. Ce journal publié depuis 1896 se définit comme un *compact newspaper*, donc abordant tous les sujets. C'est un journal populaire, influent et plutôt conservateur.
- **Le sujet.** L'article décrit le succès que remporte le grand concours photo organisé par « Take a View Landscape Photographer of the Year », destiné aux photographes du monde entier, à la gloire des différents paysages qu'offre la Grande-Bretagne.

Vocabulaire

*to rise* (l. 1) : s'élever • *hill* (l. 1) : colline • *shroud* (l. 1) : voile • *mist* (l. 1) : brume • *to shed* (*shed, shed*) (l. 2) : se dépouiller de • *ethereal* (l. 5) : éthéré, spirituel • *tor* (l. 6) : butte rocheuse • *submission* (l. 10) : dépôt de candidature • *brainchild* (l. 11) : idée, invention personnelle • *worldwide* (l. 20) : dans le monde entier • *dawn* (l. 25) : l'aube.

#### Document 2

L'essentiel

- **L'auteur.** William Boyd est un écrivain, scénariste et réalisateur britannique, né en 1952. Il se plaît à jouer des codes du roman traditionnel en publiant, par exemple, la vraie biographie d'une fausse photographe, Amory Clay.
- **La source.** *Sweet Caress*, publié en 2015, est son seizième roman. Il y dresse la liste tantôt réelle, tantôt fictive, de trente-deux des femmes photographes et reporters qui ont réussi à s'imposer au xx^e siècle, dans un domaine largement dominé par la gente masculine, la photographie. L'auteur parvient à estomper subtilement les frontières entre l'histoire, la réalité et la fiction.
- **Le sujet.** Amory Clay, née en 1908, photographe reporter, est l'héroïne fictive du roman. Ses récits apparaissent comme des extraits de journal intime. Dans ce passage, elle se remémore une situation dans laquelle elle avait ressenti l'impérieux désir de se saisir de son appareil afin de prendre en photo des groupes de personnes en liesse, lors d'un événement festif en extérieur auquel ils avaient été invités.

Vocabulaire

*to draw (drew, drawn)* (l. 1) : attirer • *to wonder* (l. 1) : se demander • *edge* (l. 1) : le bord • *bland* (l. 3) : fade • *laughter* (l. 4) : le rire • *to gather* (l. 5) : se rassembler • *pond* (l. 5) : étang • *to horse around* (l. 5) : chahuter • *relentless* (l. 18) : incessant • *finery* (l. 20) : parure, habits de fête • *to fancy* (l. 22) : imaginer.

## Document 3

L'essentiel

- **L'auteur.** Elena Marimon Munoz est la photographe qui a gagné le premier prix d'un concours de photos, « British Life Photography », organisé par la Grande-Bretagne en 2015.
- **Le sujet.** Dans la catégorie « Les Britanniques en vacances », la photo représente une foule de touristes brandissant leurs smartphones devant un monument préhistorique, haut lieu de pèlerinage touristique de renommée mondiale, afin de capturer l'instant magique du solstice d'été, en 2015. Stonehenge se situe dans le comté de Wiltshire, dans le sud-ouest de l'Angleterre, près de Salisbury.

## Bien répondre aux questions

**1 e.** Pensez à développer des **stratégies de compréhension** pour les mots qui vous semblent inconnus. Par exemple, tentez de déceler le sens d'un terme en reconnaissant **la racine** de ce mot et ses **dérivés**. *Location* et *located* ont la même racine. Confirmez que vous avez bien compris le sens du mot avec son occurrence à la ligne 7 : "*historic locations*".

**2 a.** Notez les deux éléments justifiant votre réponse : lignes 13 et 19. N'hésitez pas à **relire le texte dans son ensemble afin de confirmer vos hypothèses de compréhension.**

**3** Il vous est demandé de produire **vos propres adjectifs** et d'utiliser le texte uniquement pour justifier vos choix.

**8** Pensez aux **antonymes** de *criticize*, comme : *celebrate, speak highly of, promote, advertise, pay tribute to, praise, heap praise on...*

**11 a.** Pensez à l'expression: *to be in a good or a bad mood*, afin de bien comprendre la question posée.

**b.** Mobilisez vos connaissances sur **l'expression de la probabilité**. Ayez recours aux modaux : *might, may, must.* Suggérez *a housewarming party* (pendaison de crémaillère) ; ou *a graduation party* après la remise d'un diplôme universitaire en Grande-Bretagne, ou toute autre fête susceptible de se dérouler à cette période de l'année.

**12 a.** et **b.** L'expression "*power of photography*" dans la question **b.** doit vous aider à orienter votre réponse à la question posée en **a.**

**14 b.** Souvenez-vous que le thème du concours suggère un regard porté par le photographe sur les touristes britanniques et leur comportement en vacances.

**15** Insistez sur le contraste saisissant entre les deux plans de la photo et interprétez cette juxtaposition de deux mondes que le temps sépare, mais que la magie de la photo a su réunir.

## Pistes pour les sujets d'expression

### Sujet 1

**Bien comprendre le sujet**

**Sujet d'invention** lié au document 3 : rédiger un discours.

**Les attentes du correcteur**

- Un discours de remerciement présuppose que l'on s'adresse à un public : pensez à commencer par les nommer. Utilisez un registre de langue soutenu.
- Veillez à marquer votre gratitude avec humilité.
- Respectez la thématique donnée dans l'énoncé : "*virtues and limits of photography*", même si vous souhaitez privilégier les unes ou les autres.

**Organiser ses idées**

- Commencez par remercier votre auditoire et tous les membres qui ont contribué à votre succès.
- Dites combien vous êtes honorée d'avoir remporté ce prix.
- Racontez une anecdote sur votre passion pour la photographie.
- Retracez brièvement l'histoire de votre carrière.
- Évoquez les vertus et les limites de la photographie.
- Concluez en remerciant tous ceux qui vous ont apporté leur soutien.

### Sujet 2

**Bien comprendre le sujet**

**Sujet de type argumentatif** lié à une assertion extraite du document 2.

**Les attentes du correcteur**

- Vous devrez aborder la question en nuançant vos propos : la présence du modal "*can*" doit vous interroger et vous amener à réfléchir sur cet objet et ses multiples applications.
- Montrez que vous maîtrisez l'argumentation en créant des paragraphes construits.
- Citez des exemples et employez des connecteurs.

**Organiser ses idées**

- Vous conviendrez que l'appareil photo est un outil accessible à tous à l'ère du numérique.
- D'une part, vous soulignerez les avantages de cet appareil dont l'utilisation dans différents domaines permet d'accomplir des prouesses.

SUJETS D'ÉCRIT • LV1

- D'autre part, vous en dégagerez les limites, voire les dangers, en citant des exemples concrets.
- Vous conclurez en suggérant la conduite à adopter en matière de photographie.

### Sujet 3 : LVA

Bien comprendre le sujet

**Sujet d'invention** lié au document 2 : rédiger la suite du texte.

Les attentes du correcteur

- Des parties narratives entrecoupées de parties dialoguées donneront de l'authenticité à la scène.
- Le point de vue devra rester celui d'Amory Clay.
- Veillez à conserver l'humeur joyeuse et détendue des invités.

Organiser ses idées

- Concentrez-vous sur le comportement d'Amory, observatrice soucieuse de capter ces précieux moments de bonheur.
- Imaginez une scène joyeuse qui pourrait attirer le regard de la photographe.
- Interrompez cette errance artistique par un dialogue plus pragmatique entre Amory et un invité.

# Sujet 8 Corrigé

## Compréhension de l'écrit

**1** **a.** Take A View Landscape Photographer of The Year Award
**b.** Charlie Waite
**c.** July 11th
**d.** Tony Bennett
**e.** Crummock Water in Cumbria
**f.** Autumn

**2** **a. True**. "an <u>exclusive focus</u> on the British landscape" (l. 13), "celebrates the United Kingdom <u>only</u>" (l. 19).
**b. False**. "offering photographers <u>worldwide</u> the opportunity to showcase their images" (l. 20-21).
**c. False**. "became the <u>seventh</u> person to win" (l. 27).

**3** On the one hand, the adjectives: mysterious and magical sound appropriate to depict Glastonbury Tor: "Shroud of mist" (l. 1), "fantasy adventure" (l. 3) and "ethereal image" (l. 5) suggest a fantastical scenery.

On the other hand, it looks impressive because "the monument rises from a hill" (l. 1) and it could serve as a setting for "a game of thrones" (l. 3), a place where "heroes" played a leading role in history (l. 4). It could also be said to be beautiful, calm and peaceful.

**4** Charlie Waite says that photography can:
**a.** be informative: "key to conveying information" (l. 14)
**b.** be used to advertise Britain: "encourage visitors to appreciate what Britain has to offer" (l. 15-16)
**d.** make people appreciate Britain's beauty: "discover that there is joy to be had from our landscapes" (l. 16); "encourage visitors to appreciate what Britain has to offer" (l. 15-16).

**5** **a.** At least three types of landscapes are referred to:
– urban landscapes: "dramatic cityscapes" (l. 22)
– rural landscapes: "wild countryside" (title, l. 2); "rolling countryside" (l. 22)
– watery landscapes: "placid body of water" (l. 2); "turquoise waters" (l. 23).
And possibly rocky landscapes: "misty tors" (l. 22).
**b.** Those examples suggest the variety of the British landscapes. The diversity is striking as well as the beauty, the calm and peaceful atmosphere they convey. What prevails in many places is the mystical, legendary and fantastic aura.

**6** **a.** The two sponsors of the 2014 competition are *VisitBritain* and *Countryside is GREAT*.
**b.** *VisitBritain*'s photography manager supports the competition for artistic reasons, in order to showcase the beauty of the country: "the beauty of Britain's landscapes [...] should be celebrated and shared" (l. 33-34).
She also does so for touristic reasons, so as to develop tourism, to advertise Great Britain and therefore attract more foreigners: "inspire people all over the world to come and experience this beautiful country" (l. 37-38).

**7** It is **false**. Contrary to what is said in this statement the purpose of the journalist is to praise and pay tribute to the organizers of this competition. Indeed the article has a celebratory tone all along. It promotes the competition: "the brainchild" (l. 2); "one of the world's most exciting photography competitions"(l. 12-13); " the prestigious title" (l. 27).

**8** The journalist aims at praising the subject matter of the competition by using laudatory terms such as "<u>reveal</u> the stunning wild countryside" (title, l. 2); "<u>celebrates</u> the United Kingdom" (l. 19); "<u>showcase</u> their images of this unique country" (l. 20-21); "showcased in <u>all its beauty</u>" (l. 24); "<u>showcase the best</u> of Britain" (l. 35).
Moreover, the journalist promotes and advertises the competition: "one of the world's most exciting photography competitions" (l. 12). Last but not least he speaks highly of the competition when he uses the word "prestigious" to describe the winner's title (l. 27).

**9** The scene takes place in "England" (l. 17) in the "late afternoon" (l. 3), in "summer" (l. 17).

**10** **c.** The narrator is alone in her room; **a.** The narrator hears noise outside; **d.** The narrator decides to join the people in the garden. **b.** The narrator goes back to get her camera.

**11** **a.** The atmosphere among the merry guests seems to be joyful and playful. They must be having fun and larking around in a relaxed way. The feelings that prevail are delight and carelessness, a sort of blissful moment deprived of any kind of trouble. "There was the laughter" (l. 4); "horsing around making everyone laugh" (l. 5-6); "the sudden arpeggio of delighted laughter" (l. 9); "the source of his merriment" (l. 13); "laughed , careless and untroubled" (l. 20).

**b.** Some joyful event must be taking place. It might be a housewarming party, or a graduation party. Some youngsters may be celebrating the end of the school year. Or else it could be an engagement party, or a bachelor party.

**12** **a.** The narrator was likely to have something on her mind when she turned back to fetch her camera. She might have thought that a photo would epitomize what is called a blissful moment. Moreover she was willing to record a fleeting moment so that it might become everlasting: "capture that moment" (l. 16); capture it and imprison it forever" (l. 17-18). She probably meant to somehow stop time going by: "stop time's relentless motion and hold that scene, that split second" (l. 19).

**b.** Photography enables people to transform something ordinary or mundane into something special and unique as it goes through the ages. The "benign congregation" (l. 16) stays "forever" (l. 18). Moreover it has the power to hold time back by turning something ephemeral and transient into something never-ending or eternal.

**13** **a.** It seems the narrator is unsure about what made her feel like turning back to fetch her camera. Why did she feel the urge to take photos? She really questions herself about what really happened then, as that mystery sounds unfathomable and her memory might be unreliable. However she changes her mind: with the benefit of hindsight she sounds as though all of a sudden she could explain her decision.

**b.** The text is written as a diary using a technique which is close to the stream of consciousness. The stylistic devices she uses are: the interrogative form; moreover the vocabulary emphasizing the fact she is actually trying to reflect on her past: "wonder" and "think". Besides the use of "now" and "all these years later" enhances the idea that time has gone by and she may have acquired some wisdom and a better understanding of her life.

**14** **a.** Stonehenge being a landmark in the British historical heritage, it does not come as a surprise that the megalithic site should be prominent on the tourist route with its prehistoric stone circles. Obviously tourists are enticed to come and unlock the mystery of so many ritual beliefs. The celestial schedules such as the summer solstice seem to play a crucial role as the photo shows. Visitors want to keep an everlasting souvenir of the beauty of the scenery. They might also do what everyone does at the same

time: raise their cameras and smartphones to get the best shot even if they can't even see the framing of their photos.
**b.** By showing this myriad of cameras the winner seems to denounce mass tourism. The beauty of the site is spoilt by the overwhelming presence of the visitors unable to just enjoy the amazing view, obsessed as they are to take photos. She is standing behind them as an external observer of this pitiful situation and she might be looking down on them, the photo being taken from a high-angle shot. But above all the title of the photograph "Past Present" seems to point to her desire to capture the mixture of ancient history and modern technology, fused together. The power of the photo lies in its ability to reconcile two periods of time which might never have met otherwise however striking the contrast might be.

**15** Visually the contrast between the foreground and the background is enhanced by the bright light of the sun beaming through the holes from behind the stones. The empty space of the cold stones is at odds with the mob holding up hundreds of similar technological tools. The mise en abyme and the multiplicity of the monument seem to belittle the beauty of the site. Its uniqueness is lost in the numerous bland replica of the prestigious monument. Moreover the photographers whose hands we can see are absent from the picture which deprives them of their identity. They are no more than tools themselves, hence their anonymousness. The ethereal dimension of Stonehenge compares with the soullessness of the photographers all acting alike, like robots.

**16** The **artistic power** of photography cannot be denied as it gives the photographer an opportunity to showcase the beauty of the British countryside, for example, in an aesthetic way. Document 2 emphasizes the magical transformation of an ephemeral ordinary scene into something beautiful and everlasting; while Document 3 features an outstanding scene as the gorgeous summer solstice at Stonehenge.
On the other hand in both the first and the third documents it is suggested a photo can **inform** but also **convey a message** however **biased** it may be. Showing only the most exquisite landscapes of your country means ignoring the other side of the coin and pretending Britain stands as the most beautiful place in the world, mere propaganda for the sake of tourism and profitability. Photos used to advertise a country and promote tourism obviously have a **commercial power**. Indeed photos have the **power of persuasion** by creating **emotions.**
Reversely photography can also be used as **satire** to criticize or denounce a behavior, as those blind tourists who have forgotten how to look at beauty with their own eyes.
However it should be borne in mind that as suggested in the last two documents the primary purpose of photography is and always has been **to keep memories** by capturing special moments that will never come back and then **to share** those pictures with other people in other places, an idea which has triggered off the stunning success of social media.

SUJETS D'ÉCRIT • LV1

# Expression écrite

*Les mots et expressions en gras peuvent s'avérer utiles pour ce type de sujet.*

**1** Mr President of the Jury, Chairman, Distinguished Guests, Honorable Colleagues, Ladies and Gentlemen, dear Friends and Relatives,
It is my privilege to thank you all for **honoring me** this evening. Little did I know about the British Life Photography Award until I saw the competition advertised in the most aesthetic British Photography magazine. Standing here in front of such an intimidating congregation of worldwide renowned photographers makes me feel very humble; **all the more so as** I could **hardly** imagine winning the award: it **was** the first time I **had taken** part in such a prestigious international competition.
As much as I appreciate this award, my greatest reward is to be given a chance to voice my feelings about the virtues of photography. I received my first digital camera on my fourteenth birthday. As I was forcing my way through the guests my parents had invited, all **gathered** around the buffet table, I found it amusing to **capture** their faces. I realised the **potential** a picture could have: an **everlasting** souvenir conveying a message. From then on I was **hooked into** the industry. I began my photography journey with hardly any technical knowledge but I knew I wanted to create an alternative to the **insipid lackluster** photographs I had seen in some family albums.
However, please, do not take me wrong: I know some photos are used to **do harm**, or for **commercial purposes** only, but I'd rather stick to the medical progress and the scientific **breakthroughs** that photography has made possible!
To me this is what the art of photography is about: you capture a behaviour the way *you* see it **on the spur of the moment**. The angle, the lighting, your position make it unique. Giving it **my own twist** is what I **thrive for**.
My goal and ultimate feeling of success lie in drawing other people into those moments as well. **May** those fleeting seconds keep inspiring us and may we keep **indulging in** them! My **heartfelt** gratitude to all of you!

**2** Nowadays almost everyone **can afford to** take photos thanks to digital cameras and smartphones **even though** those with higher resolution are still reserved to professionals. Cameras *can* be said to be "wonderful machines", but studying both the bright sides and the seamy sides of this "machine" may be **worthwhile**. **Whether** it is expensive **or not**, a camera remains a magical tool for its users who feel they are **empowered with** a gift to get a hold of time and make a split second **last** forever! In less than no time photos can be posted on social media and shared with thousands of people. Cameras have also **enabled** major progress in the medical and scientific fields. Police investigation is often made easier thanks to photos. Lost children can be found again. Moreover cameras can **provide** us **with** amazing works **of art** exhibited in art galleries

> **L'astuce du prof**
> Pensez aux connecteurs afin de clarifier la logique de votre raisonnement.

**However** it should be **borne in mind** that a camera is in the hands of a photographer: it is often **taken for granted** that photos reflect reality which is controversial since **as long as** a photographer is **involved**, the "objective" eye must always be questioned. The camera is a medium one can use to **distort** reality by choosing a specific angle. The **advertising agencies** are making an extensive use of photos as managers have understood the **prominently persuasive** impact photos **exert** on consumers and how inclined **the latter** are to believe what they are shown in photos rather than in written articles. **Therefore** a **cautious** and **critical** mind is required at all times in front of some photos.

**Indeed** cameras can also turn into **harmful** weapons. This may be the reason why Lady Diana's chauffeur tried to escape from paparazzi as she felt **harassed** and claimed her right to **privacy**. Those photos, had they been taken, might have been sold for **outrageous** amounts of money!

**To conclude**, the power of a photo lies in its very essence: it seems to mirror reality. **Nevertheless** appearances might be **deceptive** and one **should not judge a book by its cover**! **Therefore** in a utopian world cameras ought to always be used by respectful and **well-intended** photographers.

**3** I **stepped** into the garden, secretly hoping I would be able to take photos **on the sly**. It did **work out**: I stood behind an oak tree, and **hastily** pressed the button in the direction of a group of five girls: they had just given one of them a gift which she was still holding in her hands, her face **beaming with joy**. Their fair hair was long and curly and they were all clad in light, plain-coloured summer dresses. They **reminded** me **of** "Venus and the Three Graces Presenting Gifts to a Young Woman", a perfect Botticelli! There it was, imprisoned in my camera! I was taking a few more pictures when suddenly a sunray **beamed** through the group and beautifully lit one of the girl's hair. "Amory, what are you up to?" I jumped with **fright** as though I had been caught **red-handed**. "No-nothing special," I replied **stuttering** trying to hold my camera behind my back. "Well, come and join us then, don't stay on the edge of the garden! What would you like for a drink?"

**Gagnez des points !**

Le correcteur sera sensible à toute évocation culturelle : mobilisez vos connaissances, notamment dans les sujets d'invention !

# Sujet 9

Séries L, ES, S

3 heures

## La beauté : pouvoir absolu ou illusion dangereuse?

**Amérique du Sud, novembre 2017**

### Doc. 1 The Power of Beauty

*Lord Henry Wotton is talking to Dorian Gray, an exceptionally beautiful young man:*

"[…] Now, wherever you go, you charm the world. Will it always be so? You have a wonderfully beautiful face, Mr. Gray. Don't frown.[1] You have. And beauty is a form of genius – is higher, indeed, than genius, as it needs no explanation. […] It cannot be questioned. It has its divine right of sovereignty. It makes princes of those who have it. You smile? Ah! when you have lost it you won't smile... People say sometimes that beauty is only superficial. That may be so, but at least it is not so superficial as thought is. To me, beauty is the wonder of wonders. It is only shallow[2] people who do not judge by appearances. The true mystery of the world is the visible, not the invisible... Yes, Mr. Gray, the gods have been good to you. But what the gods give they quickly take away. You have only a few years in which to live really, perfectly, and fully. When your youth goes, your beauty will go with it, and then you will suddenly discover that there are no triumphs left for you, or have to content yourself with those mean triumphs that the memory of your past will make more bitter than defeats. Every month as it wanes brings you nearer to something dreadful. Time is jealous of you, and wars against your lilies and your roses. You will become sallow,[3] and hollow-cheeked, and dull-eyed. You will suffer horribly... Ah! Realize your youth while you have it. […] Live! Live the wonderful life that is in you! Let nothing be lost upon you. Be always searching for new sensations. Be afraid of nothing..."

Oscar Wilde, *The Picture of Dorian Gray,* 1891

---

1. **frown:** *froncer les sourcils*
2. **shallow:** superficial
3. **sallow:** yellowish

## Doc. 2 False Beauty in Advertising and the Pressure to Look 'Good'

**(CNN)** – From smoothing skin and erasing wrinkles to enlarging muscles and slimming waists, airbrushing, or "photoshopping", men and women to so-called perfection is the norm in advertising. These images don't reflect reality, yet from a younger and younger age, people are aspiring to these biologically impossible ideals.

For some, the desire to look as perfect as these models can become all-consuming, and a wealth of evidence suggests that people in the UK are experiencing serious body image problems – a trend undoubtedly replicated around the globe. People unhappy about their bodies can develop eating disorders, turn to diet pills or steroids, or try cosmetic surgery and Botox injections.

These very real and serious issues are not helped by the impossible visions of perfection everywhere in our visual culture. A growing body of scientific evidence reinforces the link between negative body image and exposure to idealized images.

This is why I brought the Lancôme ads for foundation makeup featuring Julia Roberts[4] and Christy Turlington[5] to the attention of the Advertising Standards Authority, which banned them for being misleading. They are prime examples of how the advertising media have distorted our perception of beauty.

From children's toys to TV programs, images of the "ideal" body have permeated every level of our visual culture. Both Turlington and Roberts are naturally beautiful, and neither of the two women needs digital retouching to look great. Yet both images were manipulated to the extent that L'Oreal, which owns Lancôme, could not prove the makeup's ability to replicate such flawlessness.

Of course, people aren't blind to this issue – but while the vast majority of people know that advertising images are enhanced and are an impossible dream, it still hurts. The pressure to conform to such narrow ideals is overwhelming.

Though some people dismiss this issue as trivial, they are ignoring what is, in fact, a growing public health problem. It's vital that we take steps now so that members of the next generation will grow up learning to accept their bodies in a culture that celebrates health and confidence over a false ideal.

By Jo Swinson,[6] Special to CNN, cnn.com, August 10, 2011

4. Julia Roberts is an American actress.
5. Christy Turlington is an American model.
6. Jo Swinson is a British Member of Parliament.

## Compréhension de l'écrit

**1** **Doc. 1.** From line 1 to line 12, pick out three elements that Lord Henry uses to define beauty.

**2** **Doc. 1.** Quote passages from the text showing that beauty does not last forever.

**3** **Doc. 1.** True or False: justify by quoting passages from the text.

Lord Henry thinks that…

**a.** It is better to be clever than good-looking.
**b.** People should be judged by their looks.
**c.** Getting old is horrid.

**4** **Doc. 1.** From line 21 to line 23, explain in your own words what advice Lord Henry gives his friend Dorian.

**5** **Doc. 1.** Pick out the two elements revealing Dorian's reactions to the speech. How do you interpret his reactions?

**6** **Doc. 2.** Which statement best corresponds to the passage:

**a.** It deals with people who are fans of ads for make-up.
**b.** It explains why many people resort to cosmetic surgery.
**c.** It focuses on how people conform to wrong ideals.
**d.** It deals with the beauty of two famous actresses.

**7** **Doc. 2.** Lines 6 to 20: find elem ents to describe what people do to reach physical perfection.

**8** **Doc. 2.** What are the possible consequences of this quest for physical perfection? Quote the text.

**9** **Doc. 2.** Explain why Lancôme ads were banned for being misleading. Justify with one quotation.

**10** **Doc. 2.** In your own words, explain what Jo Swinson wishes for the next generation.

***Seuls les candidats des séries ES, S et L LVO** traiteront la question 11.*

**11** **Doc. 1 et 2.** Explain and contrast the forms of power referred to in the two documents. (60 words)

***Seuls les candidats de la série L LVA** traiteront la question 12.*

**12** **Doc. 1 et 2.** Explain how both texts deal with physical perfection. (60 words)

## Expression écrite

***Tous les candidats*** *traitent le sujet 1.*

***Seuls les candidats des séries ES, S et L LVO*** *traitent également le sujet 2.*

***Seuls les candidats de la série L LVA*** *traitent également le sujet 3.*

**1** Your best friend is ready for cosmetic surgery... and you think she does not need it. Imagine your dialogue. (150 words)

**2** To what extent are you influenced by advertising? Give exam ples. (150 words)

**3** What is your definition of 'beauty'? Illustrate with your own exam ples. (200 words)



## Les clés pour réussir

### Bien comprendre les documents

#### Document 1

L'essentiel

- **L'auteur**. Écrivain irlandais né à Dublin en 1854, Oscar Wilde était poète, dramaturge, essayiste et romancier. Condamné aux travaux forcés pour immoralité, il mourut à Paris en 1900. Dandy esthète et homme d'esprit, ses aphorismes sont devenus célèbres, le plus connu étant sans doute « Le meilleur moyen de se débarrasser d'une tentation est d'y céder ».
- **La source**. Ce texte est tiré de l'unique roman d'Oscar Wilde, récit fantastique dont le héros, Dorian Gray, reçoit le don de la beauté et de la jeunesse éternelles, tandis que son portrait garde les traces du passage du temps et de ses péchés.
- **Le sujet**. Dans ce passage, Lord Henry Wotton loue la grande beauté de son ami Dorian et l'enjoint à profiter de sa jeunesse en l'alertant sur les effets ravageurs du temps qui passe.

Vocabulaire

*mean* (l. 17) : (ici) petit, mesquin • *bitter* (l. 17) : amer • *to wane* (l. 18) : décliner • *hollow-cheeked* (l. 20) : aux joues creuses • *dull-eyed* (l. 20) : au regard terne • *youth* (l. 21) : la jeunesse

#### Document 2

L'essentiel

- **L'auteur**. Jo Swinson est une députée britannique, membre du Parti Libéral-Démocrate. Élue en 2005 à l'âge de 25 ans, elle fut pendant 4 ans la plus jeune membre de la Chambre des Communes.

• **Le sujet**. Utilisant l'exemple d'une grande maison de produits cosmétiques qu'elle a dénoncée pour publicité mensongère, Jo Swinson souligne ici les effets dévastateurs des idéaux de beauté inatteignables véhiculés par les médias.

Vocabulaire

*to smoothe* (l. 1) : lisser • *to erase* (l. 1) : effacer • *wrinkles* (l. 1) : les rides • *waist* (l. 2) : le tour de taille • *evidence* (l. 7) : preuves • *foundation makeup* (l. 16) : fond de teint • *misleading* (l. 18) : trompeur • *flawlessness* (l. 26) : perfection • *enhanced* (l. 28) : amélioré

## Bien répondre aux questions

**2** En l'absence d'instruction chiffrée, citez au moins 3 passages parmi ceux, nombreux, présents dans le texte.

**11** Le document 1 présente la beauté comme une forme de pouvoir absolu. Le document 2 dénonce le pouvoir excessif de la publicité, et montre comment le pouvoir politique essaye de s'y opposer afin d'en limiter les effets toxiques.

**12** Les deux documents présentent la perfection physique comme une valeur primordiale universelle et indiscutable. Cependant, le document 2 prouve qu'il est illusoire et même néfaste de chercher à l'acquérir ou à la préserver à tout prix.

## Pistes pour les sujets d'expression

### Sujet 1

Bien comprendre le sujet

**Sujet d'invention** lié au texte : un dialogue sur le thème de la chirurgie esthétique.

Les attentes du correcteur

• Mobilisez les structures exprimant **le désaccord** (*to disagree with sb, to disapprove of something, WANT sb to* + BV...), **le conseil** (*SHOULD(N'T)* + BV ; *If I were you, I would(n't)* + BV...) et **l'absence d'obligation** (*NEEDN'T + BV ; DON'T HAVE TO* + BV...)

Organiser ses idées

• **Exprimez la détermination de votre camarade et justifiez sa décision** : moqueries de son entourage depuis la plus tendre enfance, complexe handicapant dans la vie quotidienne, caractéristique physique familiale dont elle souhaite s'émanciper...

• Montrez-vous **à l'écoute de votre interlocutrice** et privilégiez les conseils bienveillants plutôt que la raillerie ou la colère.

## Sujet 2

### Bien comprendre le sujet

Sujet d'expression personnelle **de type argumentatif** sur l'influence de la publicité.

### Les attentes du correcteur

- Soyez **organisé(e) et structuré(e)** dans votre argumentation (voir fiche méthode).
- La question « *To what extent...* ? » nécessite de s'interroger sur les **limites de l'influence** que peut avoir la publicité sur vous : on attend donc de vous une réponse nuancée.

### Organiser ses idées

- Il serait illusoire de se croire totalement imperméable aux **innombrables messages publicitaires** qui nous assaillent chaque jour, partout : ces milliers de slogans laissent nécessairement une empreinte dans notre cerveau, guidant inévitablement nos choix de consommation.
- Néanmoins, il nous reste sans doute encore **un peu d'esprit critique et de libre arbitre** : nous ne sommes pas crédules au point d'avaler n'importe quoi.
- Par ailleurs, nos achats peuvent être **influencés par d'autres facteurs**, idéologiques, économiques, politiques, familiaux, sociaux...

## Sujet 3

### Bien comprendre le sujet

Sujet d'expression personnelle **de type argumentatif** sur le thème de la beauté.

### Les attentes du correcteur

- Exprimez-vous **personnellement** comme cela vous est demandé.
- Donnez des **exemples précis** pour illustrer vos arguments.

### Organiser ses idées

- Cette question est à relier aux idées exprimées dans les textes du corpus : **suprématie de la beauté physique, uniformisation des canons esthétiques** causée par les nouvelles technologies et propagée par les médias.
- Il peut être intéressant d'ouvrir sur **d'autres formes de beauté, naturelles** (paysages grandioses, animaux sauvages, ciels étoilés...) ou **artistiques** (arts visuels, musique, architecture, design...).

# Sujet 9 Corrigé

## Compréhension de l'écrit

**1** According to Lord Henry, "beauty is a form of genius" (l. 5). It also "has its divine right of sovereignty" (l. 5-6) and "is the wonder of wonders" (l. 10).

**2** Lord Henry contends that beauty does not last forever: "when you have lost it you won't smile" (l. 7-8), "what the gods give they quickly take away" (l. 13), "When your youth goes, your beauty goes with it" (l. 14-15), "every month as it wanes" (l. 18), "You will become sallow, and hollow-cheeked, and dull-eyed" (l. 20).

**3** **a. False**: "Beauty [...] is higher [...] than genius" (l. 5).

**b. True**: "it is only shallow people that do not judge by appearances" (l. 10-11).

**c. True**: "You will suffer horribly" (l. 20-21).

**4** Lord Henry urges Dorian to enjoy his youth and live life to the full by seizing every opportunity he can and trying new experiences.

**5** Dorian reacts to Lord Henry's speech, first by frowning ("Don't frown", l. 4) and then smiling ("You smile?", l. 7). We may guess that Dorian is first embarrassed by his friend's praise, as he may not be fully aware of his own beauty. Then he may think Lord Henry's enthusiasm is excessive and thus funny, or also enjoy the compliment and feel flattered.

**6** Statement 3 best corresponds to the passage: it focuses on how people conform to wrong ideals.

**7** To reach physical perfection, people "can develop eating disorders, turn to diet pills or steroids", "try cosmetic surgery and Botox injections" (l. 9-11), or use "makeup" (l. 16).

**8** This quest for physical perfection can make people experience "serious body image problems" (l. 8) as they are "unhappy about their bodies" (l. 9).

**9** Lancôme ads were banned for being misleading because the perfection of the models' skins was not due to the brand's foundation makeup but to the photos' digital retouching ("both images were manipulated to the extent that L'Oreal, which owns Lancôme, could not prove the makeup's ability to replicate such flawlessness", l. 24-26).

> **Piège à éviter**
> Ne vous contentez pas de citer le texte, mais répondez avec vos propres mots.

**10** Jo Swinson would like society to react and politicians to pass laws controlling advertising and the media in order to make mentalities evolve and privilege health and confidence over aesthetics, so that the next generation can be at peace with their bodies and stop torturing themselves to reach impossible beauty standards.

**11** In document 1, beauty is seen as the ultimate form of power, a precious, God-given gift superior to intelligence and the only criterion of judgement of a person's worth. Document 2 develops two other forms of power: advertising that manages to brainwash people into buying products to conform to the beauty standards it conveys, but also political power that tries to address the issues related to negative body image caused by the media by controlling them.

**12** Even though they were written a hundred years apart, both texts show physical perfection as a paramount value and an ideal everyone aspires to. They also present beauty as being universal ("it cannot be questioned", document 1, l. 6 + "a trend undoubtedly replicated around the globe", document 2, l. 8-9), as if there were only one way to be beautiful, with smooth, wrinkle-free skin, slim waist or large muscles (document 2, l. 1-2). However, document 1 praises beauty whereas document 2 is an indictment of the quest for physical perfection and its impact on people's health and self-esteem.



## Expression écrite

*Les mots et expressions en gras peuvent s'avérer particulièrement utiles pour ce type de sujet.*

**1** I was having lunch at school with my best friend Jane when she carefully put down her fork and knife, took a deep breath and said:

"I have a major favour to ask you. I have **an appointment** next week and I'd like you to come with me for moral support..."

"Of course I'll be there for you! What is it?" I asked, **puzzled**.

"I've decided to go and see **a plastic surgeon**..."

"**What on earth for?**" I was **stunned**. "You're the prettiest girl I know!"

"You're sweet, thank you! But my nose... I can't stand it anymore. It's just so big! I overheard Sandy and her gang calling me Cleopatra the other day in the locker room..."

> **L'astuce du prof**
> Utilisez des expressions idiomatiques pour rendre votre dialogue plus vivant !

"**Don't mind them!** They're just a bunch of silly heads! They're jealous because you're much prettier and smarter than them!"

"It's not just them... There's also Andrew... You know **I have a crush on** him but he doesn't seem to notice: with a smaller, shorter nose he'd probably find me **more attractive**!"

"You'd **go under the knife** for a boy? Seriously? Have you thought of the consequences if the operation **goes wrong**? You could be disfigured!"

"I've chosen the best surgeon in the area! Don't worry!"

"Ok, I'll go with you then", I **relented**. "But it doesn't mean I approve!"

**2** Advertising is everywhere: on TV, on the radio, in magazines, on the Internet, in our mail boxes, in cinemas... **There is no escaping it**. And given the dizzying amounts of money corporations **spend on** advertising every year, it must work somehow!

As far as I'm concerned, I'm not **immune to** advertising. I tend to buy **brands** that are **endorsed by** my favourite stars: my tennis gear is the same as Serena Williams's and I wear the fragrance **advertised by** Emma Watson because I look up to these talented women, and if those products are good enough for them, then they are good enough for me!

However, I am proud to say that I am not **gullible** enough to buy any **miracle cure** or the latest **fashion fad** just because **a celeb** advertises them. Moreover, some **TV or radio commercials** are so dumb and irritating that they manage to put me off some products altogether! Last but not least, **word-of-mouth** can also have a powerful influence: if friends of mine **recommend** a product that I can see works on them, I am quite likely to buy it too.

**3** **"Beauty is in the eye of the beholder"**, as the saying goes... We all have our own definition of what beauty is, according to our sensitivity, culture, upbringing, traditions or environment.

Some people may **favour** the **sleek lines** of modern design or the fantasy of free-jazz improvisations, the great arid expanses of the desert or the **dazzling** transparency of a tropical lagoon. As far as I am concerned, I am a rather quiet and reflective person. As a result, I tend **to be drawn to** forms of beauty that inspire calm, serenity and meditation, such as classical music and architecture, **lush** English gardens and rolling hills, or dramatic, wild Irish **seascapes**.

As regards physical beauty, my motto is **"beauty is only skin deep"**. The harmony of a face or of a figure that most would **deem** perfect can indeed be pleasant to look at. Yet, I think such **flawlessness** may be boring. The **oddity** that some small imperfection, like a **mole** or a **scar**, can add to a person's face is, to me, really charming. Besides, I believe that **there is so much more to a person than** just the way they look. Kindness, intelligence and optimism are **paramount** and can be read on someone's face. **"Pretty is as pretty does"**!

**Gagnez des points !**

Pensez à illustrer vos propos à l'aide de proverbes bien choisis !

# Sujet 10

Séries technologiques

2 heures

## Partir à pied à la découverte du monde

France métropolitaine, juin 2016

**Doc. 1** **"The Transformative Properties of Walking"**

ENGLISH / FRANÇAIS

READ AIR CANADA'S ENROUTE + AIR CANADA'S ENROUTE EDITION HERE

AIR CANADA enRoute

FLY AIR CANADA BOOK NOW

CITY GUIDES FOOD & DRINK ARTS & CULTURE SPORTS & WELLNESS IN-FLIGHT ENTERTAINMENT MORE

### The Transformative Properties of Walking

Dan Rubinstein quit his job to devote himself to walking—in Canada, the US and the UK. The experience changed his life forever.

APR 15, 2015 · BY DAN RUBINSTEIN

*In his book,* Born to Walk, *Dan Rubinstein describes the experiences of several walkers, including those of Matt Green.*

Green used to have a girlfriend and a respectable career as a transportation engineer. Then the relationship ended and he found it difficult to justify doing a job he didn't enjoy for money he didn't need. Feeling anxious and craving adventure, he turned his back on five years of highway and roadway design and walked across the United States. Green departed from Rockaway Beach, Queens, in March 2010, wearing a reflective vest and pushing his camping gear in a running stroller, and arrived, five months later, in Rockaway Beach, Oregon. While preparing for the trip, he was bombarded by suggestions that sounded like commands: You have to go there, you need to see that. Instead, he plotted a direct line to Chicago, to visit his brother, and west to the Pacific.

Without specific destinations to anticipate, Green could appreciate anything he saw, anywhere he was, instead of counting the miles until he reached, say, South Dakota's Mount Rushmore. "To see interesting things, you don't need to know what you're going to see," he says. "That's letting other people's preferences prejudice your reaction. You can just walk across North Dakota. I've driven across places like that, and it's incredibly boring."

When he returned to New York, Green's plan to find a job and settle down was no longer palatable. Slowly, his next journey took shape.
New York, like all cities, is complex and bewildering. "Don't try to seek out anything particular, don't even bother trying to draw any conclusions," he says. "Just listen to what the city has to tell you… and let your own unique instincts guide you."
Green is mostly looking for those human moments that connect us to the urban web. By the end of his New York odyssey, Matt Green will have covered roughly 14,000 kilometres.
"Do you ever get bored while walking?" I ask.
Some parts of the city, such as Harlem, are more lively than quieter, suburban places, like Long Island, he concedes. "But this walk has made me think about what boredom means. Nobody asked me that question when I was an engineer and I sat in a cubicle, under fluorescent lights, doing pretty much the same thing all day every day. Out here, it's always something new."

From Dan Rubinstein, *Born to Walk: The Transformative Power of a Pedestrian Act*, 2015

## Doc. 2 Just walking away with a little ingenuity

Exeter took Harold by surprise. He had developed a slow inner rhythm that the fury of the city now threatened to overturn. He had felt comfortable in the security of open land and sky, where everything took its place. He had felt himself to be part of something bigger than simply Harold. In the city, where there was such short-range sight, he felt anything might happen, and that whatever it was he wouldn't be ready.
He looked for traces of the land beneath his feet and all he found was where it had been replaced with paving stones and Tarmac. Everything alarmed him. The traffic. The buildings. The crowds pushed past, shouting into their mobile phones. He smiled at each face and it was exhausting, taking in so many strangers. He lost a full day, simply wandering. Each time he resolved

to leave, he saw something that distracted him, and another hour passed. He deliberated over purchases that he hadn't realized he required. Should he send Maureen a new pair of gardening gloves? An assistant fetched five different types, and modelled them on her hands, before Harold remembered his wife had long since abandoned her vegetable beds. He stopped to eat and was presented with such an array of sandwiches that he forgot he was hungry, and left with nothing. (Did he prefer cheese or ham or would he like the filling of the day, seafood cocktail? Or would he like something else altogether? Sushi? Peking duck wraps?) What had been so clear to him when he was alone, two feet on the ground, became lost in this abundance of choices and streets and glass-fronted shopping outlets. He longed to be back on the open land.

And now that he had the opportunity to buy walking equipment, he also faltered. After an hour with an enthusiastic young Australian man, who produced not only walking boots but also a rucksack, a small tent and a talking pedometer, Harold apologized profusely and bought a wind-up torch. He told himself that he had managed perfectly well with his yachting shoes and his plastic bag, and with a little ingenuity he could carry his toothbrush and shaving foam in one pocket, and his deodorant and washing powder in the other.

Rachel Joyce, *The Unlikely Pilgrimage of Harold Fry*, 2012



## Compréhension de l'écrit

**10 pts**

**1** **Doc. 1 et 2.** What activity do Harold Fry and Matt Green have in common? Write down the answer onto your paper.

**2** **Doc. 1. a.** Fill in the gaps with words from the list below. Copy the paragraph onto your paper.

Matt Green – reading – writing – his brother – working – Dan Rubinstein – walking – studying – driving – his girlfriend

The author, ..............., changed his life. He stopped .............. and started ............... and .............. about other people's personal experiences. One of his examples is about .............., who also decided to change his life.

**b.** Why did Matt Green make that decision? (2 reasons). Find a quotation for each reason.

Reason 1: ..................................................................................

Reason 2: ..................................................................................

**3 Doc. 1. a.** Look at the map and write down the different steps of Matt Green's trip in chronological order. Associate each step with the appropriate letter.

Step 1: ...............................................................................

Step 2: ...............................................................................

Step 3: ...............................................................................

Step 4: B. New York City

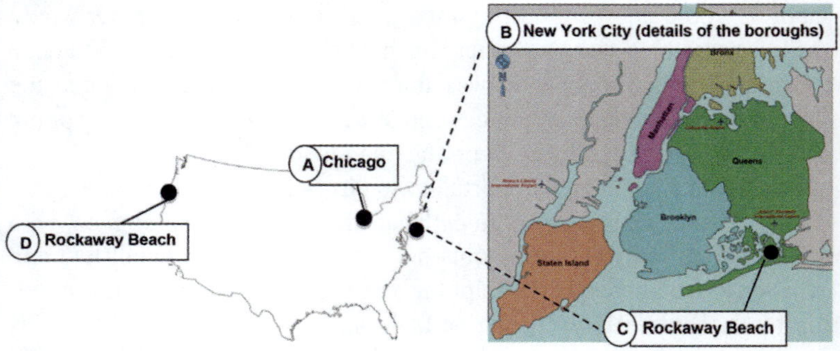


**b.** What did Matt do before leaving? Copy the right elements onto your paper.

| TO DO LIST |
| --- |
| ☐ Pack camping equipment |
| ☐ Phone tourist offices |
| ☐ Get safety clothing |
| ☐ Book hotels on the way |
| ☐ Hire a car |

**c.** Conclusion: Matt's slogan could be…

Copy the appropriate slogan onto your paper.

**1)** Walking with a friend in the dark is better than walking alone in the light.

**2)** To be happy, plan your future step by step.

**3)** Time is money.

**4)** Enjoy the present, let life surprise you.

**4 Doc. 1. a.** "When he returned to NY" (l. 21), what did Matt Green decide to do?

Copy the right answers onto your paper.

**1)** find a respectable, well-paid job.

**2)** rediscover New York City.

**3)** start a stable family with his partner.

**4)** become a municipal tour guide.

**5)** stay there and keep walking.

**6)** leave and explore the country.

**b.** What does he realise about his life before and his life now? Choose the right adjectives to complete the sentences.

Dangerous / repetitive / fascinating / confusing / healthy

**1)** When I worked as an engineer, my life was... (one adjective)

**2)** Now, my life has become... (one adjective)

**5** **Doc. 1.** Which movement best represents where Harold comes from and where he is now?

Choose the right itinerary and write it down onto your paper.

**a.** city → countryside
**b.** sea → land
**c.** city → another city
**d.** countryside → city

**6** **Doc. 2.** Choose the adjectives which best describe his feelings towards the places and pick out 1 quotation to justify each answer. Copy your answers onto your paper.

**a.** Where he comes from **1)** positive **2)** negative
**b.** Where he is now **1)** positive **2)** negative

**7** **Doc. 2. a.** Answer the questions by quoting the text. Copy your answers onto your paper.

**1)** What sort of food was he offered? (3 items)

**2)** What did he finally buy?

**b.** What is Harold's m ain difficulty in the shops? Answer in your own words.

**8** **Doc. 1. et 2.** Answer the following questions about Matt Green and Harold Fry and justify in your own words. Write down the answers onto your paper.

**a.** Do they share the same opinion about the city?

**b.** Do they share the same opinion about following people's advice?

**c.** Do they share the same opinion about living a simple life?

## Expression écrite **10 pts**

*Choose ONE of the following subjects and write 150 words minimum.*

**1** Write an e-mail to a friend to explain your recent holiday (choose between trips 1, 2 or 3). Say what you enjoyed best and describe any problems you had.

**1) Ghost City Tour**

Go on a 15km evening's adventure through the beautiful streets of Savannah, Georgia, U.S.A. Visit haunted and historic homes, hidden cemeteries and many of Savannah's secret, haunted locations.

**2) Magic Wildlife Hike**

Visit Scotland's top wildlife site on the Isle of Mull and enjoy a 4 day walk with a wildlife expert. Try delicious local food in the different hostels you stay in.

**3) H ollywood film studios tour**
Discover the sets where cult movies have been shot and make your own versions of your favorite movie scenes! 1 day.

**2** You and a friend love outdoor sports and have decided to go to The Blue Mountains National Park in Australia. You are discussing the best 2 methods of transport to visit it. Write your conversation.

cross-country cycling hot air-ballooning canoeing paragliding
horse-riding walking climbing

## Les clés pour réussir

### Bien comprendre les documents

#### Document 1

L'essentiel

- **L'auteur.** Dan Rubinstein est un passionné de marche et d'écriture. Il a réussi à allier ses deux passe-temps et à en faire une ligne de conduite. Dans ce monde meilleur auquel il aspire, l'écologie, la santé, la liberté et les parcours initiatiques occupent une place privilégiée.
- **La source.** *Born to Walk: The Transformative Power of a Pedestrian Act* est paru en 2015. Ce livre rassemble les expériences de plusieurs marcheurs, qui ont osé tout quitter pour partir sur les chemins, à pied. Leurs odyssées pédestres leur ont beaucoup appris et sont relatées par l'auteur.
- **Le sujet.** Dans cet extrait, nous découvrons le personnage central, Matt Green, en quête d'aventure, parti sur les routes à travers les États-Unis. De Mount Rushmore aux dédales des rues new-yorkaises, il se laisse porter par ses découvertes, sans cesse renouvelées, loin de l'ennui de sa vie antérieure.

Vocabulaire

*to crave* (l. 6): désirer • *to prejudice* (l. 18): influencer • palatable (l. 22): acceptable • *journey* (l. 22): voyage • *bewildering* (l. 23): déconcertant

#### Document 2

L'essentiel

- **L'auteur.** Rachel Joyce est une auteure londonienne de renommée internationale née en 1962. Elle écrit des nouvelles et des romans pour le *New York Times*, mais également des pièces pour la BBC Radio 4.
- **La source.** *The Unlikely Pilgrimage of Harold Fry*, paru en 2012, est le récit tendre de l'aventure d'un homme, Harold Fry, qui était simplement parti poster une lettre, mais qui se voit finalement parcourir 1 000 kilomètres à pied, du sud de l'Angleterre à la frontière écossaise.

Ayant laissé sa femme, Maureen, indifférente au destin de son mari, il se sent contraint de continuer à marcher afin de sauver la vie d'une ancienne amie.

- **Le sujet.** Dans cet extrait, il se trouve confronté à des situations déconcertantes dans la ville d'Exeter au sud de l'Angleterre, durant lesquelles il semble poussé, malgré lui, à la consommation.

Vocabulaire

*to threaten* (l. 3): menacer • *to overturn* (l. 4): renverser • *short-range sight* (l. 10): vue limitée • *exhausting* (l. 19): épuisant • to wander (l. 20): errer • *purchase* (l. 22): achat

## Bien répondre aux questions

**2 a.** Veillez à ne pas confondre l'auteur et le personnage central de cet extrait qui semblent avoir des destins croisés, avec quelques différences cependant.

**3 a.** Vous devrez bien faire apparaître la lettre en majuscule devant votre réponse : Rockaway Beach C ou D (même nom de lieu, mais à chaque extrémité du pays !).

En outre, notez bien que, dans son parcours, il trace d'abord chronologiquement une ligne directe vers Chicago, puis se dirige vers l'ouest : l'océan Pacifique sur la côte californienne : *west to the Pacific.*

**4 b.** Veillez à fonder vos réponses sur ce que dit le personnage, non sur votre propre opinion : ainsi l'adjectif *healthy* ne convient pas.

**7 a.** La seconde question fait référence à ce qu'il a acheté *comme nourriture.* La réponse se trouve avant la parenthèse dans le texte.

## Pistes pour les sujets d'expression

### Sujet 1

Bien comprendre le sujet

**Sujet d'invention** : rédaction d'un e-mail

Les attentes du correcteur

- Tout d'abord, vous aurez opéré un choix parmi les trois propositions. **Relevez et recopiez** sur votre copie le numéro et le **titre** de la proposition retenue.
- Dans cet e-mail à un ami, vous devrez **expliquer** le contenu de cette expérience. Mobilisez le **lexique** lié à l'un des trois thèmes que vous aurez choisi ; montrez vos connaissances sur l'expression de la préférence.
- N'oubliez pas d'imaginer **une difficulté** qui se serait présentée au cours de cette visite.

Organiser ses idées

- En préambule, tentez de créer une connivence avec cet(te) ami(e) en éveillant sa curiosité.
- Donnez quelques détails précis sur le déroulement de vos activités.

- Évoquez un problème que vous avez rencontré.
- Terminez sur une note optimiste.

### Sujet 2

Bien comprendre le sujet

**Sujet d'invention** : une conversation

Les attentes du correcteur

- Vous devrez présenter votre dialogue en suivant les **conseils méthodologiques** (*cf.* Memento fiche n° 11).
- Afin de rendre la discussion plus animée, faites en sorte de **confronter vos points de vue** divergents en trouvant des arguments pertinents.
- Vous montrerez que vous maîtrisez les notions d'**accord** et de **désaccord** (*I agree; I don't agree with you*), et que vous savez **suggérer** (*What about + V-ing; Why don't we + V; Wouldn't it be a good idea to + V*) et **conseiller** (*we should + V; we ought to + V; we'd better + V...).*

Organiser ses idées

- Commencez par une brève introduction.
- Tentez d'attribuer à chaque personnage une personnalité et des arguments clairement définis (désir d'aventure, goût du risque, niveau de difficulté, expérience de ce sport...).
- Au terme de la discussion, tentez de trouver un terrain d'entente afin de réaliser votre projet dans les meilleures conditions, en tenant compte des aspirations de chacun des deux protagonistes.

# Sujet 10 Corrigé

## Compréhension de l'écrit

**1** Both Harold Fry and Matt Green turned their backs on their former lives one day. They started walking long distances. They both accepted to let their steps guide them to their fate.

**2** **a.** The author, **Dan Rubinstein**, changed his life. He stopped **working** and started **walking** and **writing** about other people's personal experiences. One of his examples is about **Matt Green**, who also decided to change his life.

**b. Reason 1:** He made up his mind to part with his former life as he and his girlfriend had split up. He saw no point in continuing his career as a road and highway designer which he did not enjoy.
"Then the relationship ended and he found it difficult to justify doing a job he didn't enjoy for money he didn't need." (l. 4-5)

**Reason 2:** He was longing for adventure, a more exciting life altogether. "Feeling anxious and craving adventure..."(l. 5-6)

**3** **a.** Step 1: **C.** Rockaway Beach, Queens, in New York City
Step 2: **A.** Chicago (Illinois)
Step 3: **D.** Rockaway Beach, Oregon
Step 4: **B.** New York City

**b.** TO DO LIST: pack camping equipment – get safety clothing.

**c.** SLOGAN: Enjoy the present, let life surprise you.

**4** **a.** **2)** rediscover New York City
**5)** stay there and keep walking

**b.** **1)** When I worked as an engineer, my life was **repetitive**.
**2)** Now my life has become **fascinating**.

**5** **d.** countryside → city

**6** **a.** Where he comes from: **1)** positive. "He had felt comfortable in the security of open land and sky, where everything took its place." (l. 4-6)

**b.** Where he is now: **2)** negative. "Everything alarmed him." (l. 17)

**7** **a.** **1)** He was offered "an array of sandwiches" (l. 26), "Sushi" and "Pecking duck wraps" (l. 29).
**2)** "He left with nothing." (l. 27)

**b.** Harold finds it very difficult to be talked into purchasing items he really doesn't need. He's offered too much choice. However convincing the salesperson might be, Harold feels he is under pressure to spend money.

**8** **a.** No, Matt Green and Harold Fry disagree about cities. Indeed Harold praises open land and finds cities dangerous and scary while Matt finds North Dakota rather "incredibly boring". The latter definitely feels more attracted by large exciting cities like the Big Apple.

**b.** Yes, both of them resent being told what to do. Matt believes he should not pay attention to people's advice which he associates with prejudices. Likewise, the broad range of gloves, food, and camping equipment deeply disturbs Harold.

**c.** Yes, they both want to live simple lives inasmuch as they are satisfied with what they have even if it is very little. Above all they are both keen on walking. Harold reckons he can make it without having to buy anything except a torch and Matt is eager to go through new experiences every day.

# Expression écrite

*Les mots et expressions en gras peuvent s'avérer utiles pour ce type de sujet.*

**1 Ghost City Tour**

G'day mate,

Here I am back from the USA. What an amazing trip! I felt **over the moon** all along! One of the **highlights** was the **eerie** Ghost City Tour at Savannah, Georgia. It was **just out of this world**! First I was **taken aback** by the sophisticated **outfit** our psychic tour guide was wearing, not to mention the **scariest** make-up I'd ever seen. She told us she'd let us use **dowsing rods** for spirit communication. Very soon in the historic theatre room where we were all sitting with those heavy burgundy curtains and **flickering** lights, I **had a go** and suddenly we heard some **stomping** on the floor and **rustling** silk. I felt this **weird** sensation in my hands like **pins and needles.** Then I was drawn to an open wardrobe from which a dark human **shadow** leaning over me tried to **whisper** something in my ears.... What a **horrid** place! I fell down and a thousand eyes were watching me: that's when I actually **fainted**! Now I find it **hilarious,** but at the time I was **scared to death**! Hope you'll have a chance to make it to Savannah one day. No worries, mate, I'm alive!

> **L'astuce du prof**
>
> Puisque votre mail est rédigé en anglais, mieux vaut, pour plus de cohérence, vous constituer une identité anglophone, australienne, ou toute autre !

**2** Jenny and I had been dreaming of this trip to the Blue Mountains National Park. There was a **wide range** of outdoor sports activities to choose from.

"Look, Jenny, we've never tried paragliding. Wouldn't it be awesome to be flying amongst the highest **peaks**? The **scenery** must be spectacular!" I added **ebulliently**.

Jenny looked awfully **dubious** about the whole idea. After an **awkward** silence, she finally **remarked**: "Don't you think it is quite a **challenging** experience for mere beginners? We **ought to** be aware of the risks. You always live in **cloud cuckoo land**! I'd be more than happy to just go **hiking** or cross-country cycling."

"I wish we'd at least get a chance to see the landscape from above' I **ventured**. I knew I had to be understanding, so I eventually made a compromise, a nice way to **split the difference**. "Let's put it that way, I agree with cycling but I find walking boring and really exhausting. Moreover you **hardly** get to see anything in one day! **What about** hot air-ballooning? It's safe, isn't it? "

"Well, **better safe than sorry**, don't you think? So let's agree on that *and* cycling. Sounds fair, doesn't it?" she observed **wryly**.

"It sure does, for the time being..." I replied with a **wink** and a smile.

"Oh you, **daredevil**!"

> **Gagnez des points !**
>
> Les verbes introducteurs de dialogue, accompagnés d'adverbes, permettent de mieux théâtraliser votre conversation et par là même de l'ancrer davantage dans la réalité.

# Sujet 11

Séries technologiques

## La ville ou la campagne ? Un défi pour les non-initiés

2 heures

**Pondichéry, mai 2018**



### Doc. 1 An unusually welcoming town in New Hampshire

*The narrator and his family have just moved from England.*

There are many wonderful things about the United States of America that deserve praise[1], but none is more outstanding than the friendliness of the people.

When we moved to this little town in New Hampshire, people received us as if the one thing that had kept them from total happiness up to that point was the absence of us in their lives. They brought us cakes and pies and bottles of wine.

It was dazzling[2] and it has remained so. At Christmas last year we went to England for ten days and returned home late at night and hungry to find that a neighbour had stocked the fridge with both essentials and goodies, and filled vases with fresh flowers. This sort of thing happens all the time. That people leave their cars unlocked and the windows open tells you something more about the town, of course. The fact is, there is no crime here. People will casually leave a $500 bicycle propped against a tree and go off to do their shopping.

The police don't shoot people here because they don't need to, because there is no crime. It is a rare and heart-warming example of a virtuous circle. We have grown used to this now, but when we were still new in town and I expressed wonder about it all to a woman who grew up in New York City but has lived here for 20 years, she laid a hand on my arm and said, as if imparting[3] a great secret: "Honey, you're not in the real world any longer. You're in New Hampshire."

Adapted from Bill Bryson, *Notes from A Big Country*, 1999

1. **praise**: a compliment
2. **dazzling**: wonderful
3. **imparting** : sharing

## Doc. 2 Adjusting to life in the city

THE WANDERBLOGGER ≡ SHOW MENU

EXPAT LIFE

# ADJUSTING TO LIFE IN THE CITY

This past Friday marked exactly ten weeks since we arrived in London and began adjusting to life in the city. Anytime, anywhere you move, there will always be an adjustment period, an undetermined amount of time where you, among other things, acclimate to your new home's culture, learn your way around town, and start meeting new friends.
After ten weeks, I still panic a bit at the till (cash register) when I need to pay in cash and I can't quickly count out the correct pence because I'm still used to American coins. I get frustrated when I can't find the ingredients I need to cook our familiar family meals, and when I mess up the unit conversions between grams and ounces and ruin the entire dinner. I get lost everywhere. Street signs aren't always prominently displayed (if they are displayed at all), and I once spent an hour, completely turned around, trying to meet my cousin for dinner, when the actual distance from the tube to the pub was less than a quarter of a mile. But these are minor annoyances[4], and things I'm bound to learn the longer I live here.
The real transition has been from quiet, rural life to living in one of the biggest and busiest cities in the world. Even though I've lived in a lot of places, I have always lived either in the country or in the suburbs, neither of which could have prepared me for the noise and the fast pace of a big city. The first thing I noticed, and likely the first thing anyone notices, is the people. And not just that there are a lot of them, but that they are moving really, really quickly. When we are in the busiest sections of the city, sometimes I feel like pressing myself against a wall to get out of the way for fear of being trampled[5].

Adapted from *www.thewanderblogger.com*, August 5, 2013

4. **annoyances**: irritations, nuisances
5. **trampled**: walked over, crushed

## Compréhension de l'écrit

**1 Doc. 1.** What is the document about ? Choose the right answer.

**a.** An English family that has recently moved to New Hampshire, USA.

**b.** An American family that has recently settled in London, England.

**c.** An English family that has recently arrived in New York City, USA.

**2 Doc. 1. Lines 2 to 12.** What surprised them the most when they arrived in their new country? Explain in your own words and justify (one sentence AND one quote).

**3 Doc. 1. Lines 2 to 12.** True or False? Justify by quoting the text.

**a.** They live in New York City.

**b.** Their new neighbours first ignored them .

**c.** They felt amazed by their neighbours' welcome.

**4 Doc. 1.** From lines 9 to 12: "At Christm as […] flowers".

From the following list, choose TWO adjectives to describe the neighbours and TWO adjectives to describe the family:

DISAPPOINTED – HELPFUL – SURPRISED – SELFISH – KIND – THANKFUL

The neighbours: – .......................... – ..........................

The family: – .......................... – ..........................

**5 Doc. 1. Lines 13 to the end.** In the text, pick out two examples of habits in this town that seemed both very surprising and very nice to them.

**6 Doc. 1.** Lines 22-23: *"Honey, you're not in the real world any longer. You're in New Hampshire."*

Explain in your own words what the lady means. (20 words)

**7 Doc. 2.** Identify the type of document.

**8 Doc. 2.** The following sentences are FALSE. Correct each statement with quotes from the text.

**a.** The narrator has lived in London for a long time.

**b.** The narrator feels relaxed in his/her new environment.

**c.** The narrator is English.

**9 Doc. 2.** Focus on the second paragraph. In the text, pick out three "minor annoyances" in the narrator's daily life.

**10 Doc. 2.** What is the m ost difficult challenge the narrator has to face? Explain in your own words and use two quotes from the text to justify. (30 words)

**11** **Doc.1. et 2.** What do the families in documents 1 and 2 have in common? Pick the TWO correct statements.

**a.** Both families have moved to a different place and need to adapt.
**b.** Both families have to adapt to a rural life in the country.
**c.** Both families experience a culture shock.
**d.** Both families think their new lives are very similar to their old ones.

**12** **Doc.1. et 2.** Was it easy for these families to adjust to their new environment? Compare the two experiences. (about 40 words)

## Expression écrite

**Choose ONE of the following subjects (200 words).**

**1** You have just moved to New York City. Write a blog article to share your experience.

**2** You want to spend a year in an American university. Where would you prefer to study? In a small town or in a big city? Why?

## Les clés pour réussir

### Bien comprendre les documents

#### Document 1

L'essentiel

• **L'auteur.** Bill Bryson, le célèbre essayiste satirique, à la double nationalité américaine et britannique, est un grand voyageur. Né en 1951 aux États-Unis, il a rencontré son épouse en Angleterre, et après une période de vie prolongée au Royaume-Uni, le couple et leurs quatre enfants décident de retourner aux États-Unis, en 1995, pour quelque temps. Ils s'installent à Hanover dans le New Hampshire. À son arrivée, l'écrivain chroniqueur regarde avec émerveillement son nouveau cadre de vie, fort de son expérience à l'étranger.

• **La source.** Dans *Notes from A Big Country*, Bill Bryson, alors de retour dans son pays natal, relate sa confusion au quotidien : le pays qu'il redécouvre à l'âge adulte est à des années lumière de l'image qu'il s'en faisait et de ses conditions de vie britanniques.

• **Le sujet.** Cet extrait nous invite à ressentir la qualité de vie qui se dégage de cette petite ville du New Hampshire, dont les habitants se distinguent par leur gentillesse et leur disponibilité. L'auteur évoque également des anecdotes improbables qui le laissent médusé et se réjouit de la plénitude que lui offre son nouvel environnement.

Vocabulaire

• *to deserve* (l. 3) : mériter • *casually* (l. 15) : en toute quiétude • *propped* (l. 15) : adossé • *heart-warming* (l. 18) : rassurant, réconfortant

## Document 2

L'essentiel

• **L'auteur**. Un blogger.

• **La source**. Cet extrait de blog vient du site www.thewanderblogger.com

• **Le sujet**. Nouvellement installé à Londres avec sa famille, l'auteur de ce blog, d'origine américaine, partage avec ses lecteurs les péripéties de son adaptation dans cette grande métropole. Loin de ses habitudes de vie, principalement rurale ou suburbaine jusqu'alors, il se voit submergé par la foule constamment en effervescence dans certains quartiers, et doit parallèlement s'adapter à tout ce qui caractérise la vie en Grande-Bretagne.

Vocabulaire

• *among* (l. 4) : parmi • *coin* (l. 8) : pièce de monnaie • *ounce* (l. 10) : une once (= 28 grammes) • *displayed* (l. 11) : en vue • *actual* (l. 13) : réel • *tube* (l. 14) : le métro londonien • *mile* (l. 14) : 1 609 mètres • *to be bound to* (l. 15) : être obligé de (fatalité) • *likely* (l. 20) : probablement

## Bien répondre aux questions

**2** Afin de donner la bonne réponse, concentrez-vous sur les trois premiers paragraphes, en particulier sur l'expression « *the friendliness of the people* ». **Décomposez le mot** et tentez de le comparer à d'autres mots présentant le même suffixe : par ex. *darkness, madness*...

**4** « *Thankful* » est un synonyme de « *grateful* » et vient de « *thank you* ».

**5** Il s'agit d'expliquer dans vos propres mots deux habitudes surprenantes, propres à cette ville.

**6** Cette ex-New-Yorkaise semble insinuer que dans le New Hampshire les habitants vivent pour ainsi dire sur une autre planète, tant le mode de vie y est exceptionnellement agréable. Vous pourrez ainsi en déduire l'opinion de cette personne sur la vie dans le monde d'aujourd'hui aux USA.

**8** Lisez bien la consigne et corrigez les **trois** phrases.

**12** Relisez vos documents et distinguez **les similitudes** d'une part, puis **les différences** d'autre part. Relevez les mots clés, ils permettront de vous guider dans votre réponse.

## Pistes pour les sujets d'expression

### Sujet 1

Bien comprendre le sujet

**Sujet d'invention** : un article pour un blog

Les attentes du correcteur

- Tentez de mobiliser **vos connaissances** sur cette ville de renommée mondiale et aux multiples superlatifs. Pensez aux célèbres quartiers de Time Square, Harlem, Broadway, Central Park, Greenwich Village, 5th Avenue, mais aussi aux lieux culturels incontournables, Ellis Island, the Statue of Liberty, the MoMA, the Empire State Building, the 1, World Trade Center and the Twin Towers Memorial...
- Votre blog doit avoir **un caractère très personnel**. Partagez vos impressions, vos émotions et évoquez des anecdotes précises : votre premier voyage en '**subway**', votre montée vertigineuse en haut de l'Empire State Building ou votre première découverte de la célèbre Statue illuminant le monde...
- Gardez à l'esprit que c'est une installation **définitive** à New York et non une simple visite.

Organiser ses idées

- Commencez par une évocation très personnelle qui attirera votre lecteur.
- Vous aurez à cœur de montrer que toute mutation ne se fait pas sans **souffrance** ni **regret** dans un premier temps, d'autant plus dans une ville tentaculaire.
- Trouvez un **point d'ancrage** dans cette ville qui vous permettra de vous y habituer, une fois le choc culturel surmonté.

### Sujet 2

Bien comprendre le sujet

**Sujet d'expression personnelle lié au thème** : l'installation dans un nouveau lieu de vie pour y poursuivre ses études.

Les attentes du correcteur

- Construisez votre argumentation sur des éléments **concrets**, donnez des noms, si possible.
- Pesez les avantages et les inconvénients de **chacun** des choix proposés.
- Utilisez les modaux *may* et *might* + base verbale, afin de rendre compte des **probabilités** liées à vos hypothèses.

Organiser ses idées

- Posez la **problématique**.
- Décrivez une option et ses **conséquences**, à vos yeux.
- Terminez sur **votre** décision en insistant sur les **atouts** de votre choix.

# Sujet 11 Corrigé

## Compréhension de l'écrit

**1** The document deals with **a.** An English family that has recently moved to New Hampshire, USA.

**2** What they really found bewildering was how friendly, generous and warm-hearted the local people were in that little town in New Hampshire. They made this British family feel so special.Indeed we can quote: "people received us as if the one thing that had kept them from total happiness up to that point was the absence of us in their lives." (l. 5-7)

**3** **a. False**. "we moved to this little town in New Hampshire." (l. 5)

**b. False**. "a neighbor had stocked the fridge with both essentials and goodies and filled vases with fresh flowers."(l. 11-12)

**c. True**."It was dazzling and it has remained so." (l. 9)

**4** The neighbours: helpful – kind
The family: surprised – thankful

**5** First and foremost the people in this town are not used to locking their cars or shutting their windows. Moreover they do not mind leaving an expensive bicycle propped against a tree without a padlock, as though it were completely safe. Our newcomers find these habits quite stunning as they most likely used to live in more insecure surroundings, where keeping your belongings safe was a priority.

**6** By stating New Hampshire is not in "the real world", the lady suggests that this state is like heaven on earth, it is a fairyland where everyone is living a blissful life, unlike in other parts of the world.

**7** This document is adapted from a website www.thewanderblogger.com. It is an excerpt from a blog which was published on August 5th 2013.

**8** **a.** "This past Friday marked exactly ten weeks since we arrived in London." (l. 1)

**b.** "After ten weeks, I still panic a bit at the till (cash register) when I need to pay in cash…" (l. 6-7)

**c.** "I'm still used to American coins."(l. 8)

**9** To begin with getting used to the British currency does not seem to be as easy as pie for the American author of this blog. Moreover he admits cooking has become a grudge when it comes to finding the right ingredients in England, and converting grams into ounces might give him headaches. To crown it all finding his bearings takes him a fair amount of time and he easily gets lost, being sometimes unable to estimate distances, which he finds terribly annoying.

**10** However hard all those annoyances might be, the worst one consists in having to cope with the hustle and bustle of a busy city where flows of pedestrians walk at such a fast pace that you might well be walked over if you do not keep up with them.

**11** **a.** Both families have moved to a different place and need to adapt.

**c.** Both families experience a culture shock.

**12** Needless to say both families had to adjust to their unexpected new way of life and were both taken aback by some of the main differences with their former lifestyles. On the one hand it sounds obvious that the family who settled in New Hampshire were bound to adjust more easily to their new surroundings inasmuch as they felt more than welcome in the community and much safer in a crimeless town. On the other hand the American family who had to struggle with a hectic lifestyle in London must have found it challenging to face the crowded streets and the busy traffic of a capital and all the more so as they had been used to rural and suburban areas. Losing your peace and quiet must be much harder than landing in a world of rainbows and butterflies!

## Expression écrite

*Les mots et expressions en gras peuvent s'avérer particulièrement utiles pour ce type de sujet.*

> **L'astuce du prof**
> N'hésitez pas à vous imaginer dans votre nouveau lieu de vie au cœur de Manhattan, par exemple. Vous donnerez ainsi plus d'authenticité et de réalisme à votre récit.

**1** "A **penthouse** on the $51^{st}$ floor on $5^{th}$ Avenue!" my mother had been hammering for the last three months. She had been **on cloud nine** ever since Dad had told her the whole family was to move to the **Big Apple**, thanks to a job promotion he'd been offered in the diamond business. We would leave our two-storey semi-detached red-brick house with the purple door for a luxurious **flat**, I mean...**apartment**! And here I am now gazing at the **overwhelming skyline** from my bedroom. It is so foggy that I can hardly see the 1 WTC **skyscraper**. Even though I've been living in this **megalopolis** for three weeks I still feel like **a stranger** lost in a **huge** world. **Not only** do I find it hard to make myself understood as I **can't help** using British words, but as soon as I start walking down the streets I also feel caught up in the **hurly burly**; everyone is **rushing**, selfishly **ignoring** each other.

Despite my **reluctance** to fall in love with New York, the **hustle and bustle** is **invigorating** at times. I must admit I feel an **eerie attractiveness** to the city. Take "Charging Bull", the bronze statue on Wall Street, a new bronze statue is now facing it, the "Fearless Girl": a **bold** little girl staring at the bull with hands planted on her hips, **overcoming** her **fear**. I feel like identifying with her. "New York? **Either love it or leave it**", they say. I've made up my mind: I'm going to **take the bull by the horns** and face the challenges!

**2** Studying art in an American university has always been my **long-term dream**, an ambition I've **held dear** ever since I was in Junior High. Nothing will **deter** me from **achieving** my goal. However when it comes to choosing a college, there is no avoiding the alternative: do I want to study in a big city with lots of **facilities,** or in a small town in a **remote** area?

**At first sight** as I've always been a **city-dweller I would rather** go and study at Columbia University in New York for instance. Indeed the NY Library and the numerous art museums would **provide** me **with** endless opportunities to **nurture** both my curiosity and my creativity. I would also have a chance to meet interesting artists in state-of-the-art venues and galleries and go to **private viewings** while being in the **thick of the action** in terms of entertainment.

> **Gagnez des points !**
> Comme vous devez formuler des hypothèses, il est fortement conseillé d'utiliser *would* + BV.

**On second thoughts** I wonder if I **might** not get **overwhelmed** with too many opportunities and **lose focus** on my studies. Wouldn't it be a better idea to settle down in a smaller town like Saratoga Springs, NY? Skidmore College would definitely offer me beautiful quiet surroundings and help me **forge** my own **path**. I would live on campus and use the university resources **to jump-start** my life's work without being **distracted** from my main interests. Last but not least the gorgeous **foliage** of the Adirondacks in the fall would definitely constitute a unique source of inspiration thanks to its amazing array of red and golden hues.

# Sujet 12

Séries technologiques

2 heures

## Le devoir de mémoire

France métropolitaine, juin 2017

### Doc. 1 Why We Wear Poppies on Remembrance Day

The poppy is the enduring symbol of remembrance of the First World War. It is strongly linked with Armistice Day (11 November), but the poppy's origin as a popular symbol of remembrance lies in the landscapes of the First World War.

Poppies were a common sight, especially on the Western Front. They flourished in the soil churned up by the fighting and shelling. The flower provided Canadian doctor John McCrae with inspiration for his poem 'In Flanders Fields', which he wrote whilst serving in Ypres in 1915. In 1918, in response to McCrae's poem, American humanitarian Moina Michael wrote 'And now the Torch and Poppy Red, we wear in honor of our dead…'. She campaigned to make the poppy a symbol of remembrance of those who had died in the war.

Artificial poppies were first sold in Britain in 1921 to raise money in support of ex-servicemen and the families of those who had died in the conflict. They were supplied by Anna Guérin, who had been manufacturing the flowers in France to raise money for war orphans. Selling poppies proved so popular that in 1922 the British Legion founded a factory – staffed by disabled ex-servicemen – to produce its own. It continues to do so today.

Other charities sell poppies in different colours, each with their own meaning but all to commemorate the losses of war. White poppies, for example, symbolise peace without violence and purple poppies are worn to honour animals killed in conflict.

The poppy continues to be sold worldwide to raise money and to remember those who lost their lives in the First World War and in subsequent conflicts.

From : http://www.iwm.org.uk/history/why-we-wear-poppies-on-remembrance-day
Retrieved: October 10, 2016

## Doc. 2 'I felt humbled by their sacrifice'

The Connexion
FRANCE'S ENGLISH-LANGUAGE NEWSPAPER

THE CONNEXION DIRECTORY
Find English-speaking businesses across France
Last updated: Thu 13 Oct 2016
RSS

HOME ABOUT US CONTACT US HELPGUIDES ARCHIVES BACK ISSUES Search Site

# 'I felt humbled by their sacrifice'

July 28, 2016

THE DESCENDANT of a Somme dispatch rider has spoken of his 'humility' and emotion after completing a commemorative motorbike ride across the battlefield.

As reported, David Holdway-Davis, 20, joined motorbikers from as far afield as England, Australia, France and New Zealand at the Communal Cemetery in Abbeville at the start of a special journey in honour of the bravery of his great great-uncle, Corporal Oswald Davis.

Building apprentice David flew from Brisbane, Australia, to take part in the special trip. He said: "I can only imagine the hardship and suffering Oswald endured. On that first morning at Abbeville, as I stood in the shadow of the tall trees and immaculate gravestones of the men who died in such terrible circumstances near this quiet, atmospheric and impeccably maintained cemetery, I felt humbled by their sacrifice. It was the most moving experience of my life."

SUJETS D'ÉCRIT • LV1

The group, including David's father Philip, traced the route Oswald followed exactly 100 years ago, during the Battle of the Somme.

The memorial riders began their journey near Oswald's first army muster site where, his training complete, he started his riding duties. Their next stop was Amiens, then Senlis-le-Sec, and on to Thiepval, where Philip laid a wreath at the memorial.

In a speech at the memorial, Philip said: "This tribute is from the Royal British Legion and Oswald's family for all the dispatch riders of World War One. We remember these brave men with thanks and pride."

On July 23, the bikers reached Ypres, in time to attend the 8pm Remembrance Service at the Menin Gate.

Oswald survived the battle that claimed 1.3 million lives and went on to ride his bike through Belgium and Germany until he was demobbed. He returned to work in the family business in Birmingham and died in 1962. He was a talented writer, and left an archive of work, including his war diary, newspaper articles and two novels. A copy of his diary is available to download from triumphonthewesternfront.com

In homage to Oswald, enthusiastic biker David borrowed a modern Triumph for the bike journey. He said: "It's a lot more powerful than Oswald's machine but, from reading his diary, I know that he was very fond of that. Besides carrying a basket containing 28 pigeons, he somehow managed to do all his own repairs, drive through mud-filled craters, dodging shrapnel and bombs, and deal with lice, hunger and constant fear. His sense of duty was awesome. My generation can learn a lot from men like him. France is a beautiful country, and I am so grateful that I am able to visit. Thanks, Uncle Oz!"

From: http://www.connexionfrance.com/
france-somme-abbeville-amiens-ypres-motorbike-oswald-davis-dispatch-rider

## Compréhension de l'écrit

**10 pts**

**1 Doc. 1 et 2.** Choose one title that best applies to BOTH documents. Justify your answer by quoting one sentence from each text.

**a.** Commemorating the First World War.

**b.** Commemorating the Second World War.

**c.** Commemorating the Commonwealth Army Corps.

**d.** Commemorating the British Legion.

**2 Doc. 1. a.** Copy the table onto your paper and complete it with elements from the text.

| Name of people / groups of people | Contribution to commemoration | Date |
|---|---|---|
| John Mc Crae | | |
| | advertized the poppy as a commemorating symbol | |
| Anna Guérin | | before 1921 |
| | started producing the poppy in Britain | |

**b.** Choose the photo which provided inspiration for the poem 'In Flanders Fields' and write your answer onto your copy.

© Artjazz/Shutterstock

Photo a

© PhIIStudio/Shutterstock

Photo b

© Beas777/Shutterstock

Photo c

© Nmattalli/Shutterstock

Photo d

**c.** Pick out two sentences in the text which show that the poppy is still used as a symbol today.

**3** **Doc. 1. a.** Apart from being a symbol of remembrance, what was the poppy also used for? Answer the question by quoting the text.

**b.** Pick out TWO categories of people who benefited from the m oney raised by the sale of poppies.

**4** **Doc. 1.** Answer the following questions on your paper. Which poppy colour is supposed to commemorate

**a.** reconciliation and pacifism ? Poppy colour: ....................................

**b.** animals killed in the war? Poppy colour: ....................................

**c.** dead soldiers and civilians ? Poppy colour: ....................................

**5** **Doc. 2. a.** Copy the following identity forms onto your paper and complete them.

Name: David HOLDWAY-DAVIS
Age:___________
City, Country:___________ , _________
Job: ____________________________
Hobby: __________________________

Name: Oswald DAVIS
City:_____________
Military rank: ____________________
Military mission: __________________
Hobbies: 1.______________________
2.______________________

**b.** Complete David's family tree. Copy boxes A and B onto your paper and complete them with information about the following elements: 1) family relation, 2) name, 3) date of death, 4) name.

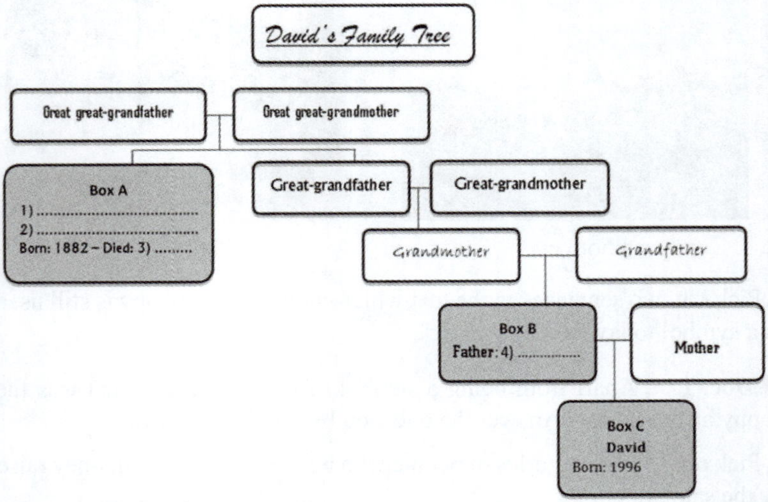

**c.** Conclusion. Fill in the following sentence with your own words.

Although the men in the grey boxes (**5 b.**) belong to different ……………………., they have a …………………… passion.

**6 Doc. 2.** Copy the table onto your paper and complete it with words from the text.

| 'The special journey' | |
|---|---|
| Countries of origin of the participants | –<br>–<br>–<br>– |
| Means of transportation | – |
| Itinerary | – Departure: Abbeville<br>– 1st stop:<br>– 2nd stop:<br>– 3rd stop:<br>– Arrival: |

**7 Doc. 2.** Choose the correct answer and copy it onto your paper.

The main goal of the special journey is:

**a.** to visit French and Belgian cities.

**b.** to decorate war veterans.

**c.** to honour soldiers.

**d.** to go on a biking tour.

**e.** to learn a foreign language.

**f.** to write newspaper articles.

**8 Doc. 2. a. True or false?** Answer the question and justify by quoting the text.

1) Oswald refused to share his experience of the war.

2) Oswald was very good at mechanics.

3) Oswald had to overcome a lot of obstacles to survive.

**b.** Explain in your own words how David considers Oswald. Justify with a quotation from the text. (maximum 40 words)

**9 Doc. 1 et 2.** How do people commemorate the war and honour its victims? Pick out five exam ples m entioned in docum ent1 and docum ent2.

SUJETS D'ÉCRIT • LV1

## Expression écrite

**10 pts**

**Choose ONE of the following subjects (150 words minimum).**

**1** You have been selected to speak at the opening ceremony of a war exhibition about "World War One: Women during the War". Write a speech to honour one of the following women.

**1.** *Jane Ann Jones*
*(1894-?)*
– Joined the Army Auxiliary Corps.
– Managed soldiers' equipment.
– Sent official m essages to soldiers.
– Wrote her memoirs.
– Was awarded a title (O.B.E).

**2.** *Ethel 'Betty' Stonehouse*
*(1898-1974)*
– MI5 intelligence service agent.
– Supervised soldiers' leave.
– Delivered soldiers' permits to visit families.
– Left letters to her descendants.

**3.** *Grace Mitchell*
*(1897-1963)*
– Territorial Force nurse.
– Worked in French, Belgian and German hospitals.
– Evacuated victims to Britain.
– Took photos and left an album.

**2** Choose an element from the list below and explain why it would be an appropriate symbol of the 2010s.

– robot-assisted surgery
– Youtubers
– 3-D printers
– Cloud gaming
– electric or hybrid vehicles
– smart devices (tablets, smartphones, smartwatches, etc.)

## Les clés pour réussir

### Bien comprendre les documents

#### Document 1

L'essentiel

- **La source.** www.iwm.org.uk est le site officiel des cinq Imperial War Museums britanniques qui couvrent les conflits impliquant le Royaume-Uni et le Commonwealth depuis la Première Guerre mondiale jusqu'à nos jours.
- **Le sujet.** Ce texte explique pourquoi et comment le coquelicot (*poppy*) est devenu le symbole du souvenir de la Première Guerre mondiale. De couleurs et de significations différentes, fabriqué par des associations caritatives, ses ventes servent à lever des fonds pour les victimes de guerre et leurs familles.

Vocabulaire

*a poppy* (l. 1) : un coquelicot • *churned up* (l. 6) : retourné, labouré • *shelling* (l. 6) : les bombardements • *to raise money* (l. 13) : collecter des fonds.

#### Document 2

L'essentiel

- **La source.** *Connexion* est un journal d'actualités françaises en langue anglaise, destiné, entre autres, aux expatriés britanniques vivant en France.
- **Le sujet.** Un jeune Australien est venu jusqu'en France faire un périple à moto sur les traces de son arrière-grand-oncle qui a combattu pendant la Première Guerre mondiale. Il lui a rendu hommage en se recueillant sur les sites emblématiques de ce conflit dévastateur.

Vocabulaire

*a dispatch rider* (l. 1) : coursier à moto • *journey* (l. 6) : périple (faux ami) • *a wreath* (l. 20) : une couronne de fleurs • *a tribute* (l. 21) : un hommage • *lice* (l. 37) : les poux.

### Bien répondre aux questions

**4 c.** Un indice se trouve aux lignes 10-11.

**5 a.** Oswald Davis était un *dispatch rider*, un messager à moto. Sa mission consistait à livrer des messages et à transporter des pigeons voyageurs, très utiles pendant ce conflit où les moyens de télécommunication étaient encore peu développés.

**8 b.** Oswald apparaît comme un héros aux yeux de son arrière-petit-neveu.

**9** De nombreuses actions sont mentionnées dans les deux textes. Choisissez les cinq qui vous paraissent les plus représentatives.

SUJETS D'ÉCRIT • LV1

### Pistes pour les sujets d'expression

**Sujet 1**

Bien comprendre le sujet

Sujet d'**invention** lié au Document 2 : rédaction d'un **discours.**

Les attentes du correcteur

- Un discours est rédigé pour **être lu face à un auditoire** : montrez-vous **passionné** et **convaincant.**
- Employez **le Simple Past** (V-*ed*, 2e colonne des verbes irréguliers) pour **retracer le parcours** de l'héroïne que vous aurez choisie.

Organiser ses idées

- Présentez cette femme **courageuse** et **exemplaire** en utilisant **toutes les informations** dont vous disposez.
- Exprimez votre **admiration**, votre **gratitude** et dites en quoi cette personne est **une source d'inspiration** encore aujourd'hui.

**Sujet 2**

Bien comprendre le sujet

Sujet d'**expression personnelle** lié au Document 1.

Les attentes du correcteur

- À l'instar du **coquelicot, symbole des années 1910**, on vous demande de **choisir** entre diverses inventions ou phénomènes et d'**expliquer** en quoi ce serait **un symbole des années 2010.**

Organiser ses idées

- **Présentez** et **décrivez** votre choix. **Illustrez** à l'aide d'exemples.
- **Justifiez** votre choix en termes d'impact sur la société : **bénéfices** majeurs, **engouement** du public, mais aussi **limites**, voire **inconvénients.**

## Sujet 12 Corrigé

## Compréhension de l'écrit

**1** The title that best applies to both documents is **a.** Commemorating the First World War. Indeed, in Document 1, it is written that "the poppy is the enduring symbol of remembrance of the First World War" (l. 1-2), and Document 2 is about a "tribute (...) from the Royal British Legion and Oswald's family (to) all the dispatch riders of World War One" (l. 21-23).

**2 a.**

| Name of people / groups of people | Contribution to commemoration | Date |
|---|---|---|
| John Mc Crae | **wrote the poem "In Flanders Fields"** | **1915** |
| **Moina Michael** | advertized the poppy as a commemorating symbol | **1918** |
| Anna Guérin | **manufactured and supplied artificial poppies to raise money for war orphans** | before 1921 |
| **The British Legion** | started producing the poppy in Britain | **1922** |

**b. Photo c** could illustrate what provided inspiration for the poem *'In Flanders Fields'*.

**c.** "The poppy is the enduring symbol of remembrance of the First World War" (l. 1-2); "it continues to do so today" (l. 19); "The poppy continues to be sold worldwide" (l. 24).

**3 a.** The poppy was also used "to raise money" (l. 13 et 16).

**b.** Two categories of people who benefited from the money raised by the sale of poppies were "ex-servicemen" and "the families of those who had died in the conflict" (l. 14-15) (or also "war orphans", l. 16).

**4 a.** white; **b.** purple; **c.** red

**5 a.**

Name: David HOLDWAY-DAVIS
Age: 20
City, Country: Brisbane, Australia
Job: building apprentice
Hobby: motorbiking

Name: Oswald DAVIS
City: Birmingham
Military rank: corporal
Military mission: dispatch rider
Hobbies: 1. biking 2. writing

SUJETS D'ÉCRIT • LV1

**b.** 1) great great-uncle; 2) Oswald (Oz) Davis; 3) 1962; 4) Philip.
**c.** Although the men in the grey boxes belong to different **generations**, they have a **common** passion.

**6**

| 'The special journey' | |
|---|---|
| Countries of origin of the participants | – **England**<br>– **Australia**<br>– **France**<br>– **New Zealand** |
| Means of transportation | – **motorbikes** |
| Itinerary | – Departure: Abbeville<br>– 1st stop: **Amiens**<br>– 2nd stop: **Senlis-le-Sec**<br>– 3rd stop: **Thiepval**<br>– Arrival: **Ypres** |

**7** The main goal of the special journey is **c. to honour soldiers.**

**Piège à éviter**
Plusieurs réponses peuvent correspondre mais vous devez trouver le but **principal**.

**8 a.** 1) **False**: "He was a talented writer, and left an archive of work, including his war diary" (l. 29)
2) **True**: "he somehow managed to do all his own repairs" (l. 35-36)
3) **True**: "he (...) managed to (...) drive through mud-filled craters, dodging shrapnel and bombs, and deal with lice, hunger and constant fear" (l. 35-38).
**b.** David considers his great great-uncle as a role model, a hero, a courageous and dutiful man whom he looks up to and draws inspiration from, even though he has never known him. He is extremely grateful to him, and feels moved and humbled by his sacrifice.
"His sense of duty was awesome" (l. 38), "My generation can learn a lot from men like him" (l. 38-39).

**L'astuce du prof**
Mobilisez le lexique se rapportant à la notion « Mythes et héros ».

**9** People commemorate the war and honour its victims by:
– buying and wearing a poppy,
– raising money for charities,
– celebrating Armistice Day, attending remembrance services, laying wreaths at memorials,
– writing poems, delivering speeches,
– going on commemorative trips, visiting war cemeteries.

## Expression écrite

*Les mots et expressions en gras peuvent s'avérer particulièrement utiles pour ce type de sujet.*

**1** Ladies and gentlemen, I am so **honoured** to open this exhibition about Women during World War One. I feel that even though women played **key roles** in this **gruesome** conflict, they never truly got the **recognition** they deserved, and it's high time they were finally **acknowledged**. I have chosen to talk to you today about one of these **unsung heroines**, Grace Mitchell.

Grace Mitchell started training as a nurse in Peterborough infirmary when she was 23. When the war **broke out**, she **signed up** to join the Territorial Force Nursing Service and was sent to France, where she saved the lives of countless **wounded soldiers** who were then evacuated for longer-term treatment in Great Britain. She also worked at several Casualty Clearing Stations in France, Belgium and Germany, until she was **demobbed** in May 1920. Throughout her nursing years, Grace took photographs with her own Box Brownie Camera: these are gathered in a **priceless** album now in the care of the Wellcome Library in London.

Thanks to her outstanding **selflessness** and **dedication**, her loyal service to her country, and her **invaluable** photographic **testimony**, Grace stands today as an example to all of us young generations. Let's **praise** her, shall we?

> **Gagnez des points !**
> Utilisez la forme impérative pour mobiliser votre auditoire !

**2** If I had to choose from all the recent technological inventions the one that best **epitomizes** the 2010s, I would definitely go for "smart devices". Indeed, there's no denying that **digital** tablets, smartphones, **connected watches** and so on, have revolutionized our lives. Tablets and smartphones enable us to access the Internet wherever we are, use **entertaining** or informative apps, **log on** to social networks, take and share pictures... Connected watches are **wearable computers** or media players that can make or answer phone calls or text messages, but also **keep track of** our physical activity and **monitor** our health via specifically designed apps. These devices are becoming increasingly popular **worldwide**, with roughly two thirds of the inhabitants of advanced countries owning a smartphone, half of them a tablet, and one in six a smartwatch. These rates are much lower but still on the rise in emerging and developing countries. These devices can be said to be both **a blessing and a curse**: they are so useful that we have grown totally **addicted to** them and can't **do without** them anymore... We have become **enslaved**! They are no longer **tools** to assist us in our daily lives but an end in themselves.

# Sujet 13

Séries L, ES, S

3 h • L    2 h • ES-S

## Ces célébrités qui se mettent au service de causes à défendre

Amérique du Nord, mai 2017

### Doc. 1 Prince William: Time to Stand Up to Bullies, Not Stand By

The Duke of Cambridge has urged the country to "stand up, not stand by" to combat bullying, which has become "unrelenting" because of social media.

The Duke, who has recorded a video message to support the first ever National Stand Up To Bullying Day, said no one was immune from bullies.

He said: "Bullying is an issue which can affect any one of us, regardless of age, background, gender, sexuality, race, disability or religion. It can happen for many reasons, it is often stupid and cruel, and can take many forms."

"And the reach of technology means it can feel unrelenting, leaving the victim feeling attacked, powerless and isolated. For young people in particular, bullying can have a profoundly damaging and long-lasting effect."

The Duke said it was "our collective responsibility to be alert, and to be ready to challenge the behaviour we see around us". He added: "We all have a role to play to ensure that we do not stand by, but instead stand up, and put a stop to bullying."

National Stand Up To Bullying Day has been spearheaded by The Diana Award charity, which was set up in memory of the Duke's mother Diana, Princess of Wales.

The Duke recorded his message at Kensington Palace in May after hosting a discussion about the issue with Diana Award recipients and supporters. He pointed out that 16,000 young people in the UK are absent from school each year because of bullying.

He added: "To shatter their trust in relationships and faith in the world around them at such a young age can have a lasting impact on their mental health and state of mind."

But he also warned that adults were affected as well.

"It is important that we recognise that bullying is not just confined to the playground or classroom, and it does not only affect children and young people. It exists all around us – in people's homes, in their workplaces, and in their wider communities," the Duke said.

"Research shows that victims of bullying can become more susceptible to depression, anxiety and suicidal thoughts, and experience difficulties in maintaining healthy relationships.
"This cannot be allowed to continue. And it is why I am supporting The Diana Award Stand Up to Bullying Campaign."

Gordon Rayner, *The Daily Telegraph*, July 5, 2016

## Doc. 2 I'm Still Middle Class: John Abraham

He may be a Bollywood star with a huge fan following, but actor John Abraham says he is still rooted to his middle class values. John has often been seen in high-octane action sequences in films.
When asked about children trying the stunts that actors perform in movies, John said here: "The characters we play on screen, they shouldn't copy that."
The *Dishoom*[1] actor was present at the Sacred Heart School here as part of the Habitat for Humanity NGO, to appreciate the efforts of the institution for helping to build homes for victims of the Tamil Nadu flood.
He said meeting children face-to-face helps them understand that stars too are after all, just humans.
"Like how I have come to this school and sat with the kids, they feel that, 'He is our guy, he talks like us and he is a normal man and we can relate to him… His values are quite middle class', which are like their values.
"They like it as I belong to a middle-class family, and I am still middle class. My values, my parents are very middle class. I would suggest the kids not to lose their value system."
John also shared some words of wisdom for children.
"Three things are very important. First is that education is most important. Secondly, even if parents (or anyone) tells them to give bribes, they shouldn't because there is a lot of corruption in this country and it is very important to eradicate this corruption.
"Thirdly, all are equal, no one is above or below, so treat everyone with respect."
John says he enjoys visiting schools.
"People often ask me why I don't go for awards shows but go to these schools. But I like this more. I really enjoy this space."

*The Indian Telegraph*, July 18, 2016
http://theindiantelegraph.com

1. *Dishoom*: a film released in 2016.

SUJETS D'ÉCRIT • LV2

## Compréhension de l'écrit **10 pts**

**1** **Doc. 1.** Who is the Duke of Cambridge?

**2** **Doc. 1.** What country is the Duke of Cambridge talking about in line 1?

**3** **Doc. 1.** What does the Duke suggest people can do to fight bullying? Find three quotes.

**4** **Doc. 1.** According to the text, who are the victims of bullying? Pick out four elements from the text.

**5** **Doc. 1.** Pick out four different contexts where people are bullied.

**6** **Doc. 1.** **a.** Find elements in the text showing that bullying has psychological effects.

**b.** Name potential effects.

**7** **Doc. 1.** Explain in your own words what the Duke says in lines 15-16 : "we do not stand by, but instead stand up".

***Seuls les candidats de la série L LVA*** *traiteront la question 8.*

**8** **Doc. 1.** Focus on National Stand Up to Bullying Day.

**a.** What's the impact of a National Day?

**b.** Why do you think the Duke was chosen?

**9** **Doc. 2.** What is John Abraham's job?

**10** **Doc. 2.** Identify the exact place where the interview is held.

**11** **Doc. 2.** What are the reasons for his visit? Explain briefly in your own words.

**12** **Doc. 2.** How does John describe himself? What effect does it have on the children?

***Seuls les candidats de la série L LVA*** *traiteront la question 13.*

**13** **Doc. 2.** To what extent is there a connection between his roles in movies and his role in charity work?

**14** **Doc. 1 et 2.** Compare Prince William and John Abraham's involvement in charity work.

## Expression écrite **10 pts**

***Seuls les candidats de la série L LVO*** *traiteront* ***le sujet 1 OU le sujet 2*** *(250 mots +/– 10 %).*

***Seuls les candidats de la série L LVA*** *traiteront* ***le sujet 1 OU le sujet 3*** *(300 mots +/– 10 %).*

**1** To what extent can role models or celebrities help make causes more visible?

**2** Write an article for your school newspaper to raise support for a cause of your choice.

**3** In what way can social media have a positive impact in supporting a cause?

## Les clés pour réussir

### Bien comprendre les documents

#### Document 1

L'essentiel

- **L'auteur.** Gordon Rayner est le rédacteur en chef du quotidien britannique *The Daily Telegraph,* pour lequel il travaille depuis 2007. Il couvre essentiellement l'actualité de la famille royale.
- **La source.** *The Daily Telegraph* est un quotidien national de qualité, le dernier de grand format, fondé en 1855. C'est un journal conservateur, pugnace et engagé. La rubrique *Court Circular* présente tous les jours les activités de la famille royale. C'est également le premier quotidien britannique à avoir ouvert un site en 1994, aujourd'hui très prisé de ses utilisateurs en particulier grâce à ses plateformes interactives.
- **Le sujet.** Dans cet article, Gordon Rayner informe ses lecteurs du projet mené par le prince William, duc de Cambridge, de soutenir une action, qui avait été le fer de lance de sa mère, Lady Diana, en faveur des victimes de harcèlement. Cette cause en effet s'est vue attribuer une journée, pour la première fois en 2016, dédiée à sensibiliser l'opinion publique contre ce fléau qui touche non seulement les jeunes dans leur milieu scolaire, mais également les adultes, et dont les conséquences peuvent être graves, voire dramatiques.

Vocabulaire

*to urge* (l. 1) : pousser • *to stand up to* (l. 1) : s'élever contre • *to stand by* (l. 1-2) : rester sans rien faire • *unrelenting* (l. 2) : continuel, incessant • *to support* (l. 4) : soutenir • *regardless of* (l. 6-7) : indépendamment de, sans distinction de • *spearheaded* (l. 17) : être le fer de lance • *recipient* (l. 21) : bénéficiaire • *to shatter* (l. 24) : briser.

#### Document 2

L'essentiel

- **La source.** *The Indian Telegraph* est un quotidien fondé en 1982, le quatrième quotidien anglophone le plus lu en Inde. Ce journal se distingue par sa couverture de l'ensemble de la politique étrangère de l'Inde et ses reportages consacrés au nord-est du pays.

• **Le sujet.** Il est question dans cet article d'un célèbre acteur de cinéma de Bollywood, John Abraham. Ce dernier se rend dans les écoles afin de montrer aux enfants que même une grande star du cinéma est capable de promouvoir le respect, l'honnêteté et l'égalité. Il prend davantage de plaisir à rencontrer les enfants et à leur transmettre ses valeurs qu'à participer aux remises de prix destinées aux meilleurs acteurs.

Vocabulaire

*huge* (l. 1) : énorme • *rooted* (l. 2) : attaché à • *high-octane* (l. 3) : d'une grande intensité • *NGO* (l. 8) : non-governmental organization (ONG) • *flood* (l. 9) : inondation • *wisdom* (l. 18) : sagesse • *bribe* (l. 20) : tentative de corruption.

## Bien répondre aux questions

**1** La question est vaste mais l'on ne vous demande pas de développer votre réponse. Il vous suffit de trouver les informations dans le document concernant l'appropriation par le prince d'une cause qui était déjà le fer de lance de Lady Diana Spencer, sa mère, décédée à Paris en 1997. Sachez cependant que le prince William a reçu le titre de duc de Cambridge quelques heures avant d'épouser Kate Middleton, titre remis par sa grand-mère la reine Elizabeth II, le 29 avril 2011. Comte de Strathearn et baron Carrickfergus sont ses titres subsidiaires.

**2** Vous trouverez la réponse dans le document, ligne 22.

**7** Dans cette phrase seuls les termes *by* et *up* vous permettent de différencier les significations du verbe *stand*. Pensez aux sens habituels de ces deux prépositions qui pourront vous aider à saisir le sens général de cette injonction à passer à l'action. Toute organisation humanitaire invite en effet à l'**action** et condamne la **passivité**.

**8** **a.** Il vous est demandé de réfléchir sur le fait de rendre **officielle** une journée du calendrier et de la consacrer à la **défense d'une cause**. Inspirez-vous d'autres journées commémoratives que vous connaissez bien pour en présenter les atouts.

**b.** Relisez attentivement les lignes 18 et 19 .

**13** Étudiez **les points communs** entre le métier de cet homme et son investissement dans l'humanitaire, même si **les points divergents** semblent *a priori* prédominants.

**14** Étudiez les **similitudes** entre ces deux célébrités au service de la défense des hommes, mais tentez également d'analyser ce qui **diffère** dans leur démarche humanitaire.

## Pistes pour les sujets d'expression

### Sujet 1

Bien comprendre le sujet

**Sujet de type argumentatif**

### Les attentes du correcteur

- Les célébrités sont-elles les mieux placées pour **contribuer** à **promouvoir** des causes pour le mieux-être de leurs concitoyens et, de ce fait, pour **les faire connaître** à un large public ?
- Bien que la question reste générale, vous devrez **étayer votre argumentation** par des **exemples précis de personnalités** qui ont utilisé leur pouvoir ou leur image pour transmettre des valeurs et inviter le public à les suivre dans leur action.
- Pensez non seulement aux icônes du monde de la musique ou du cinéma, mais également à des personnalités du monde politique, des magnats du monde des affaires, ou des philanthropes.
- N'hésitez pas à exprimer votre point de vue.

### Organiser ses idées

- Présentez le sujet en expliquant pourquoi le recours aux célébrités semble devenu indispensable pour se faire entendre dans une société où les sollicitations sont nombreuses.
- Citez des **exemples précis** de réussites de médiatisation des causes à défendre.
- **Marquez des réserves** quant aux choix des célébrités et leur cohérence avec la cause qu'ils soutiennent.
- Remarquez combien certaines causes peuvent parfois s'afficher comme des biens de consommation et, de ce fait, perdre un peu de leur crédibilité.

## Sujet 2

### Bien comprendre le sujet

**Sujet d'invention** lié au thème présenté dans les documents : rédaction d'un article.

### Les attentes du correcteur

- Cet article est écrit par un lycéen et s'adresse à des lecteurs de votre âge pour un hebdomadaire lycéen dont vous pourrez imaginer le nom.
- Vous donnerez à votre article une date, et un titre susceptible de capter l'attention de jeunes lecteurs.
- Montrez que vous maîtrisez l'art de convaincre en mobilisant **un lexique et un ton appropriés**.
- Vous devrez choisir **une cause accessible à vos camarades**, proche de leurs préoccupations et leur suggérer des modes d'actions qui ne soient pas trop ambitieux.

### Organiser ses idées

- Faites le constat d'une situation difficile qui appelle une mobilisation.
- Exposez les difficultés et proposez votre mode d'action.
- Donnez les consignes afin de gagner l'adhésion d'un maximum de lycéens.

**Sujet 3**

Bien comprendre le sujet

**Sujet de type argumentatif**

Les attentes du correcteur

- Ce sujet vous invite à réfléchir sur le rôle que peuvent jouer les réseaux sociaux pour soutenir une cause avec efficacité et sur le processus qui permettra de parvenir au succès.
- Votre examinateur sera satisfait si vous répondez bien à la question « *In what way* », c'est-à-dire si vous décrivez **le processus** qui permet aux défenseurs d'une cause de s'appuyer sur les réseaux sociaux pour mieux communiquer les valeurs qu'ils défendent.
- Votre argumentation gagnera à être structurée et construite.
- Mobilisez le lexique qui concerne la communication sur la Toile.

Organiser ses idées

- Faites référence aux « anciens » modes de communication qu'utilisaient les organisations caritatives ou autres associations pour se faire connaître du grand public.
- **Expliquez la spécificité des réseaux sociaux** et de quelle manière ils parviennent à atteindre un très large public à l'échelle mondiale.
- Concluez par l'idée que ces nouveaux lieux d'échange sont une véritable plaque tournante d'idées grâce à l'hyper-connectivité entre individus.

# Sujet 13 Corrigé

## Compréhension de l'écrit

**1** The Duke of Cambridge is **Prince William**, one of Queen Elizabeth II's grandchildren. Prince William is Prince Charles' son. His mother was Lady Diana Spencer whose involvement in charity work was celebrated worldwide especially her support of the International Campaign to ban landmines.

**2** The Duke is referring to **the UK** as it is stated line 22. "He pointed out that 16,000 young people in the UK are absent from school each year because of bullying."

**3** **First and foremost** the Duke advises everyone to play their part in the eradication of bullying. "We all have a role to play to ensure that we do not stand by, but instead stand up, and put a stop to bullying." (l. 14-16) **Moreover** he advocates that it is "our collective responsibility to be alert, and to be ready to challenge the behavior we see around us." (l. 13-14) **Last but not**

**least** he insists on our recognising that "bullying is not just confined to the playground or classroom, and it does not only affect children and young people. It exists all around us." (l. 28-30)

**4** According to Gordon Rayner, there are several kinds of victims of bullying and anyone of us might turn out to be a victim at one stage of our lives, whether we're **school goers** or **adults** in our homes, in our workplaces, or in our wider communities.

**5** People may be bullied for their religious beliefs or their gender or sexuality. Their being disabled might incite **bullies** to **exert** their **harmful** power.

**6** **a.** It can't be denied that bullying can cause serious damage. Indeed because it is often "stupid and cruel" as Prince William denounces, it can have **detrimental** and **pernicious long-lasting** effects. (l. 12) It can affect young people's "mental health and state of mind" so much so that they might drop out of school to avoid being bullied. (l. 22-23/25-26)
**b.** Some victims of bullying may fall into depression, anxiety and **if worse comes to worst**, suicidal thoughts. (l. 33)

**7** Prince William definitely advises his fellow countrymen to **take action** rather than be the mere **witnesses** of reprehensible behaviours. He seems to talk everyone into joining the awareness campaign and speaking out for the victims who can be found in all the layers of the British society. "Standing by" would mean feeling helpless and simply watching the noxious effects of bullying, while "standing up" implies getting involved in a movement in favour of action against this **scourge** that must be gotten rid of once and for all.

**8** **a.** A National Day will represent **a call for action** and will enable most people to become aware of this crucial issue. Thanks to the Diana Award charity the people who still reckon they will never be affected by bullying might change their minds and be more cautious both for the others and for themselves.
**b.** Prince William may have been chosen inasmuch as most people still remember his **mother's commitment** in supporting the poor and the oppressed, and defending children's rights. He of course is the best person to **embody** her values. That is the reason why he is so likely to succeed in getting the message through.

**9** John Abraham is a famous and successful Bollywood Indian actor performing in **entertaining** action films with several stuntmen. He actually acted in a recent movie which was called *Dishoom* and was released in 2016.

**10** The interview must be taking place at the Sacred Heart School, in South India. (l. 7)

**11** He has officially come to the school in order to show his appreciation of an NGO who contributed to building homes after a huge flood devastated the city of Tamil Nadu. However his other purpose is to show schoolchildren that an actor is also an ordinary man whose values can be similar to theirs.

**12** John depicts himself as a middle class man who shares the children's families' values. He asserts that being a star does not mean he is out of touch with reality. However unreachable he might seem to be he still **preaches** the **virtues** of education, honesty, equality and respect.

**13** Strangely enough John Abraham's roles in movies and his role in charity work seem to be **at odds with** each other. On the one hand he is constantly in the **limelight**, making huge money and performing hazardous roles. On the other hand he sounds like a father figure to the school children, almost **patronizing** them, pointing out to them the necessity for equality and education. In both roles he's gifted as he knows how to adjust to different audiences whether he needs to appeal to people's taste for exciting entertainment or whether he must talk children into behaving well in life in their own interest.

**14** Prince William and John Abraham both play an important role in passing on ideas they believe in. Prince William seems to be **following** into his mother's **footsteps**, in terms of concern for children's well-being. He is trying to perpetuate Lady Diana's dedication to children's causes. His involvement is in keeping with the way he has always behaved and with the way he was brought up. Unlike the Prince, John Abraham's commitment **at first sight** does not sound as **relevant** as he does not have a history as a volunteer and his career is at odds with his lifestyle. However he sounds sincere when he advises the kids not to copy the dangerous actions they see in films and that may be the reason why he actually refuses to attend the awards shows.

## Expression écrite

*Les mots et expressions en gras peuvent s'avérer utiles pour ce type de sujet.*

**1** As human rights abuses still exist, more and more **volunteers** do **stand up** to defend the victims. Nevertheless how to make causes more visible is a crucial issue in a world where everyone is constantly required to pay attention to so **much information** while being submitted to a **helter-skelter** lifestyle. Therefore the leaders of many **worthwhile** causes are bound to try and find new ways to promote their activities.

That is the reason why some charities do not **waver** when it comes to requiring celebrities or role models to **speak up** and to address audiences more **likely to** be convinced by a **renowned charismatic** character. Leonardo DiCaprio became one of the world's top climate change **champions** when he used his acceptance speech for best actor to **urge** a global audience to reject the politics of **greed,** to **take action** and stop **procrastinating**. Michelle Obama managed to use her First Lady's position to **sensitize** people on health issues and to **implement** campaigns to provide girls worldwide quality education. Those celebrities were very **successful in** their attempt to **empower** people with a chance to **speak out** against unfairness.

Yet in some cases one may wonder if asking any celebrity to defend a cause is always **relevant**. For instance when Rihanna accepted "Humanitarian of the Year" Award at Harvard with a hair flip, some criticized her behavior saying it was not appropriate. Therefore the cause may sometimes suffer from a media overexposure.

One might expect people who have **devoted** their lives **to** serv**ing** others, like Mother Theresa or l'Abbé Pierre, **deprived of** all the riches of this world, to be better champions of fair causes. The danger is that causes nowadays tend to be **advertised** as mere **consumer goods**.

**2**

**Friday, September 1st 2017**

*West side stories of West Virginia,*
your weekly school paper.

**L'astuce du prof**

La présentation de votre article en colonnes vous permettra de gagner en authenticité !

**MARCH... FOR PEACE!**

Dear school mates,

As you probably heard recently in the news our school district has made the decision to arm security with semi-automatic rifles on campus. The student **school committee reckons** it is offensive to impose that decision without giving us a chance to **voice** our opinion.

We understand this **measure** will be **implemented** in the name of safety and we do appreciate the **concern**.

However some of us believe the presence of such high-powered weapons on campus can represent a **threat** and we are actually asking for <u>unarmed</u> security guards.

We would like to take this opportunity to recall that the use of firearms on school **premises** is a step in the wrong direction: it is unlikely to reduce mass shootings. Besides there is no study assessing their effect. Weapons are no **deterrent** to criminals and we believe in a more peaceful world.

Therefore if you believe in a planet of **brotherhood**, if you want to help **curb** gun violence, if you want to help lower this **appalling** number of 30,000 victims who have their lives **cut short** by guns every year in the USA, then:

**Do join us in the**
**MARCH FOR PEACE**
**on Sunday September 21st 2017**
<u>**International Day of Peace**</u>

**How to get ready:**

**1.** Wear a white **outfit on the day of the march and symbols of peace**: a white dove and an olive branch, love and peace symbols, etc...

**2. Join in the COMPETITION for the top ten SLOGANS that will be written on the banners.**

Here are 2 suggestions: "It can't be wrong to get along"; "Peace is the way for a better day."

In order to participate, send your top ten list to the School Committee. **The sooner the better**! A jury of 9 students, sophomores, juniors and seniors, will retain the 6 most convincing slogans.

Results will be published in the next issue.

**3** Whenever you **struggle** for a cause you know that you're looking for a large audience and **the larger the better**. Therefore one of your tasks is to find ways to **communicate** with the people on a large scale. It goes without saying that advertisements, announcements, pamphlets, articles and billboards can be **efficient**. Yet out of the many ways to make a cause visible the winner is social media.

These days any type of information on the web can go **viral** in **less than no time** in the **global village**. The term social media refers to anything related to **social networks** and to their **users** on the Internet. Whether they're called Facebook, Twitter, Myspace or Linkedin, these new **tools** of communication **enable** anyone to post, comment or share information, photos, videos, music and opinions. Groups and communities who focus on the same interests are urged to meet on the web, and some people even create their own blogs. Most communities are usually **targeted**: they might deal with travelling or finances or photography. This new aspect of our society is therefore the best known and the most efficient for **mass communication**.

**No wonder** charities have found it unbelievably useful to launch **awareness campaigns** through social media! Not only can they inform viewers but they are also given the opportunity to receive questions and comments from millions of **followers worldwide**. **It cannot be denied** that social media can offer a huge step in communication and Internet users will be all the more tempted to join in the fight for a cause as the page or the announcement is clearly displayed and has already appealed to a good many supporters.

**Piège à éviter**

Le sujet ne vous demande pas de peser les avantages ou les inconvénients de l'utilisation des réseaux sociaux pour la défense d'une cause, mais bien de décrire le mécanisme de son succès.

Sujet 14

Séries L, ES, S

3 heures

# *Titanic* ou le mythe du progrès

## France métropolitaine, juin 2017

### Doc. 1 Selling the American dream

White Star Line steamer sailing among other steamboats[1] and sailing ships[2] in New York City harbour, 1912

© Leemage.com

1. **steamboat:** bateau à vapeur.
2. **sailing ship:** voilier.

### Doc. 2 A proud mother

*Southampton, England*
*April 10, 1912*

Helen Walsh was a short, slight woman with a permanent air of dissatisfaction about her. She fussed around her son now, brushing flecks of dust from his trousers and stray hairs from the shoulders of his jacket. He smiled at her, glad of the attention she paid to him and pleased to see the unmistakable look of pride on her face, pride in the fact that her son was to work as a steward on *Titanic*'s maiden voyage from Southampton to New York.

"Not bad, love, not bad at all... for a Walsh," she replied, tugging at his waistcoat to remove a slight pucker[1] and pulling at his cap to straighten it. "Now, you remember to work hard, Harry Daniel Walsh," she chided, "and mind that you look after those third-class passengers just the same as you would any of those wealthy Americans. The poor might not have the hats and the fancy shoes, but they deserve to be treated good 'n' proper, you hear?"

With her family roots set deep within the working-class society of Southampton's docks, Helen Walsh had no time at all for the stuck-up American millionaires and socialites[2] who, it was believed, had chosen to sail on *Titanic* to make business contacts or to give them something to boast about at one of their dinner parties. Nevertheless, her background didn't prevent her from being a proud mother, and she was absolutely delighted that her son was going to be one of the three hundred stewards who would work on this much-talked-about ship, taking great pleasure in telling all her friends and neighbors about it. And although the gossip-loving, spying-on-the-neighbors part of her would have quite liked to know exactly how ostentatious the first-class accommodations were, she was especially pleased that Harry had been assigned to steerage class, to look after people like themselves.

Despite his mother's obvious delight that it would be *Titanic* that he would sail on, it hadn't actually been Harry's intention to work on the ship at all. He'd originally been assigned to work on a smaller liner, the *Celtic*, which should have left Southampton a week ago. As a result of the coal strike, she had been berthed[3], along with most of the other transatlantic liners. Harry had got word, just a week ago, that he had been reassigned and would now work a round trip on White Star Line's impressive new ship, *Titanic*.

Hazel Gaynor, *The Girl Who Came Home: A Novel of the Titanic*, 2014

1. **pucker**: faux pli.
2. **socialites**: famous upper-class people spending a lot of time at fashionable social events.
3. **berthed**: immobilisé à quai.

**Doc. 3 Focusing on the happy few**

To Lily May Futrelle, her fellow travelers were "a rare gathering of beautiful women and splendid men." A rare gathering it was – liner historians report that no other passenger list of the period ever featured quite as many celebrated names. For Lady Duff Gordon, the *Titanic* was "a small world bent on pleasure." And it was indeed a smaller world than ours – the populations of the United States and Canada were a third of what they are today (and Great Britain's a third less), and wealth and influence were concentrated in much tighter circles. Those who made ocean crossings regularly found acquaintances[1] on the first-class passenger list. But "bent on pleasure"? There was certainly a contingent of the transatlantic leisured rich on board, a recently evolved class of Americans who kept homes in Paris or regularly made the crossing for the winter "season" in London or on the Continent. But many of the liner's first-class cabins were occupied by hardworking high achievers. The artist Frank Millet, for example, was on his way to Washington to help decide on the design for the Lincoln Memorial. His friend, White House aide Archie Butt, was heading home to prepare for a grueling presidential election campaign. [...] Lady Duff Gordon herself was a leading British couturiere who had urgent business to tend to at her New York salon. Within their lives and those of others on board can be found a remarkable convergence of the events, issues, and personalities of the age, forming what Walter Lord called "an exquisite microcosm of the Edwardian world[2]."

Hugh Brewster, *Gilded Lives, Fatal Voyage: the Titanic's First-Class Passengers and their World*, 2012

**1. acquaintance**: someone you know.
**2. Edwardian era**: period during which King Edward VII reigned (1901-1910), often associated with the glorification of luxury.

SUJETS D'ÉCRIT • LV2

## Compréhension de l'écrit

**10 pts**

**1 Doc. 1. a.** What is the function of this document?

**b.** What type of passengers does this document target?

**2 Doc. 1.** Compare and contrast the steamer in the middle with the other ships (two elements). What impression is conveyed?

***Seuls les candidats de la série L LVA** traiteront la question 3.*

**3** **Doc. 1.** Focus on the Statue of Liberty in the background. Why is it associated with the ship? Give two elements.

**4** **Doc. 2. a.** How are Helen and Harry related?

**b.** Describe Helen's attitude towards Harry. Justify with elements from the text.

**5** **Doc. 2.** Why is it a special day? (two elements)

**6** **Doc. 2.** Explain what Harry's job consists in.

**7** **Doc. 2.** How does Helen feel about Harry's job? Choose two adjectives and justify each answer with a quote.

honoured – indifferent – dissatisfied – enthusiastic – jealous

**8** **Doc. 2. True** or **False**? Justify each answer with a quote.

**a.** Harry will work with all types of passengers.

**b.** A lot of people were recruited to work on the ship.

**c.** Rich passengers are said to travel exclusively for pleasure.

**d.** Harry volunteered to sail on the *Titanic*.

**9** **Doc. 2.** Focus on Helen.

**a.** What is her social background?

**b.** Focus on lines 8 to 14. What are the two pieces of advice Helen gives Harry? How may her advice be related to her social background?

**10** **Doc. 2.** Explain Helen's ambivalent feelings about the upper-class. Justify with two quotes.

**11** **Doc. 2.** How important is Harry's new workplace...

**a.** for Harry himself?

**b.** for Helen?

***Seuls les candidats de la série L LVA** traiteront la question 12.*

**12** **Doc. 2.** In this context, what do the ways in which Helen calls Harry ("a Walsh" l. 8, and "Harry Daniel Walsh" l. 10) say about how she feels about the situation?

**13** **Doc. 3.** What type of passengers does the document focus on?

**14** **Doc. 3.** Justify each of the following sentences with a quote.

**a.** Lily May Futrelle adm ired first-class passengers.

**b.** There were famous people on board.

**c.** Passengers often knew each other.

**15** **Doc. 3.** Focus on lines 13 "But many…" to 19 "… her New York salon."

**a.** Copy the grid and fill in the blanks.

| Name | Job | Destination | Purpose for travelling |
| --- | --- | --- | --- |
| | | Washington | |
| | | Home | Election campaign |
| | | New York City | |

**b.** How is this category of people portrayed? What makes them different from the other group mentioned in the document?

***Seuls les candidats de la série L LVA** traiteront la question 16.*

**16** **Doc. 3.** Explain why the ship is described as "an exquisite microcosm of the Edwardian world" on l. 22.

**17** **Doc. 1, 2 et 3.** Compare and contrast the primary function and social functions of the *Titanic* in all three documents.

**18** **Doc. 1, 2 et 3.** How do all three documents present the *Titanic* as an object of fascination?

***Seuls les candidats de la série L LVA** traiteront la question 19.*

**19** **Doc. 1, 2 et 3.** Comment on the importance of representation and theatricality in the three documents.

## Expression écrite

**10 pts**

***Les candidats des séries S, ES et L LVO** traiteront **le sujet 1 OU le sujet 2**. (250 mots ± 10 %)*

***Les candidats de la série L LVA** traiteront **le sujet 2 OU le sujet 3**. (300 mots ± 10 %)*

**1** Nelson Figgis / Nancy Little is a third-class passenger on the Titanic. While crossing the Atlantic, he / she writes in his / her diary about his / her motives for travelling and feelings about life on board.

**2** Joseph Bruce Ismay, the head of the White Star Line Company, delivers a speech for the departure of the Titanic. Write the speech.

**3** Famous writer Robert Louis Stevenson once said: "For my part, I travel not to go anywhere, but to go. I travel for travel's sake. The great affair is to move". Discuss.

## Les clés pour réussir

### Bien comprendre les documents

#### Document 1

**L'essentiel**

- **La source.** Il s'agit d'une publicité pour la compagnie maritime transatlantique White Star Line, détentrice du tristement célèbre *Titanic*, navire réputé insubmersible qui néanmoins coula lors de son voyage inaugural le 15 avril 1912, faisant près de 1 500 victimes.
- **Le sujet.** Ce document fait la promotion de ce nouveau type de paquebot immense et luxueux, et vise particulièrement les candidats au rêve américain les plus défavorisés, susceptibles de voyager en 3e classe.

**Vocabulaire**

*an advert* : une publicité • *to advertise* : promouvoir • *the target* : la cible.

#### Document 2

**L'essentiel**

- **L'auteur.** Hazel Gaynor est une écrivaine anglaise qui vit depuis 15 ans en Irlande et s'est spécialisée dans l'écriture de romans historiques.
- **La source.** Une jeune Irlandaise sans le sou se réveille un matin dans un hôpital à New York : elle est l'une des rares passagères de 3e classe à avoir survécu au naufrage du *Titanic*. Elle taira cette expérience traumatisante presque toute sa vie, jusqu'à ce que sa petite-fille, 70 ans plus tard, découvre son douloureux secret.
- **Le sujet.** Un jeune homme issu d'un milieu humble s'apprête à embarquer comme steward sur le *Titanic*. Sa mère, fière et solennelle en ces circonstances, lui prodigue quelques derniers conseils.

**Vocabulaire**

*pride* (l. 5) : la fierté • *maiden voyage* (l. 6) : voyage inaugural • *to chide* (l. 10) : réprimander • *stuck-up* (l. 16) : snob • *to boast about* (l. 19) : se vanter de • *steerage* (l. 26) : la soute, la cale • *coal strike* (l. 32) : grève des mineurs de charbon.

#### Document 3

**L'essentiel**

- **L'auteur.** Hugh Brewster est un éditeur et écrivain américain, auteur de livres pour enfants et d'ouvrages historiques. Incollable sur la tragédie du *Titanic*, il a collaboré avec le réalisateur James Cameron à l'écriture de son célèbre film.
- **La source.** Cet ouvrage, publié en 2012 lors du centenaire du naufrage et basé sur de nombreux témoignages de rescapés, se concentre sur les derniers instants des passagers les plus illustres et les plus fortunés.

• **Le sujet.** Cet extrait s'attache à faire le distinguo entre deux catégories de passagers de 1re classe : les habitués de ces croisières transatlantiques à but récréatif, et les riches travailleurs acharnés qui voyageaient pour affaires.

Vocabulaire

*leisure* (l. 11) : le loisir • *high achiever* (l. 14) : ambitieux couronné de succès • *grueling* (l. 17) : épuisant • *microcosm* (l. 22) : microcosme, monde minuscule.

## Bien répondre aux questions

**3** La Statue de la Liberté, symbole d'espoir pour les candidats européens au rêve américain, représente également le Nouveau Monde et donc le progrès, la modernité.

**9 b.** Issue du monde ouvrier, la mère du jeune homme tire certainement une grande fierté du dur labeur. Elle a pu par ailleurs souffrir de discrimination sociale, et donc s'attacher à une égalité de traitement entre les différentes classes.

**12** La mission de Harry est teintée d'un prestige qui rejaillit sur toute la famille Walsh. Helen est aussi désireuse de marquer l'importance de ce moment en adoptant un ton solennel.

**17** Si la fonction primaire du *Titanic* est évidemment d'emmener des passagers de l'autre côté de l'Atlantique, les diverses classes sociales auxquelles ils appartiennent leur donnent des motivations différentes pour le faire.

**19** Montrez comment le navire mais aussi ses passagers et ses employés sont mis en scène.

## Pistes pour les sujets d'expression

### Sujet 1

Bien comprendre le sujet

**Sujet d'invention** lié au document 2 : rédiger **une entrée** dans **un journal intime**.

Les attentes du correcteur

• Assurez-vous que votre écrit ait bien **l'allure d'un journal intime** :

– faites figurer **une date**, cohérente avec les événements (le naufrage a eu lieu dans la nuit du 14 au 15 avril 1912, quelques jours après avoir quitté Southampton) ;

– **adressez-vous au journal** (*Dear Diary, guess what happened today ?*).

Organiser ses idées

• Faites **un résumé** des premiers instants passés à bord : l'auteur sera sans doute **impressionné** par **le luxe** et **le confort** du navire, **même en 3e classe** où le *Titanic* surpassait nettement ses concurrents.

SUJETS D'ÉCRIT • LV2

- Exprimez **les sentiments** de l'auteur et **ses espoirs** pour l'avenir : mentionnez **les raisons** qui l'ont poussé à quitter l'Europe (espoir d'une vie meilleure, échapper à la misère, chagrin d'amour...), **ses regrets** et **ses ambitions**.

## Sujet 2

### Bien comprendre le sujet

**Sujet d'invention** lié aux 3 documents : rédaction **d'un discours inaugural**.

### Les attentes du correcteur

- Adoptez **un ton solennel** adapté aux circonstances. L'orateur sera **fier, ému** et **enthousiaste**.
- Employez **la forme superlative** pour vanter les prouesses de ce navire hors normes : *the ADJ-EST, the MOST + ADJ, the BEST...*

### Organiser ses idées

- **Saluez** les **personnes** et **personnalités** présentes : voyageurs illustres, membres de l'équipage.
- **Présentez le *Titanic*** et **ses qualités techniques** inégalées : taille, vitesse, confort, luxe et surtout insubmersibilité.
- **Souhaitez** à tous **un excellent voyage**, sûr et divertissant.

## Sujet 3

### Bien comprendre le sujet

Sujet de **type argumentatif** : **discuter une citation** de R. L. Stevenson.

### Les attentes du correcteur

- **Organisez** votre réponse de manière structurée (*cf.* fiche méthode n° 12 p. 280).
- **Discuter une citation** implique d'en **montrer les limites** : ne vous contentez pas de la justifier, vous devez également **la nuancer**.

### Organiser ses idées

- **Explicitez la citation** : pour l'auteur, le voyage est **une fin en soi**. Peu importe la destination, ce qui compte, c'est de voyager, d'être en mouvement.
- En effet, quelle que soit la destination, voyager permet d'en **apprendre sur soi-même**, de **s'extraire des tracas** de la vie quotidienne et de **se concentrer sur le présent** sans se soucier de l'avenir.
- Cependant, voyager peut également être envisagé comme **un loisir agréable, une pause détente** bien méritée et **une formidable opportunité de découvertes** humaines et culturelles, où le choix de la destination a toute son importance.

# Sujet 14 Corrigé

## Compréhension de l'écrit

**1 a.** The function of this document is to advertise the White Star Line Company and its two new steamers *Olympic* and *Titanic*.
**b.** This advert targets the poor, as it promotes "Third Class Accommodation".

**2** The steamer in the middle of the picture looks much bigger, more luxurious and more modern than the other ships. This contrast conveys an impression of power, luxury, modernity and technical progress.

**3** The Statue of Liberty that can be seen in the background symbolizes the New World, hope and the promise of a better life. It may prompt the poorest to buy a one-way ticket from the White Star Line to go and try their luck in America.

**4 a.** Helen is Harry's mother.
**b.** Helen behaves in a caring, motherly and even overprotective way, when brushing her son's trousers and jacket, tugging at his waistcoat or straightening his cap for instance, or when she advises him and tells him what to do (l. 10: "Now you remember to work hard, Harry Daniel Walsh," she chided). She is also proud of him (l. 20: "a proud mother").

**5** That day is a special day as Harry is about to start working on a prestigious ship for **her** maiden voyage.

**Piège à éviter**
En anglais, les bateaux sont du genre féminin, il faut donc utiliser ***she*** et ***her*** !

**6** Harry is a steward, assigned to steerage class. His job consists in looking after the least well-off passengers.

**7** Helen can be said to be honoured and enthusiastic about Harry's job. (l. 5: "the unmistakable look of pride on her face"; l. 28: "his mother's obvious delight").

**8 a. False**: "Harry had been assigned to steerage class" (l. 26)
**b. True**: "one of the three hundred stewards" (l. 21)
**c. False**: "to make business contacts" (l. 18)
**d. False**: "it hadn't actually been Harry's intention to work on the ship at all" (l. 29-30)

**9 a.** Helen comes from a working-class background.
**b.** Helen advises her son to work hard, and to treat the third-class passengers as respectfully as the wealthy ones. Her advice may be prompted by the pride she takes in hard work, and by the social discrimination she may have endured as a member of the working class.

**10** Helen's feelings about the upper class are ambivalent: on the one hand she seems to despise them ("Helen Walsh had no time at all for the stuck-up

American millionaires and socialites", l. 16-17), but on the other hand she can't help being fascinated by them ("[she] would have quite liked to know how ostentatious the first-class accommodations were", l. 24-25).

**11** **a.** Harry's new workplace is not that important to him insofar as he hadn't applied for work there. Yet, he is pleased to see his mother's pride and delight.
**b.** Harry's mother is proud to see her son work on such an impressive liner, all the more so since he will have to look after third-class passengers.

**12** Calling her son "Walsh" or "Harry Daniel Walsh" shows that Helen wants to mark this important moment by being solemn. What's more, she seems to experience a sense of achievement, as if Harry's prestigious job rubbed off on the whole family.

**13** This document focuses on wealthy passengers who travelled first class.

**14** **a.** "a rare gathering of beautiful women and splendid men" (l. 1-2)
**b.** "many celebrated names" (l. 4)
**c.** "regularly found acquaintances" (l. 9)

**15** **a.**

| Name | Job | Destination | Purpose for travelling |
|---|---|---|---|
| **Frank Millet** | **Artist** | Washington | **To design the Lincoln Memorial** |
| **Archie Butt** | **White House aide** | Home | Election campaign |
| **Lady Duff Gordon** | **Couturiere** | New York City | **Urgent business at her salon** |

**b.** These people are portrayed as "hardworking high achievers" (l. 14) who travelled for business purposes contrary to the idle "leisured rich" who were "bent on pleasure" (l. 10-11).

**16** The phrase "exquisite microcosm" implies that the wealthiest *Titanic* passengers were very refined, sophisticated, elegant people who all knew each other. They were the elite of the Edwardian era, the cream of the crop.

**17** All three documents show that the primary function of the *Titanic* was to take all kinds of passengers across the Atlantic. However, socially speaking, her functions were diverse. While document 1 shows that even the poor could use her to leave everything behind and live the American Dream, documents 2 and 3 emphasize the fact that the rich used her for either recreational or professional purposes. Moreover, all three documents highlight the fact that accommodations were clearly distinct and that therefore the different social classes did not mingle.

**Gagnez des points !**
Questions 17, 18 et 19 : veillez à bien mentionner les 3 documents dans votre analyse !

**18** All three documents present the *Titanic* as an object of fascination, each in its own way. Document 1 associates the *Titanic* with the American Dream and presents her as a technical feat. Document 2 shows the liner as "impressive" (l. 35) and "much talked about" (l. 22). Humble people like Helen are curious about her wealthy passengers and her luxurious accommodation. Document 3 focuses on the exclusive aspect of her most illustrious passengers and shows the *Titanic* as a symbol of power and luxury.

**19** Representation and theatricality are central to the three documents. In the advertising poster, the contrast with the smaller ships, the low angle from which the *Titanic* is pictured and the use of the superlative form show that the scene has been carefully staged to make the steamer look impressive. In document 2, the scene when Harry is being helped to get dressed by his mother is very visual and theatrical. He could be seen as an actor preparing himself before getting on stage, his uniform thus becoming a costume. In Document 3, the *Titanic* stages the Edwardian world in an enclosed space, where the rich and famous play their part in a performance where luxury is capital.

## Expression écrite

*Les mots et expressions en gras peuvent s'avérer utiles pour ce type de sujet.*

**1**

12 April, 1912

The *Titanic* left the **harbour** of Queenstown yesterday and I have just spent my first night **on board**. Dear Diary, this is all so new and exciting that I don't know where to start! This ship is so huge, I do not feel like I am on a ship at all! I am sharing **a four-bed cabin** with three other girls who, like me, hope to find work in America as **seamstress**es. They are very nice and we did not sleep much last night as we were so busy chatting, giggling and sharing our dreams for **a brighter future**... We have planned to go and explore **the decks** this morning. Mary, one of the girls, thinks we may meet some of the bachelors who are **quarter**ed in the forward areas. It would be nice to talk to them! As I **embark**ed yesterday, I caught a glimpse of some first-class passengers... There were some very elegant women, wearing gorgeous dresses and jewels. **How I wish I could** work on making such beautiful clothes! The fabrics were out of this world! However sad I am to leave home and the ones I love behind, I know I could never find work if I stayed... Sometimes I **fantasize** I may become a successful couturiere in New York City and open my own salon, just like Lady Duff Gordon! Can you imagine? By the way I **heard through the grapevine** that she is on board with her husband, under the alias Mrs Morgan! How I wish I could meet her! Who knows? Let's see if I can find her on **the upper deck**!

> **L'astuce du prof**
> Réemployez des éléments du corpus source pour donner plus d'authenticité à votre écrit !

**2** Ladies and Gentlemen, honourable **guests**, loyal **crew members**, we have gathered here in Southampton **harbour** today, 10 April 1912, to celebrate the departure of *RMS Titanic*, the newest and greatest addition to the transatlantic **fleet** of the White Star Line Company that I am so honoured to represent.

> **Piège à éviter**
> Ne faites pas de référence au naufrage, qui était absolument inimaginable à l'époque !

This ship is not only the largest in the world, she is also the safest and the most comfortable. Indeed, 5 years of hard work in the Belfast **shipyard** were necessary to the completion of this miracle of modern technology. Carrying more than 3,000 passengers and crew members at a speed of 21 **knots** thanks to her 2 powerful **steam engines** that operate 3 cleverly designed **propellers**, *Titanic* is also **fitted with** 16 vertical **watertight** compartments, making her absolutely **unsinkable**! Moreover, she stands as **the pinnacle** of luxury and comfort, insofar as her first-class passengers will be able to enjoy her on-board gymnasium, squash court, swimming pool, Turkish bath, **high-class** restaurants and **opulent cabins**. Passengers travelling in **the steerage** have not been forgotten, who will be accommodated in **cosy** private cabins and have their own dining rooms, library and smoking-room. Whatever your motive for traveling on board *Titanic*, whether it be for **leisure** or business, or to go and try your luck in the Big Apple, I am confident you will enjoy yourselves!
I wish all passengers a **safe** and delightful **crossing**!
**God bless you**, *Titanic*! **Farewell!**

**3** Robert Louis Stevenson, renowned Scottish novelist, poet and essayist, author of the famous *Treasure Island* and *Strange Case of Dr Jekyll and Mr Hyde*, was also **a travel writer** who spent time in France, **hiking** in the Cévennes or in the Forest of Fontainebleau, in California where he nearly died a premature death, and in the Pacific, exploring the islands. In *Travels with a Donkey* (1879), he wrote: "For my part, I travel not to go anywhere, but to go. I travel for travel's sake. The great affair is to move". To what extent can he be said to be right?

> **Gagnez des points !**
> Valorisez vos connaissances littéraires grâce à des références bien choisies !

Stevenson obviously considers traveling as **an end in itself**. Traveling means being on the move, being alive somehow, and feeling the necessities of life: having to keep going **come what may**, to find something to eat, a place to spend the night... Traveling that way does not take the traveller to a set destination, to some other time, some other place, but on the contrary forces the traveller to live in the present, **one step at a time**, and to face **the hardships** of the here and now, **heedless of** the future. From that point of view, traveling stands as the secret of some paradoxical happiness that would feed on **discomforts**, hardships and **ordeals**.

However, can't traveling be seen as a source of pleasure rather? In our busy lives, traveling is often chosen as a way **to unwind**, have fun and **take a break**. Some people may prefer the comfort of **an all-inclusive stay** in a 4-star **seaside resort** rather than the discomfort of **sleeping rough** during a steep mountain hike. Furthermore, traveling is also a great opportunity to discover other landscapes, ways of life and cultures: in that perspective, the choice of the destination seems crucial.

All in all, there are all kinds of motives for travelling, and we should all feel free **to roam the world** whichever way we choose. **Whatever floats our boat!**

# Sujet 15

Séries L, ES, S

3 h • L 2 h • ES-S

## Éducation : de la technologie à la nature

**Amérique du Sud, novembre 2017**

### Doc. 1 A virtual classroom

The class continued throughout the morning, with Miss Ellis going from subject to subject. A little math, some English, a bit of art. Tony especially enjoyed the art, as being in a virtual classroom enabled him to create beautiful pictures almost by just thinking of them. He could paint pictures in three dimensions, and he even created a collage using video images that moved and sound effects that came from a classroom library of such things.[...]

A little after eleven o'clock the buzz sounded, announcing the lunch period. Miss Ellis and the students jacked out[1] one by one. Tony envied the other students; he imagined them in comfortable homes, sitting at tables with steaming hot plates piled up with food.

Tony himself didn't jack out[1]. He spent the entire forty minutes in the virtual classroom, relishing every minute he was there. He played with his desk computer, using it to create more works of art and to read history textbooks that changed the words they used when Tony punched in that he didn't understand something. He didn't mind the stomach rumbles he felt near the end of the period; he was used to them.

"Now, class, we're going to learn a little geography. Who can tell me what this is?" Miss Ellis pushed a button at the top of the blackboard, and a holographic map appeared, floating halfway between her desk and the class. Tony recognized it and raised his hand. [...] "It's the United States." Tony thought it was the most beautiful map he had ever seen. It shimmered in the air, floating in and out of insubstantiality. The features – states, cities, mountains, and rivers, just to name a few – were displayed in many different intense colors. There was a vibrancy to this map which made it more real than any flat map Tony had seen in his own classroom.

Michael A. Burstein, *Teleabsence* (1995) in *I remember the future* (2008).

---

**1. To jack out** : (ici) se débrancher.

## Doc. 2 Exploring nature isn't just for summertime

Summertime often means a lot more time to explore outdoors. But schools are realizing that connecting with nature has benefits all year long.

"Amid all the focus on technology, we've been missing something quite elemental," says Richard Louv, author of the bestseller *Last Child in the Woods*.

Just a walk through an urban park, he says, can help kids' performance in school. "I can't tell you how many times teachers who bring their classes into natural settings say that the troublemaker in class is the very one that turns out to have leadership qualities in the woods," he says.

Sarah Milligan-Toffler, executive director of the *Children and Nature Network*, a Minneapolis, Minnesota-based nonprofit organization, says that getting kids connected to nature doesn't have to mean a major outing. "There is something about natural environments that is really stress-reducing," she says, "even if it's just 10 minutes a day in a neighborhood park or planting a pollinator garden."

[...]

Schools in Mamaroneck, New York, for example, have worked with a local nature preserve in the past few years to get kids from preschool to high school outside for science, says the district's assistant superintendent for curriculum, Annie Ward.

"I know we're in a time of standards, and so forth, but how do we help kids grow up with a sense of place, of regional identity?" she says. "Especially now, with all these issues being talked about – the rise of technology, of kids being hyper-scheduled – there's particular power in being outside, in being close, careful observers of the natural world. There's a sense of calm and a sense of being unplugged."

[...]

"It isn't about going back to nature, but forward," (Louv) says.

*The Washington Post,* July 2016.

## Compréhension de l'écrit

**10 pts**

**1 Doc. 1.** The class uses futuristic high-tech: justify with three quotes from the text.

**2 Doc. 1.** Who are Miss Ellis and Tony?

**3 Doc. 1.** Explain in your own words how students in this class can create artistic pictures.

**4 Doc. 1.** What are the characteristics of their history textbooks? Choose the correct answer and justify with a quote.

**a.** They don't use any complicated words.

**b.** They can adapt their words when a child finds them too difficult.

**c.** They only tell about what the child needs to know.

**5 Doc. 1.** What are Tony's main feelings in the text? Choose three adjectives in the list below and justify each of them with a quote:

amazed / jealous / bored / angry / delighted / frightened

**6 Doc. 1.** What does Tony do when the lunch period arrives?

***Seuls les candidats de la série L LVO*** *traiteront la question 7.*

**7 Doc. 1.** Why is a holographic m ap superior to a flat m ap according to Tony? Answer in your own words and support your answer with one quote. (50 words)

**8 Doc. 2.** What is the main subject of this article? Choose the correct answer and justify with a quote.

**a.** the advantages of connecting schoolchildren with nature outdoors.

**b.** the advantages of exploring nature during summertime.

**c.** the advantages of studying nature and science inside the classroom.

**9 Doc. 2.** *"Amid all the focus on technology, we've been missing something quite elemental".* (l. 4-5) Choose the correct meaning of the sentence:

**a.** technology must remain essential in schools.

**b.** technology has taken too much importance in schools.

**c.** technology in school is always beneficial for schoolchildren.

**10 Doc. 2.** Find two quotes that show the influence of nature on schoolchildren's attitude.

**11 Doc. 2.** Find two examples in the text that show how schoolchildren can discover nature.

**12 Doc. 2.** *"There's a sense of calm and a sense of being unplugged."* (l. 27) Explain the sentence in your own words and illustrate with elements from the text. (40 words)

***Seuls les candidats de la série L LVA*** *traiteront la question 13.*

**13 Doc. 2.** *"It isn't about going back to nature, but forward."* (l. 29) Explain the vision of progress through nature expressed here. (60 words)

**14 Doc. 1 et 2.** Describe and contrast the visions of progress in children's education presented in each document. (50 words)

## Expression écrite

**10 pts**

***Les candidats des séries ES, S et L LVO*** *traiteront le sujet 1* ***OU*** *le sujet 2.* (250 mots)

***Les candidats de la série L LVA*** *traiteront le sujet 1* ***ET*** *le sujet 2.* (150 mots)

**1** After his school day, Tony speaks with his mother about his experience in this classroom. Write the dialogue.

**2** You are a student in charge of organizing a project to make your classmates more conscious of their natural environment.

Write a speech in which you explain your specific project and present your arguments to convince your class.

## Les clés pour réussir

### Bien comprendre les documents

#### Document 1

L'essentiel

- **L'auteur**. Michael A. Burstein est un Américain, professeur de sciences, diplômé de Harvard en physique, et auteur de science-fiction.
- **La source**. *TeleAbsence* est la première nouvelle de cet auteur à avoir été publiée. Les lecteurs du magazine *Analog* l'ont élue meilleure nouvelle de l'année 1995.
- **Le sujet**. Tony découvre le plaisir d'apprendre grâce à une salle de classe en réalité virtuelle, où la technologie rend le savoir accessible et l'apprentissage ludique.

Vocabulaire

*to relish* (l. 13) : savourer • *rumbles* (l. 16) : grondements • *shimmer* (l. 23) : miroiter • *features* (l. 23) : caractéristiques • *display* (l. 24) : afficher

#### Document 2

L'essentiel

- **La source**. Le *Washington Post* est un grand quotidien américain qui tire à près de 500 000 exemplaires chaque jour. Sa devise est *Democracy Dies in Darkness*.
- **Le sujet**. Cet article présente les avantages pour les écoliers de se déconnecter des nouvelles technologies et de se reconnecter à la nature. Pour ce faire, de plus en plus d'écoles américaines organisent des sorties scolaires en milieu naturel.

Vocabulaire

*troublemaker* (l. 9) : individu turbulent • *outing* (l. 13) : sortie (scolaire) • *preschool* (l. 19) : école maternelle • *high school* (l. 20) : lycée • *hyper-scheduled* (l. 25) : débordé • *unplugged* (l. 27) : débranché, déconnecté

## Bien répondre aux questions

**5** *delighted* : ravi, enchanté.

**7** Développez deux principaux axes de réponse : la beauté fascinante de cet hologramme et le paradoxe selon lequel son aspect virtuel la rend plus réelle qu'une carte traditionnelle.

**12** L'adjectif *calm* est à opposer à *hyper-scheduled* ; le participe passé *unplugged* contraste avec *the rise of technology*.

**13** Ce retour à la nature pourrait être perçu comme une régression : l'auteur, au contraire, affirme que c'est un progrès.

**14** Soyez attentif à la nature des documents : le document 1 est tiré d'une nouvelle de science-fiction écrite il y a plus de 20 ans, qui voyait la technologie comme la planche de salut de l'éducation, tandis que le document 2, contemporain, montre les travers d'une éducation trop centrée sur la technologie et prône un retour à la nature.

## Pistes pour les sujets d'expression

### Sujet 1

Bien comprendre le sujet

**Sujet d'invention** lié au texte : un dialogue.

Les attentes du correcteur

- Tony doit **raconter** sa journée : sachez mobiliser les **temps du passé** (attention aux verbes irréguliers !).
- Sa mère sera amenée à lui **poser des questions** : soyez rigoureux sur les **formes interrogatives** (*WH-* + AUX + S + V ?).

Organiser ses idées

- Exprimez **l'enthousiasme** de Tony et la **curiosité** de sa mère.
- **Dégagez l'implicite** et tentez d'**élucider quelques allusions** faites dans le texte : pourquoi Tony ne peut-il manger à sa faim (l. 10-11) ? Pourquoi s'est-il inscrit dans cette école virtuelle (l. 26) ?

### Sujet 2

Bien comprendre le sujet

**Sujet d'invention de type argumentatif** : un discours.

Les attentes du correcteur

- Gardez à l'esprit qu'un discours est écrit pour être **lu face à un auditoire**.

- Élaborez un **projet précis, concret et pertinent** par rapport à l'exigence de la consigne.
- Montrez-vous convaincant, en mobilisant des **procédés rhétoriques efficaces** : questions rhétoriques, concessions, emphases, images et métaphores.

Organiser ses idées

- Saluez votre auditoire, présentez-vous et abordez la thématique **avec enthousiasme**.
- Exposez votre projet en détail, **avec entrain et pragmatisme**.
- Mettez en avant **les bénéfices** que vos camarades pourront tirer de ce projet, tant d'un point de vue **scolaire** que **personnel**, en vous inspirant des arguments développés dans le document 2.

# Sujet 15 Corrigé

## Compréhension de l'écrit

**1** Three examples of futuristic high-tech used by the class are: "pictures in three dimensions" (l. 5), "a classroom library" of "video images [...] and sound effects" (l. 6-7) and "a holographic map" (l. 20).

**2** Miss Ellis is a teacher in a virtual classroom, and Tony is one of her students.

**3** The students can create artistic pictures almost by just thinking of them. They can paint in three dimensions and create collages of video images and sound effects.

**4** Answer **b.** : they can adapt their words when a child finds them too difficult ("history textbooks that changed the words they used when Tony punched in that he didn't understand something", lines 14-16).

**5** Tony can be said to be **amazed** ("Tony thought it was the most beautiful map he had ever seen", l. 22), **delighted** ("relishing every minute he was there", l. 13) but also **jealous** ("Tony envied the other students", l. 9-10).

**6** Unlike the other students who take advantage of the lunch period to take a break and have something to eat, Tony remains connected to the virtual classroom to create more artworks and read history textbooks.

**7** Tony is mesmerized by the holographic map that he thinks is much more "beautiful" (l. 22) than a flat map, what with its "many different intense colors" (l. 25). Paradoxically, this virtual map is "more real than any flat map Tony had seen in his own classroom" (l. 26) insofar as it displays "the features – states, cities, mountains and rivers" (l. 23-24) more vividly than a regular map.

**8** The main subject of this article is **a.** the advantages of connecting schoolchildren with nature outdoors ("schools are realizing that connecting with nature has benefits all year long", l. 2-3).

**9** Answer **b.** : technology has taken too much importance in schools.

**10** Nature has an influence on schoolchildren's attitude. Indeed, it "can help kids' performance in school" (l. 7-8) and it "is really stress-reducing" (l. 14-15). What's more, teachers often "say that the trouble-maker in class is the very one that turns out to have leadership qualities in the woods" (l. 9-10).

**L'astuce du prof**

Intégrez vos citations à votre réponse !

**11** Schoolchildren can discover nature thanks to "a walk through an urban park" (l. 7) (or "10 minutes a day in a neighbourhood park", l. 15-16) or by "planting a pollinator garden" (l. 16).

**12** Children are described as being "hyper-scheduled" (l. 21) (i.e. always busy, either with school and homework or with afterschool activities and planned holidays) and addicted to technology ("the rise of technology", l. 24-25). Therefore, a field trip to a natural environment enables them to slow down, discover nature and disconnect from their screens and digital devices.

**13** Taking children out of schools to spend time in a natural environment could be seen as regress, since in the past, kids would spend most of their time outdoors. Moreover, progress is very often associated with technology (computers, screens, the Internet...). In this article, however, Richard Louv, the author of the bestseller *Last Child in the Woods*, is keen to emphasize this trend as progress, as a step forwards and not backwards. Similarly, the benefits that schoolchildren can derive from nature are carefully put forward in this text.

**14** Document 1 is a sci-fi short story that was written more than 20 years ago. Its author fantasized a future in which children would no longer go to school but would take their classes from home, on their computers, in a virtual classroom fitted with all sorts of futuristic high-tech devices. To sum up, technology was then considered as the acme of progress in education. Conversely, document 2, which is a press article, shows the reality of education today, and a move back to nature and away from technology which is no longer seen as the be-all and end-all of education. On the contrary, discovering nature is presented as innovative and the latest progress in terms of education.

# Expression écrite

*Les mots et expressions en gras peuvent s'avérer particulièrement utiles pour ce type de sujet.*

**1** When Tony's mother came back from work, she went **to check in on** her son in his bedroom.

"Hi Tony! How come you're still **jacked to** that computer? Aren't classes supposed to have finished a while ago?" she asked, puzzled.

> **Piège à éviter**
> Sachez réutiliser des éléments clés du texte sans toutefois le recopier !

"Hi Mom! You're home already? Wow, **time flies**!" Tony replied cheerfully. "School's over but I'm staying in the virtual classroom, I love it there... **Check this out**!" In a few clicks, Tony displayed several collages and paintings he had created. "Look! Aren't these great? This one can actually speak!"

"That's amazing, Sweetheart!" his mother said, **genuinely impressed**. "Did you do that after class?"

"Oh no, I made these over the lunch period..." Tony said sheepishly. **As chance would have it**, his stomach started rumbling at that very moment. His mother f**rown**ed.

" Have you been **skipping lunch** again, Tony?" she asked reproachfully. "Why didn't you grab something from the fridge?"

"Well, Mom, there's nothing much in the fridge these days..."

"I'm so sorry, Honey... **Money is a bit tight** right now..."

"I know, Mom, that's okay, **I'd rather have fun** creating art or reading about history anyway!"

His mother **sigh**ed. "All right, Love, come with me to the kitchen, I'll fix you something."

"Thanks, Mom. And thanks also for **enroll**ing me **at** this virtual school. It's so much better than my previous one where I was **bullied** all the time... but I know it's very expensive..."

"Don't mention it, Tony. **Let's not dwell on the past**. If you're happy now that's all that matters!"

**2 Dear classmates,**

As you know, I've always been a fierce **advocate** of environmental issues. However, I've been watching you for a while now and I can see we do not all agree on this...

> **Gagnez des points !**
> Adressez-vous à votre auditoire et adaptez votre discours à ses réactions !

**To sensitize** all of you to this crucial cause, I have set up a project which I hope will have you interested. I think it is high time we all unplugged and went back to our long-forgotten **roots:** nature! That's why today I'm offering you an amazing opportunity that you can't pass: a **digital detox**, coupled with a **survival retreat**!

SUJETS D'ÉCRIT • LV2

Oh, I can hear some of you **groan** and **snigger**... but let me explain. If you agree to support my project, you will get to spend a whole week in the gorgeous Lake District National Park. There, after relinquishing your **digital devices** (smartphones, tablets, connected watches and whatnot), you will have to camp and do without **the bare necessities** that you **take for granted** in your comfortable, materialistic everyday lives. Yes, you've heard me: no food, no water, no **toiletries**, just a few **basic tools**!

"How is that possible?" you'll ask me... Well, I have secured the participation of Hazen Audel, an outstanding survival expert who will share with you his knowledge in survival techniques. With him, you will learn how to hunt, fish, build a **shelter**, make a fire and so on. By the end of the week, you will feel more **self-confident**, you will **outgrow** your **addiction to** technology, and you will also realize how important nature is to our **balance**... Hopefully, this new **awareness** will make you develop more **eco-friendly** habits. So, what do you say? Who's with me?

# Sujet 16

Séries technologiques

2 heures

## Le réel au service de l'histoire et du virtuel

**France métropolitaine, juin 2017**

### Doc. 1 Gamers 'leaving consoles behind to visit Scotland'

THE SCOTSMAN

## Gamers 'leaving consoles behind to visit Scotland'

By
DAVID O'LEARY

Published: 21:19 Tuesday 29 December 2015

VisitScotland has identified a new tourism trend – the "consoliday" (console-holiday) – people choosing to experience in real life the landscapes they see virtually before them within the games, or wanting to visit the country in which the game was conceived.

Minecraft fans turned out in their thousands to catch a glimpse of YouTube legend Stampy the Cat in Dundee last month, and with big operators, such as Start The Adventure already offering "gaming adventure tours", the national tourism organisation is hoping consolidays could be as popular as 'set-jetting', where people visit a destination after seeing it in a film.

Scotland features in a number of games such as Grand Theft Auto (the Forth bridges and other destinations), Call of Duty: Ghosts (Stonehaven/ Dunnottar Castle), Tomb Raider III (Loch Ness), Project Gotham Racing 2 (Edinburgh), and the Tiger Woods PGA Tour series.

*Dunottar Castle*

In addition to being inspired by on-screen landscapes, fans also visit Scotland to see where their favourite games were created in cities such as Dundee and Edinburgh.

Dundee is known as the birthplace of the Scottish games industry with some of the world's biggest titles developed there, including Lemmings and Grand Theft Auto. The city currently hosts numerous design studios and Abertay University is famous for its world-leading video-game development courses.

Edinburgh is the home of Rockstar North – developer of the successful Grand Theft Auto series – and many make the trip to the capital to get their photo taken outside its head office which is now on Holyrood Road, beside the Scottish Parliament.

Malcolm Roughead, chief executive of VisitScotland said: "The Year of Innovation, Architecture and Design 2016 is an opportunity to shine a spotlight on Scotland's fascinating creative achievements. Scotland's video games industry is a thriving, internationally acclaimed sector which punches well above its weight and is a major contributor to our country's economy."

From: *http://www.scotsman.com/business/*

## Doc. 2 Hale Farm & Village annual Civil War Reenactment & Encampment

ABOUT | EXPLORE & LEARN | RESEARCH & COLLECTIONS | GET INVOLVED | RENTALS | PLAN YOUR VISIT | WRHS SHOP

**Hale Farm & Village annual Civil War Reenactment & Encampment**

Posted on August 1, 2016 by halefarm

When hundreds of Civil War reenactors come to Hale Farm & Village[1] on Aug. 13, they will again bring their uniforms, equipment, horses, and military protocol to recreate America's defining historical period.

The reenactment weekend will be just as meaningful for them as it will be for spectators, as they get to experience a taste of what Civil War soldiers endured.

Akron resident Chris Smith, who has reenacted Civil War battles for the past 27 years, most of them at Hale Farm, likes to use the term "magic moments" to describe scenes that happen unexpectedly during a battle reenactment weekend. When Chris and his fellow reenactors visit Hale Farm, they camp out overnight on Saturday and use the same amenities that were available to Civil War soldiers, such as cooking breakfast and brewing coffee over a campfire. Every detail, including the tents they sleep in, are made to look as real as the resources Civil War soldiers used in their day.

"For me one of the greatest moments of any reenactment is at sunrise, when it's damp or foggy," Chris said. "The scenery looks like a painting." And unlike a virtual game on Xbox, these magic moments take your breath away, according to Chris.

This year's event will involve recreating the Battle of Big Bethel, an early skirmish in the Civil War that took place near Newport News, Virginia on June 10, 1861.

For Mike Church who rides in the Sixth Ohio Cavalry, Civil War reenacting brings awe and memorable interaction with the crowds. "Talking to the crowd never gets boring, not even years later", Mike said. He's been participating in reenactments since he was 17 and learned to ride a horse specifically for these events.

Besides educating kids on Civil War-era weaponry, cavalry, strategies, and cooking, the reenactors have taken their passion for history and turned it into lifelong friendships. "It's like close family," Mike said. "There are no socioeconomic barriers. There are small-time millionaires, minimum wage earners, and everything in between serving side by side in the same unit. We're just one big family."

From: *Western Reserve Historical Society* website

1. An outdoor living history museum.



## Compréhension de l'écrit

**10 pts**

**1 Doc. 1.** What do the following places have in common? Copy the sentences and complete them with words from the text.

Dunnottar Castle, Stonehaven ; The Forth Bridges ; Edinburgh ; Loch Ness

**a.** These 4 places are located in ...

**b.** These 4 places can also be seen in ...

**2 Doc. 1.** Pick out the 3 activities that fans do in this country. Justify your choices by quoting the text.

**a.** Finding inspiration for a new video game.

**b.** Interviewing people who make video games.

**c.** Travelling to places they have discovered in a movie.

**d.** Exploring game locations in reality.

**e.** Taking selfies in front of video gam e industry buildings.

**3 a. Doc. 1.** Copy the table onto your paper and complete it with some of the elements listed below.

| **What it is** | **What it does** |
|---|---|
| 1) a youth hostel association | a) organises trips with themes |
| 2) a higher education centre | b) plays games professionally |
| 3) a video games developer | c) teaches how to make games |
| 4) a national tourism organisation | d) explains how to win a game |
| 5) a travel company | e) promotes the country |

| | **What it is** | **What it does** |
|---|---|---|
| VisitScotland | 4) a national tourism organisation | – ..................... |
| Start The Adventure | – ..................... | – ..................... |
| Abertay University | – ..................... | – ..................... |

**b. True or false?** Answer the question and justify by quoting the text.

1) The 'consoliday' was invented by VisitScotland.

2) People all over the world admire this country's games business.

3) The gam es business is one of the m ost profitable national com m ercial activities.

**4 Doc. 2. a.** Who and when? Copy the table and complete it with the 3 following elements.

1) reenactors 2) spectators 3) soldiers

| 1861 | 2016 |
|---|---|
| | |

**b.** Use the 3 words from table **4 a.** to complete the sentence below. Write it onto your paper.

At Hale Farm and Village, .................. recreate a famous battle of the Civil War. They roleplay ..................... in front of ..................... .

**c.** The experience is supposed to be as realistic as possible. Justify this statement with two different sentences from the text.

**5 Doc. 2. True or false?** Answer and justify by quoting the text.

**a.** The show has more impact on spectators than on reenactors.

**b.** Spectators are forbidden to talk to reenactors.
**c.** The show teaches children about the culture of this period.

**6** **Doc. 2.** What could Mike or Chris say to convince people to join the group of reenactors?

Choose the 4 appropriate answers and justify by quoting from the text.
**a.** It's a great way to make money.
**b.** It's an opportunity to make good friends.
**c.** It's a good way to meet people from different backgrounds.
**d.** It's better if the experience is real rather than on-screen.
**e.** It's a way to become famous.
**f.** It's an opportunity to learn new skills.

**7** **Doc. 1. et 2.** What are the participants' main motivations as presented in the documents? Match each motivation on the left with the appropriate document(s) on the right.

| | |
|---|---|
| 1) Looking for real experiences. | |
| 2) Revisiting an event through human interaction. | a) ONLY Document 1 |
| | b) ONLY Document 2 |
| 3) Revisiting landscapes and places you saw first on screen. | c) Document 1 AND Document 2 |

## Expression écrite

**10 pts**

*Les candidats traiteront l'un des deux sujets au choix :* ***sujet 1 OU sujet 2****. (150 mots minimum)*

**1** You are Vikram or Martina and you have discovered a time machine. Show it to your best friend and discuss your first destination and period (past or future). Imagine the conversation.

**2** You are Sam of Green Valley High School and you would like to suggest an activity to bring new students together on the first day of school in September. Prepare a speech to give to the students' union to explain your choice. Use one of the following suggestions.

| | | |
|---|---|---|
| **Suggestion 1**<br>Sports Day | **Suggestion 2**<br>Games Day | **Suggestion 3**<br>Karaoke Competition |
| **Suggestion 4**<br>Treasure Hunt | **Suggestion 5**<br>Cooking Challenge | |

## Les clés pour réussir

### Bien comprendre les documents

#### Document 1

**L'essentiel**

- **La source.** scotsman.com est le site internet du journal national écossais *The Scotsman*, fondé en 1817. Son siège se situe à Édimbourg, la capitale, et se présente comme un *compact newspaper*, couvrant ainsi la majorité des sujets d'actualité.
- **Le sujet.** L'article explique la nouvelle tendance de certains Britanniques qui optent pour des vacances touristiques ayant pour but de découvrir les lieux qui servent de toiles de fond à leurs jeux vidéo, voire à leurs films préférés. Il est fait mention de l'essor tout particulier que connaît l'industrie de ces jeux en Écosse et de l'apport économique non négligeable qu'elle représente pour le pays.

**Vocabulaire**

*to conceive* (l. 4) : concevoir • *to catch a glimpse* (l. 5) : avoir un apercu • *to feature* (l. 10) : figurer • *currently* (l. 26) : actuellement • *to host* (l. 26) : accueillir • *course* (l. 28) : formation • *achievement* (l. 35) : réalisation.

#### Document 2

**L'essentiel**

- **La source.** Le site Internet "Western Reserve Historical Society" a son siège à Cleveland, dans l'État de l'Ohio, aux États-Unis. Fondée en 1867, cette institution privée à vocation culturelle regroupe 250 000 ouvrages historiques et recense plus de 6 millions de manuscrits.
- **Le sujet.** Cet article rend compte de l'expérience unique vécue par ces passionnés d'histoire américaine qui, pour le plus grand plaisir des spectateurs, viennent chaque année rejouer en tenues d'époque des scènes historiques de la guerre de Sécession, et montrer les conditions de vie des soldats dans les campements précaires qui étaient les leurs, le tout porté par un réel souci d'authenticité.

**Vocabulaire**

*taste* (l. 8) : goût • *unexpectedly* (l. 16) : de manière inattendue • *amenities* (l. 18) : équipements • *available* (l. 18) : disponible • *damp* (l. 23) : humide • *breath* (l. 25) : souffle • *skirmish* (l. 27) : escarmouche • *awe* (l. 30) : respect mêlé d'admiration.

### Bien répondre aux questions

**2** Veillez à ne pas confondre "finding inspiration for a new video game" dans la question et "being inspired by on-screen landscapes" (l. 18-20). L'emploi du même mot ne signifie pas que vous détenez la réponse. Lisez bien la phrase jusqu'à son terme.

**3 b.** 1) Certes, ce sont les joueurs de jeux vidéo qui ont créé cette nouvelle tendance touristique, mais c'est bien VisitBritain qui a créé le concept « consoliday », après avoir identifié ce phénomène.

**4 c.** Tentez de retrouver les phrases qui évoquent **précisément** la ressemblance avec les événements passés. Le mot *same* et les comparatifs d'égalité pourront orienter votre recherche.

## Pistes pour les sujets d'expression

### Sujet 1

Bien comprendre le sujet

**Sujet d'invention** : rédiger une conversation

Les attentes du correcteur

- Vous endosserez la personnalité d'un des personnages imaginaires, Vikram ou Martina : votre propre prénom ne doit en aucun cas apparaître dans votre copie.
- Vous présenterez votre texte sous forme de dialogue. (*Cf.* fiche méthode n° 11)
- Vous aurez à cœur de défendre votre point de vue.

Organiser ses idées

- Introduisez le sujet en précisant par exemple le lieu dans lequel vous avez découvert cette machine à voyager dans le temps.
- Montrez que vous connaissez le rôle majeur qu'a joué cet objet dans l'imaginaire de nombreux cinéastes.
- Pour alimenter votre discussion, faites en sorte que vos deux points de vue divergent : votre discussion sera d'autant plus animée !

### Sujet 2

Bien comprendre le sujet

**Sujet d'invention** : rédiger un discours

Les attentes du correcteur

- Votre discours devra tenir compte de votre public. Montrez-vous convaincant auprès de vos pairs !
- Montrez que vous maîtrisez les formes interrogative et exclamative, et les questions tags.
- Mobilisez vos connaissances en ce qui concerne l'expression du conseil, de la suggestion, de la préférence et de la probabilité. Ayez recours au comparatif, voire au superlatif.
- Étayez vos arguments par des exemples et pensez aux connecteurs. (*Cf.* fiche de révisions n° 7)

Organiser ses idées

- Présentez-vous.
- Rappelez l'objectif de l'activité.

- Énoncez l'activité que vous soutenez comme étant la plus performante afin de créer une dynamique de groupe.
- Expliquez-en les grandes lignes.
- Concluez en proposant de répondre aux questions.

# Sujet 16 Corrigé

## Compréhension de l'écrit

**1** **a.** These four places are located in Scotland, in the United Kingdom.
**b.** These four places can also be seen on video game consoles.

**2** **c.** Travelling to places they have discovered in a movie. "...set-jetting where people visit a destination after seeing it in a film" (l. 9).
**d.** Exploring game locations in reality. "people choosing to experience in real life the landscapes they see virtually before them within the games" (l. 2-3).
**e.** Taking selfies in front of video game industry buildings. "many make the trip to the capital to get their photo taken outside its head office which is now on Holyrood Road, beside the Scottish Parliament" (l. 30-33).

**3** **a.**

| | What it is | What it does |
|---|---|---|
| VisitScotland | 4) a national tourism organisation | **e) promotes the country** |
| Start The Adventure | **5) a travel company** | **a) organises trips with themes** |
| Abertay University | **2) a higher education center** | **c) teaches how to make games** |

**b.** 1) **True**. VisitScotland has identified a new tourism trend – the "consoliday" (console-holiday), people choosing to experience in real life the landscapes they see virtually before them within the games." (l. 1-4)
2) **True**. "Scotland's video games industry is a thriving, internationally acclaimed sector" (l. 35-36)
3) **True**. "Scotland's video games industry is a thriving [...] sector and is a major contributor to our country's economy." (l. 36-38)

**4 a.**

| 1861 | 2016 |
|---|---|
| 3) soldiers | 1) reenactors and 2) spectators |

**b.** At Hale Farm and Village, reenactors recreate a famous battle of the Civil War. They roleplay soldiers in front of spectators.
**c.** "They use the same amenities that were available to Civil War soldiers" (l. 18-19).
"Every detail, including the tents they sleep in, is made to look as real as the resources Civil War soldiers used in their day." (l. 20-21)

**5 a. False**. "The reenactment weekend will be just as meaningful for them as it will be for spectators, as they get to experience a taste of what Civil War soldiers endured." (l. 4-10)
**b. False**. "Reenacting brings [...] memorable interaction with the crowds." (l. 29-30)
**c. True**. "Besides educating kids on Civil War-era weaponry, cavalry, strategies, and cooking..." (l. 34-35)

**6 b.** It's an opportunity to make good friends. "the reenactors have taken their passion for history and turned it into lifelong friendships." (l. 35-36)
**c.** It's a good way to meet people from different backgrounds."There are no socioeconomic barriers." (l. 37)
**d.** It's better if the experience is real rather than on-screen. "unlike a virtual game on Xbox, these magic moments take your breath away." (l. 24-25)
**f.** It's an opportunity to learn new skills. "Mike Church... learned to ride a horse specifically for these events." (l. 32-33)

**7 a.** Looking for real experiences. → c) Document 1 **and** Document 2
**b.** Revisiting an event through human interaction. → b) **Only** Document 2
**c.** Revisiting landscapes and places you saw first on screen. → a) **Only** Document 1

## Expression écrite

*Les mots et expressions en gras peuvent s'avérer utiles pour ce type de sujet.*

**1** "Guess what I found in the forest nearby?" I asked my friend **cheerfully.**
"I haven't got the **slightest** idea. Please, Vikram, give me a **clue**, will you?"
"Okay, if I say "Back to the Future", what does it mean to you?" I **enquired** with a **wink**.
"Time travel movie, 1985 masterpiece, Marty McFly, a 17-year-old high school student is accidentally sent 30 years into the past, 1955, in a **time travelling machine**," she explained **straightforwardly**.
"Gosh! You're an expert in science fiction, **aren't you**?" I exclaimed, **dumbfounded**. "Well, follow me, I'll show you something." We arrived in a dark

part of the forest and there it was, the bronze time machine I had discovered earlier. "So where would you like to go first?" I asked her as though we were about to **take off**.
"I would definitely fly into the past, like 50 years ago, to Norway, and try to **unveil** my father's family's mystery. What about you, Vikram?" she asked **inquisitively**.
"I'm **eager to** know what will become of our planet when 9.5 billion people live on earth in 2050," I **mused,** hoping she would **agree to** my decision.
"Sorry, Vikram, I'll let you go **on your own**! **I'd rather** not know what the future has **in store** for us! Too scary!" she answered **mockingly**.

**2** "Dear schoolmates,
Please let me **introduce myself**. My name is Sam and I am a member of the **committee** of the students' union here at Green Valley. As you know, we need to choose an activity **in order for** the new students **to** get to know **each other** at the very beginning of September. Could I **advise** an activity? I know which one is **likely to** bring them together around the same **task**: a cooking challenge! You **might** think this is going to be **a failure**. But I **disagree with** you and let me explain why. First and foremost they'll be working in groups of six. We'll make sure each group will achieve **parity** between girls and boys. They'll need to get organised and the distribution of roles and **responsibilities** will **rely on** their shoulders: one student will **run errands**, another will be the chef tasting the dish; they'll need a cook, a person to read the **recipe**, someone who will **weigh** the ingredients, and last but not least someone who will do the **washing up**! Each group will **compete** with the others and a jury will determine the winners. The **asset** of this activity is that the students will all be **involved**. Believe me! Working together will make them feel strong and it will undoubtedly prompt **group dynamics** that will pave the way to **brotherhood** and **friendship** among our **newcomers**. Thank you for **paying attention** to me and I'll be glad to answer any question you may have."

# Les sujets pour préparer l'oral

# Sujet 17

Compréhension orale • Séries ES, S et technologiques

## Mythes et héros

### Sujet inédit

**Document**

**Tony Blair pays tribute to Princess Diana**

Écoutez le document audio sur le site abcbac.com.

## Consigne

Le titre donné à l'enregistrement vous est communiqué.

Vous aurez droit à trois écoutes du document, séparées chacune d'une minute. Vous disposerez ensuite de 10 minutes pour rendre compte, par écrit et en français, de ce que vous avez compris, sans exigence d'exhaustivité.

## Les clés pour réussir

### Le titre

• Tony Blair, Premier ministre britannique de 1997 à 2007, rend hommage à la Princesse de Galles, décédée dans un accident de voiture, à Paris, le 31 août 1997.

→ Attendez-vous à un discours solennel, mais aussi chargé d'émotion, dans lequel Tony Blair fait l'éloge de cette femme adulée dans le monde entier, notamment en raison de son engagement auprès des enfants malades ou des victimes de guerre.

### La première écoute

• **Repérez les noms de lieux et les expressions faisant référence à la Princesse :**

- a nation in Britain
- she was a wonderful + warm human being
- many in Britain + throughout the world
- people everywhere / not just in Britain / everywhere
- Princess Diana

– one of the people
– she WAS the people's princess

## La deuxième écoute

**Repérez les sentiments et émotions exprimés, ainsi que les catégories de personnes mentionnées :**

– **we are** a nation in Britain : **in a state of shock / mourning / grief / so deeply painful for us**
– she was a wonderful + warm human being
– **tragedy: her life**
– **she touched the lives of** many in Britain + throughout the world **with joy and comfort**
– **shall we remember her?**
– **with the sick, the dying, children, the needy**
– **her compassion + her humanity (the depth of)**
– people everywhere / not just in Britain / everywhere **kept faith with** Princess Diana
– **liked / loved / regarded her as** one of the people
– she WAS the people's princess

## La troisième écoute

**Repérez enfin quelques éléments importants :**

– we are **today** a nation in Britain in a state of shock / mourning / grief / so deeply painful for us
– she was a wonderful + warm human being / **though**
– tragedy: her life **(was often sadly touched by)**
– she touched the lives of many in Britain + throughout the world with joy and comfort
– shall we remember her? **(how many times + different ways)**
– with the sick, the dying, children, the needy
– **with just a look / gesture that spoke so much more than words**
– her compassion + her humanity (the depth of) **(reveal to all of us)**
– **how difficult things were for her sometimes: we can only guess**
– people everywhere / not just in Britain / kept faith with Princess Diana
– liked / loved / regarded her as one of the people
– she WAS the people's princess
– **that's how she'll stay + remain**

## Organiser son compte-rendu

Vous ne devez pas parler à la place de Tony Blair, mais le mentionner et résumer ses propos à la troisième personne.

- S'agissant d'un discours, vous pouvez reprendre l'ordre chronologique dans lequel les informations apparaissent.
- Sachez rendre l'insistance sur le verbe WAS en fin de discours par une périphrase en français.

## Sujet 17 Corrigé

*Voici une proposition de compte-rendu correspondant à un niveau B1 (LV2). Les informations en gras sont attendues d'un niveau B2 (LV1).*

Tony Blair rend hommage dans ce discours à la Princesse Diana. Il exprime, au nom de la nation, le choc, le chagrin et la douleur causés par sa disparition. Il évoque l'être humain merveilleux et chaleureux qu'elle était, et le fait que, **bien que sa propre vie ait été souvent tragique,** elle a touché la vie de tant de gens, en Grande-Bretagne et de par le monde, leur procurant de la joie et du réconfort.

Il espère que nous nous souviendrons souvent d'elle, de bien des manières différentes : auprès des malades, des mourants, des enfants, des nécessiteux. Un simple regard ou un simple geste de sa part, **qui en disait bien plus long que des mots,** nous révélait **la profondeur de** sa compassion et de son humanité.

D'après Tony Blair, **on ne peut qu'imaginer combien sa vie a dû être difficile parfois**. Partout dans le monde, et pas seulement en Grande-Bretagne, les gens ont cru en Diana, ils l'ont aimée et considérée comme une des leurs. Elle était **bel et bien** « la Princesse du Peuple », et elle le restera.

# Sujet 18

Compréhension orale • Séries ES, S et technologiques

## Espaces et échanges

Sujet inédit

### Document

**Responding to disasters**

Écoutez le document audio sur le site abcbac.com.

## Consigne

Le titre donné à l'enregistrement vous est communiqué.

Vous aurez droit à trois écoutes du document, séparées chacune d'une minute. Vous disposerez ensuite de 10 minutes pour rendre compte, par écrit et en français, de ce que vous avez compris, sans exigence d'exhaustivité.

### Les clés pour réussir

#### Le titre

• Les deux mots clés du titre, *responding* et *disaster*, vous amènent à envisager les deux aspects du sujet :

– Les façons de réagir,

– Les catastrophes.

→ Le terme *disaster* s'emploie beaucoup dans le cadre des catastrophes naturelles qui, effectivement, suscitent toujours des réactions de mobilisation nationale ou internationale, pour pallier les difficultés qu'elles entraînent, et venir en aide aux sinistrés par des appels à la générosité.

#### La première écoute

• La phrase d'introduction est cruciale pour la compréhension globale. Elle campe la situation et les personnes en présence.

• **Repérez** :

– CNN : *Cable News Network*, chaîne d'infos en continu américaine,

SUJETS D'ORAL

– George Clooney : célèbre acteur et réalisateur américain,
– Et Cooper qui travaille pour CNN : il s'agit donc d'une interview.

- Ainsi, vous pouvez mettre un lieu et une date sur *disaster* : le tremblement de terre de Haïti, en janvier 2010.
- On peut également mettre un visage sur *responding* : le téléthon organisé par George Clooney ("Hope for Haiti now"= 57 millions de dollars récoltés).
- Repérez les toux en bruits de fond qui nous laissent à penser que le reportage a peut-être lieu à Haïti même.
- Les deux questions cruciales du journaliste portent toutes les deux sur la manière (*how*) dont se déroule ce téléthon, et l'on comprend, grâce à la deuxième question, qu'une somme importante vient d'être collectée le soir même.
- **Repérez** :

– MTV : MusicTelevision,
– Les répétitions des mots *networks* et *outpouring.*

## La deuxième écoute

- Repérez bien le sens de la première question : Clooney est à l'origine de ce projet de mobilisation. Le journaliste s'étonne du succès mondial de l'entreprise de sensibilisation à la cause des Haïtiens.

→ **Les mots-réponses clés de la première question** : *"I called the people"; "they were kind enough to start."; "everybody wanted to participate"; "networks jumped in"; "Chinese government... allow"; "outpouring across the world"; "bad where you are right now".*

- Repérez le sens de la deuxième question : le journaliste s'interroge sur l'acheminement des dons jusqu'aux organismes de secours.

→ **Les mots-réponses clés de la seconde question** : *"organizations on the ground"; "Red Cross"; " influx of money immediately "; "begin the process of healing"; "everyone here feels helpless otherwise".*

- Cherchez à comprendre pourquoi Clooney cite la Chine. Rapprochez ce mot de *networks* et *across the world.*

## La troisième écoute

- **Repérez** :

– les raisons qui ont accéléré le processus de mobilisation du monde entier,
– la priorité pour les organismes présents de recevoir les fonds.

- **Les mots à reconnaître** : *"MTV"; "start the ball rolling"; "allow it to run in China"; "because of the images that you're showing"; "Oxfam"; "World Food Programme; "make sure that there's money".*
- Analysez les sentiments de G. Clooney.

**Organiser son compte-rendu**

Le plan vous est donné par les deux questions et leurs réponses respectives.

## Sujet 18 Corrigé

*Voici une proposition de compte-rendu correspondant à un niveau B1 (LV2). Les informations en gras sont attendues d'un niveau B2 (LV1).*

Cet enregistrement est une interview qui se déroule à Haïti, entre un reporter de CNN, chaîne d'informations américaine, et George Clooney, le célèbre acteur **et réalisateur de films** américain. Ce dernier est à l'origine du **téléthon** (l'œuvre humanitaire), qui a été médiatisé mondialement, en faveur des sinistrés d'Haïti, à la suite du tremblement de terre **qui a plongé le pays dans la détresse**, en janvier 2010.

Le journaliste, **nommé Anderson Cooper**, interroge George Clooney sur la manière dont il a organisé ce téléthon qui a déjà mobilisé soixante pays et six continents.

Clooney explique qu'il a joint les responsables de **MTV** qui ont accepté de lancer l'initiative et ont été suivis par de nombreux réseaux de toute provenance. Même le gouvernement chinois a donné son autorisation **pour que l'émission passe en Chine**. Les images diffusées sont de nature à émouvoir les populations qui compatissent au malheur des Haïtiens et oublient leurs propres difficultés.

Le reporter demande alors à G. Clooney avec quelle rapidité **les fonds collectés** pourront parvenir aux organismes de secours. L'acteur répond que l'argent sera versé directement aux organismes déjà présents pour mettre immédiatement en place **le processus de guérison**, car malheureusement tout le monde ici se sent très démuni sans aide financière.

Sujet 19

Compréhension orale • Séries ES, S et technologiques

# Lieux et formes du pouvoir

**Sujet inédit**

## Document

**Education: your responsibility for yourself and your nation**

Écoutez le document audio sur le site abcbac.com.

## Consigne

Le titre donné à l'enregistrement vous est communiqué.

Vous aurez droit à trois écoutes du document, séparées chacune d'une minute. Vous disposerez ensuite de 10 minutes pour rendre compte, par écrit et en français, de ce que vous avez compris, sans exigence d'exhaustivité.

## Les clés pour réussir

### Le titre

- Ce titre nous indique le sujet central : *Education*, les études scolaires.
- Grâce à la présence de l'adjectif possessif *your*, il nous est possible de penser qu'il s'agit d'un locuteur s'adressant à son / ses interlocuteur(s) directement.
- Les mots *responsibility* et *nation* nous font comprendre que le sujet est sérieux, voire solennel, et qu'il pourrait s'agir d'un discours d'un membre représentant l'Institution.

### La première écoute

- Vous n'aurez sans doute pas de peine à reconnaître la voix de Barack Obama, ce qui vous permettra de situer ce discours aux USA. Les indications de temps étant absentes, elles seront liées à ce que vous savez de son élection aux États-Unis (2008).
- Vous allez être tentés de prendre en note la liste des métiers énumérés au début, faites-le dès maintenant, vous pourrez l'utiliser ultérieurement.

• **Repérez :**
– les phrases courtes comme : *You're going to need a good education* ; *The future of America depends on you* ; *You'll need* (répété trois fois) et *We need every single one of you*,
– *challenges* qui est répété deux fois.
• **Repérez ce que l'homme politique déconseille fortement :**
– *drop out of school*,
– *quit on school*.

### La deuxième écoute

• Cherchez les raisons de ce besoin d'instruction :
– Pourquoi les élèves sont-ils indispensables à leur nation ?
– Et de quoi ont-ils besoin pour être utiles à leur pays ?
• **Repérez** dans ce discours en quoi, selon Obama, l'école peut aider les élèves à développer les qualités indispensables à la croissance de leur pays quand ils seront parvenus à l'âge adulte.
– Faites la liste de ces talents : *knowledge, skills, creativity, ingenuity* et des disciplines citées.
– Faites la liste des défis que doivent relever les États-Unis : *poverty, homelessness, cancer, AIDS, our environment, our economy, our most difficult problem*...

### La troisième écoute

**Repérez** des expressions plus complexes comme *problem-solving skills*, et *critical-thinking skills*.

### Organiser son compte rendu

Reliez ces éléments entre eux et suivez l'ordre des idées telles qu'elles sont énoncées. Le discours étant construit avec logique, vous n'aurez pas de mal à suivre son déroulement.

## Sujet 19 Corrigé

*Voici une proposition de compte rendu correspondant à un niveau B1 (LV2). Les informations en gras sont attendues d'un niveau B2 (LV1).*

Cet enregistrement est l'extrait d'un discours de Barack Obama, élu président des États-Unis en 2008. Ce discours a probablement été prononcé **au**

SUJETS D'ORAL

**début de son mandat.** Nous pouvons supposer que le président s'adresse à une assemblée de jeunes Américains **et, à travers eux, à l'ensemble des élèves de la nation américaine.**

**L'objectif général de ce discours est double.** D'une part, il incite les jeunes Américains à ne pas abandonner leur scolarité, indispensable à la future carrière à laquelle ils sont en droit d'aspirer. D'autre part, il souhaite les sensibiliser à l'idée selon laquelle s'investir dans ses études, c'est aussi contribuer à l'avenir de la nation.

Dans un premier temps, il explique que, pour chaque avenir professionnel envisagé, que ce soit médecin, enseignant, officier de police, infirmier, architecte, avocat ou militaire de carrière, le niveau d'instruction requis est un paramètre incontournable pour réussir. Ce niveau s'obtient par **la formation**, le travail et l'apprentissage.

Il poursuit en ajoutant que l'avenir des États-Unis repose justement sur ces jeunes, qui par les connaissances qu'ils acquièrent en ce moment, seront en mesure, ou non, de relever plus tard les défis de la société américaine.

Il développe son point de vue en faisant l'énumération de certains savoirs et savoir-faire indispensables, tels que la faculté de résoudre un problème – **l'apanage des matières scientifiques** – qui permettra de guérir des maladies comme le cancer et le Sida, de développer des technologies énergétiques de pointe et de protéger l'environnement ; la faculté d'analyse et l'esprit critique – **l'apanage de l'histoire et des sciences sociales** – qui permettront de venir à bout des problèmes des pauvres et des sans-abris, du crime et de la discrimination, et de rendre la nation plus juste et plus libre. Il termine par des qualités telles que la créativité et **l'ingéniosité**, développées dans toutes les disciplines, qui s'avèrent indispensables au lancement de nouvelles entreprises **favorisant l'emploi et stimulant la croissance économique**.

C'est pourquoi il invite chaque jeune à mettre ses qualités au service de l'Amérique. Il conclut en affirmant que si un jeune abandonne l'école, ce dernier compromet non seulement son avenir, mais aussi celui de son pays.

# Sujet 20 L'idée de progrès

Compréhension orale • Séries ES, S et technologiques

## Sujet inédit

### Document

**Space tourism set for take off**

Écoutez le document audio sur le site abcbac.com.

### Consigne

Le titre donné à l'enregistrement vous est communiqué.

Vous aurez droit à trois écoutes du document, séparées chacune d'une minute. Vous disposerez ensuite de 10 minutes pour rendre compte, par écrit et en français, de ce que vous avez compris, sans exigence d'exhaustivité.

### Les clés pour réussir

#### Le titre

Il est question de l'essor du tourisme spatial : il devient possible aujourd'hui pour des citoyens (fortunés !) d'effectuer des vols en orbite et de s'essayer à l'apesanteur, ce qui était autrefois réservé aux seuls professionnels de l'aérospatiale.

→ Attendez-vous à retrouver le lexique technique propre à cette industrie, des noms d'États, de pays ou de villes, et des chiffres (nombres et sommes d'argent).

#### La première écoute

• **Repérez des noms de lieux** (états, pays, villes, adjectifs de nationalité), **de personnes et d'entreprises** :

- Colorado / spaceport
- State Governor John (?)
- Denver
- Colorado
- other spaceports in New Mexico

SUJETS D'ORAL

- Virgin Galactic / American companies / New Mexico
- space experts
- Russia "Space adventures" / International Space Station

## La deuxième écoute

• **Repérez les chiffres** (nombres et sommes d'argent), **des repères temporels et quelques termes techniques** :
- Colorado / spaceport
- State Governor John (?) / **companies / commercial flights from** Denver
- **15 years**
- **vehicles / flight → new industry = aviation + aerospace**
- Colorado
- **7** other spaceports in New Mexico
- **the edge of space / plane-like aircrafts**
- Virgin Galactic / US companies / New Mexico: **next year**
- **space tourism / 1st paying passengers**
- **500 people: $200,000 for tickets**
- Space experts / **cost / private citizens / spaceports**
- **technically possible / less expensive**
- Russia **super rich** "Space adventures" / **Soyuz spacecraft** → ISS **$15 million**

## La troisième écoute

• **Repérez les verbes** :
- Colorado / spaceport **(to become)**
- State Governor John (?) **signed a bill** / **to entice** companies **to operate** commercial flights from Denver
- 15 years **(take maybe)** / vehicles / flight / halfway around the world
- Colorado: **compete with** 7 other spaceports (New Mexico)
- **Launch tourists to** the edge of space in plane-like aircrafts
- Virgin Galactic / US companies / **cut out a slice of** space tourism
- next year / New Mexico: **expects to carry** 1st paying passengers
- 500 people: $200,000 for tickets
- Space experts: cost **needs to come down to earth** for private citizens **→ for spaceports to survive**
- technically possible: **is there a market?** → less expensive
- **face competition** / Russia super rich "Space adventures" / Soyuz spacecraft → ISS / $15 million

## Organiser son compte rendu

• Précisez dès le début qu'il s'agit d'un reportage.

- Vous pouvez reprendre l'ordre chronologique dans lequel les informations apparaissent.
- On ne peut exiger de vous que vous restituiez le nom d'une ou de plusieurs personnes interviewées, mais vous devez toutefois être en mesure de mentionner leurs titres.

## Sujet 20 Corrigé

*Voici une proposition de compte rendu correspondant à un niveau B1 (LV2). Les informations en gras sont attendues d'un niveau B2 (LV1).*

Ce reportage nous informe que l'État du Colorado est en passe de devenir un « spatioport » : le gouverneur de cet État a en effet signé un décret encourageant les compagnies à opérer des vols spatiaux à but commercial depuis la ville de Denver, **ce qui devrait être faisable, selon lui, d'ici une quinzaine d'années, créant une nouvelle industrie combinant aviation et aérospatiale.**

Le Colorado est en concurrence avec sept autres États, comme le Nouveau Mexique, pour envoyer des touristes dans l'espace **à bord d'appareils ressemblant à des avions.**

Virgin Galactic, **l'une des quelques compagnies américaines cherchant à se faire une place dans l'industrie du tourisme spatial,** compte bien transporter ses premiers passagers payants l'an prochain depuis le Nouveau Mexique. Cinq cents personnes ont déjà déboursé 200 000 $ chacune pour acheter leur billet.

Des experts estiment que **pour que ces « spatioports » soient viables,** les tarifs pour les passagers civils doivent impérativement baisser, **ce qui est techniquement faisable, à condition que le marché suive.**

Les compagnies américaines sont en concurrence avec la richissime compagnie russe Space Adventures qui embarque des touristes **à bord de la navette Soyouz,** à destination de la Station Spatiale Internationale, pour 15 millions de dollars.

# Sujet 21

Expression orale • Séries ES, S et technologiques

20 min

## Mythes et héros

**Sujet inédit**

### Préparation 10 min

### Exposé 5 min

Parmi les notions que vous avez étudiées au cours de l'année, vous avez tiré au sort « Mythes et héros ». Vous devez maintenant proposer un exposé de 5 minutes. Vous choisissez de présenter cette notion sous l'angle « Héros et anti-héros ».

### Entretien avec l'examinateur 5 min

À la suite de votre exposé, l'examinateur entamera une phase d'interaction de 5 minutes. Il s'agit d'une conversation conduite par l'examinateur qui prend appui sur votre exposé.

## Les clés pour réussir

### La thématique

→ **Héros et anti-héros.**

- L'image du héros se construit généralement en opposition au méchant.
- Un héros peut être un super-héros luttant pour défendre le bien, ou un personnage qui a marqué l'histoire. Le personnage du héros lutte toujours pour une cause.

Remarque : Il serait erroné de limiter cette thématique aux gentils qui gagnent toujours contre les méchants.

### Les questions à se poser

Il vous faut définir la notion de héros et l'opposer à celle d'anti-héros.

- Qu'est-ce qui définit un héros ?
- Un héros réussit-il forcément ?
- Un anti-héros est-il voué à l'échec ?

### Le fil conducteur de l'exposé

→ **En quoi le héros est-il encore un personnage important dans notre société ?**

### Les arguments pour y répondre

- Héros et anti-héros : points communs et différences.
- Les héros du XXIe siècle.

### Le vocabulaire utile

*to stand up against*: se rebeller contre • *an archenemy*: un ennemi juré • *to debase*: dévaloriser • *an opponent*: un antagoniste • *a deed*: un exploit

### Conseils pour l'entretien avec l'examinateur

- Savoir définir la notion de mythes et de héros.
- Connaître des phrases de personnes considérées comme des héros (Ex : «*I have a dream*» de Martin Luther King).
- Justifier son choix d'exemples de héros, super-héros et anti-héros.

# Sujet 21 Pistes pour l'oral

## Exposé

### Introduction

A hero is a person of distinguished courage and ability, who is admired for their brave deeds and noble qualities. A hero may also be someone regarded as a model or an ideal. As a consequence, heroes are generally considered as defending good against evil. But what about anti-heroes? Are they evil? Are they inevitably doomed to fail? Why does society need to balance heroes with anti-heroes?

**Vocabulaire**
*doomed to fail*: voué à l'échec.

### I. Heroes or Zeroes?

#### A. First, let us give examples of heroes and why they are considered as such

• Some people have become heroes because they symbolise political resistance.

→ Nelson Mandela stood up against Apartheid in South Africa. He spent 26 years in prison for his beliefs.

SUJETS D'ORAL

• Others are fictional characters.

→ Sherlock Holmes solves mysteries and fights his archenemy Professor Moriarty.

→ Superman defends the Earth against villains, be they humans (Lex Luthor) or aliens (General Zod).

### B. But in fiction, there has been an increasing development of anti-heroes (or zeroes)

• Zeroes are heroes who fail.

→ Some writers have debased famous writings. For instance, *Bored of the Rings* is a parody of *The Lord of the Rings* trilogy and its characters, Frito, Goodgulf and the others are completely untrustworthy.

> **Vocabulaire**
> *untrustworthy*: indigne de confiance.

→ Terry Pratchett's character, Rincewind, is a failed wizard who can't cast spells properly.

Transition: Some heroes are doomed to fail because it is their fate.

## II. Tragic heroes struggle with their destiny

### A. In Greek mythology, some are punished by the gods

• Driven by excessive pride, they thought they could fool the gods.

> **Vocabulaire**
> *to fool*: duper.

→ Icarus did not listen to his father who told him not to fly too high → the wax on his wings melted and he drowned in the sea.

→ Oedipus also thought he could escape his fate → he nevertheless killed his father and married his mother.

### B. Nature and men can also create tragic heroes

• Man is powerless when nature rages.

→ The tragedy of Fukushima (Japan) → nuclear power has turned against man, its creator.

→ Earthquakes all around the world show how man is insignificant next to nature.

• Brother will sometimes turn on brother.

→ The Great Depression in 1929 drove the whole world into a deep crisis.

Transition: However, society can't live without heroes.

> **L'astuce du prof**
> Pensez à utiliser des mots de liaison dans votre exposé, comme par exemple, *however, also, nevertheless*.

## III. Are there any heroes for today's society?

### A. Ordinary men can save lives

• In some jobs, men are sometimes turned into daily heroes.

→ The film *World Trade Center* (Oliver Stone) praises the firefighters of the 9/11 events.

> **Vocabulaire**
> *to praise*: faire l'éloge de.

### B. The revival of superheroes is then possible thanks to ordinary people

• "Superheroes Anonymous" are real life superheroes whose aim is to turn the world into a better one through education and community service. They appeared in New York in 2007.

→ For example, they regularly give food to the homeless in New York.

## Conclusion

To sum it up, it can be said that society needs heroes to give hope to people and trust in human nature. What is worth remembering is that anybody can be a hero in our daily lives.

## Entretien

Voici des questions que pourrait vous poser l'examinateur :

• Is there anybody you know that you would consider as a hero? Why?

• *"With great power comes great responsibility"*: do you agree with that? Why (not)?

• Who is your favourite hero? Why?

• If you had to choose the Hero/Heroine of the year, who would you choose and why?

• Do you think being a hero is only a man's job? Why or why not?

# Sujet 22

Expression orale • Séries ES, S et technologiques

20 min

## Espaces et échanges

**Sujet inédit**

### Préparation 10 min

### Exposé 5 min

Parmi les notions que vous avez étudiées au cours de l'année, vous avez tiré au sort « Espaces et échanges ». Vous devez maintenant proposer un exposé de cinq minutes. Vous choisissez de présenter cette notion sous l'angle « L'homme et son environnement ».

### Entretien avec l'examinateur 5 min

À la suite de votre exposé, l'examinateur entamera une phase d'interaction de 5 minutes. Il s'agit d'une conversation conduite par l'examinateur qui prend appui sur votre exposé.

## Les clés pour réussir

### La thématique

→ **L'homme et son environnement.**

- L'homme adapte le milieu dans lequel il vit pour différentes raisons.
- Il se trouve confronté aux lois de la nature mais essaie de les dominer.
- L'homme est devenu un habitant de la ville.

### Les questions à se poser

- Pourquoi l'homme transforme-t-il le monde qui l'entoure ?
- Dans quelle mesure réussit-il à dominer la nature ?
- Peut-on considérer que la manière dont l'homme a transformé son milieu constitue un progrès ?

### Le fil conducteur de l'exposé

→ **Quel est l'impact de l'homme sur son environnement ?**

### Les arguments pour y répondre

- Différents événements de l'histoire et des changements de circonstances ont poussé l'homme à chercher d'autres territoires.
- L'homme s'approprie le monde naturel mais ne le maîtrise pas totalement. Progressivement, il a perdu contact avec la nature.

### Le vocabulaire utile

*city dweller:* citadin • *suburb:* banlieue • *territory:* territoire • *town planning:* urbanisme • *a natural disaster:* une catastrophe naturelle

### Conseils pour l'entretien avec l'examinateur

Si vous ne connaissez pas le mot exact dont vous avez besoin, cherchez une autre façon d'exprimer la même idée.

# Sujet 22 Pistes pour l'oral

## Exposé

### Introduction

In order to survive and to meet his basic needs, man has always adapted his immediate environment. In doing so, he has often modified elements found in nature for his own purposes. What marks has man made on the world around him? Has he succeeded in dominating nature? In leaving the natural world behind him, what sort of environment has man created for himself?

> **Vocabulaire**
> *To succeed in* + V *-ing, to manage to:* réussir à.

### I. Man has sought new territories

#### A. First, we could give some examples of events that have motivated or forced populations to occupy new territories

- For survival.

→ Man has always needed to occupy land in order to meet his basic needs.

- For personal enrichment, the desire to build a new life.

> **Piège à éviter**
> L'expression du but : *in order to, so as to* et *so that.*

SUJETS D'ORAL

→The Gold Rush, the conquest of the West of the United States of America, the colonisation of Australia and New Zealand...

### B. Populations have left the countryside for the town

• Rural landscapes have been replaced by cities.

• Unoccupied land or villages have given way to urban development.

• The emergence of famous cities around the world with their landmarks and specific architecture (New York, London, Sydney).

Transition: In creating new territories, mankind has taken possession of the natural world.

## II. Man, as an intelligent being, has found ways to control nature

### A. Populations are no longer forced to live in close proximity to natural resources

• Man has reorganized his environment in different ways to ensure a plentiful supply of food, water and other commodities.

• We are seeing examples of cities built in the desert like Abu Dhabi, where town planners have created a huge urban project in an extremely unfavorable natural setting.

### B. But man is constantly reminded of the force of nature

• With climate change, phenomena such as flooding or drought destroy entire regions or make them no longer inhabitable (Australia, India, the Horn of Africa).

• Famous cities like San Francisco, Los Angeles or Tokyo are built on active earthquake zones.

Transition: Man, in considering himself capable of dominating nature has lost contact with it.

## III. Man has essentially become a city dweller

### A. Throughout the world, there has been a transition from rural living to an urban way of life

• Populations are concentrated in urban environments where we find dense housing projects, motorways, airports, industrial zones...

• This phenomenon also concerns developing countries with the emergence of megacities with populations of over 10 million (China, India).

### B. Urbanization can in fact create new problems

• In building cities and transport networks, man has disturbed nature and sometimes damaged it permanently.

• Changes that are initially considered to be improvements and meant to provide a better quality of life, are, in fact, accompanied by undesirable effects such as pollution, noise or social and health problems.

### Conclusion

To sum up, it can be said that throughout history, man has transformed his environment and gradually become a city dweller. While previously the main challenge he faced was to control nature, in the 21st century, new problems are emerging.

## Entretien

Voici des questions que pourrait vous poser l'examinateur :

• What would your ideal city be like?

• Nowadays, people have a negative impression of life in city suburbs. Do you think this is justified?

• What sort of qualities do you think a person needed to strike out on their own into a new territory like in New Zealand in the 19th century?

• Some people are opting out and going back to a simpler, more rural way of life. Why is this so?

• The development of environmentally friendly cities: a dream or a reality?

# Sujet 23

Expression orale • Série L obligatoire

30 min

## Lieux et formes du pouvoir

**Sujet inédit**

### Doc. 1 Arrested

Richard's response was predictable – a rage he contained in front of the police but unleashed in the cab home. He shouted about the family name, about the disgrace to his mother, about the uselessness of the cause. All of this I had known to expect, from hearing of the reactions of other women's husbands. Indeed I have been lucky to go this long without Richard complaining. He has thought my activities with the WSPU a harmless hobby to be dabbled in between tea parties. It is only now he truly understands that I too am a suffragette.

"What about your daughter?" he shouted. "She needs a better example than you are setting." […]

We were silent the rest of the way back. When we got home I took a candle from the hall table and went directly up to Maude's room. I sat on her bed and looked at her in the dim light, wondering how to tell her what I must tell her.

She opened her eyes and sat up before I had said anything. "What is it, Mummy?" she asked so clearly that I am not sure she had been asleep.

It was best to be honest and direct. "Do you know where I was today while you were at school?"

"At the WSPU headquarters?"

"I was at Canton Hall for the Women's Parliament. But then I went to Parliament Square with some others to try to get in to the House of Commons."

"And… did you?"

"No. I was arrested. I've just come back from Cannon Row Police Station with your father. Who is furious, of course."

"But why were you arrested? What did you do?"

"I didn't do anything. We were simply pushing through the crowd when policemen grabbed us and threw us to the ground. When we got up they threw us down again and again. The bruises on my shoulders and ribs are quite spectacular. We've all got them."

I did not add that many of these bruises came from the ride in the Black Maria – how the driver took corners so sharply I was thrown about, or how the cubicles in the van were so small that I felt I had been shut in a coffin standing up. […]

"I'll be in court early tomorrow," I continued. "They may send me straight to 40 Holloway. I wanted to say goodbye now."

"But… how long would you be in… in prison?"

"I don't know. Possibly up to three months."

*Falling Angels,* Tracy CHEVALIER, 2001

## Doc. 2 The Importance of Vietnam

Since I am a preacher by trade, I suppose it is not surprising that I have seven major reasons for bringing Vietnam into the field of my moral vision. There is, at the outset, a very obvious and almost facile connection between the war in Vietnam and the struggle I, and others, have been waging in America. A few years ago there was a shining moment in that struggle. It seemed as if there was a real promise of hope for the poor – both black and white – through the poverty program. There were experiments, hopes, new beginnings. Then came the buildup in Vietnam and I watched the program broken and eviscerated as if it were some idle political plaything of a society gone mad on war, and I knew that America would never invest the necessary funds or energies in rehabilitation of its poor so long as adventures like Vietnam continued to draw men and skills and money like some demonic destructive suction tube. So I was increasingly compelled to see the war as an enemy of the poor and to attack it as such.

Perhaps the more tragic recognition of reality took place when it became clear to me that the war was doing far more than devastating the hopes of the poor at home. It was sending their sons and their brothers and their husbands to fight and to die in extraordinarily high proportions relative to the rest of the population. We were taking the black young men who had been crippled by our society and sending them eight thousand miles away to guarantee liberties in Southeast Asia which they had not found in southwest Georgia and East Harlem. So we have been repeatedly faced with the cruel irony of watching Negro and white boys on TV screens as they kill and die together for a nation that has been unable to seat them together in the same schools. So we watch them in brutal solidarity burning the huts of a poor village, but we realize that they would never live on the same block in Detroit.

I could not be silent in the face of such cruel manipulation of the poor. My third reason moves to an even deeper level of awareness, for it grows out of my experience in the ghettoes of the North over the last three years – especially the last three summers. As I have walked among the desperate, rejected and angry young men, I have told them that Molotov cocktails and rifles would not solve their problems. I have tried to offer them my deepest compassion while maintaining my conviction that social change comes most meaningfully through nonviolent action. But they asked – and rightly so – what about Vietnam? They asked if our own nation wasn't using massive doses of violence to solve its problems, to bring about the changes it wanted. Their questions hit home, and I knew that I could never again raise my voice against the violence of the oppressed in the ghettos without having first spoken clearly to the greatest purveyor of violence in the world today – my own government. For the sake of those boys, for the sake of this government, for the sake of hundreds of thousands trembling under our violence, I cannot be silent. For those who ask the question, "Aren't you a civil rights leader?" and thereby mean to exclude me from the movement for peace, I have this further answer. In 1957 when a group of us formed the Southern Christian Leadership Conference, we chose as our motto: "To save the soul of America." We were convinced that we could not limit our vision to certain rights for black people, but instead affirmed the conviction that America would never be free or saved from itself unless the descendants of its slaves were loosed completely from the shackles they still wear. […]

Adapted from *Beyond Vietnam: A Time to Break Silence*, by Rev. Martin Luther King, 4th April 1967

**Doc. 3** **Invictus**

Poster of *Invictus*, a film by Clint Eastwood (2009)
© Collection Christophe L

## Préparation 10 min

## Exposé 10 min

Parmi les quatre notions que vous avez étudiées pendant l'année, l'examinateur a choisi « Lieux et formes du pouvoir ». Vous devez maintenant proposer un exposé de 10 minutes, basé sur les documents que vous avez étudiés en classe. Vous choisissez de présenter cette notion sous l'angle « Protester et s'engager ».

## Entretien avec l'examinateur 10 min

À la suite de votre exposé, l'examinateur entamera une phase d'interaction de 10 minutes. Il s'agit d'une conversation conduite par l'examinateur qui prend appui sur votre exposé.

## Les clés pour réussir

### La thématique

→ **Protester et s'engager.**

- Lutter pour faire avancer le monde.
- Se battre contre les préjugés.
- Les difficultés de se faire entendre.

### Synthèse du corpus

Trois exemples différents de lutte (droit de vote des femmes, protestation contre la guerre, fin de l'Apartheid).

- Expression des doutes face à l'ampleur de la tâche.
- La volonté de changer même si cela peut prendre des années, voire des décennies.

### Les questions à se poser

- Quel est le point de départ d'une lutte, d'une manifestation, d'une protestation ?
- Comment exprimer sa protestation ?
- Quelles conséquences pour ceux qui s'engagent ?

### Le fil conducteur de l'exposé

→ **En quoi lutter pour un idéal est-il source de changement mais aussi de danger ?**

### Les arguments pour y répondre

- Volonté de faire bouger les choses.
- Lutter, c'est aussi s'exposer aux critiques des autres.
- Plus l'enjeu est important, plus l'engagement et le danger le sont aussi.

### Le vocabulaire utile

*a disparager / a critic:* un détracteur • *the other side of the coin:* le revers de la médaille • *an awareness campaign:* une campagne de sensibilisation

# Sujet 23 Pistes pour l'oral

## Exposé

### Introduction

Since the dawn of mankind, people have been confronted with unfairness and power abuse. That is why protest was born. The more people are aware of an injustice, the more likely they are to fight it. What forms can protest take? What is its impact? What are the consequences for those who protest?

### I. Protesting can be realized in different ways

#### A. The most classic form of protest is demonstration

• The 20th century has witnessed countless demonstrations to defend countless causes.

→ Black people in America wanted to get the same rights as white people.

Ex: On August 28th, 1963, 200,000 people marched in Washington D.C. for the 100th anniversary of the abolition of slavery to remind the American government that black people still didn't have the right to vote.

**Vocabulaire**
- *countless:* innombrable.
- *the plight:* situation critique.

#### B. Art can be used as a vehicle of protest

• Many artists have expressed their disagreement through their art.

→ Through her photographs, Dorothea Lange showed the plight of poor people, who, during the Great Depression, left Oklahoma to find jobs in California.

Transition: The goal of protest is to make people aware of unfair situations.

### II. The impact on people is generally important

#### A. Protest enables to highlight the issues of society

• Awareness campaigns help people understand the ins and outs of a problem.

**Vocabulaire**
- *the ins and outs:* les tenants et les aboutissants.

→ Amnesty International fights for human rights. This NGO (Non-Governmental Organisation) demands the abolition of torture.

### B. Thanks to struggle, society has been able to fight and change

• Ethnic minorities and women are considered less and less as second-class citizens in a lot of countries.

→ The Suffragettes movement helped women get the right to vote in Great Britain.

Transition: However, fighting for what is right is not without consequences.

## III. Finally, commitment may lead to bad consequences

> **Vocabulaire**
> *commitment:* engagement.

### A. In some countries, it is almost impossible to express one's opinion

• Unfortunately, the freedom of speech is not universal.

→ Aung San Suu Kyi, the 1991 Nobel Peace Prize, spent 15 years under house arrest (she was not allowed to leave her house) because she opposed the Burmese dictatorship.

### B. Committed people fear for their lives too

• Some people have become the symbols of their cause through death.

→ Mahatma Gandhi was murdered by an Indian after he peacefully led his country to independence.

## Conclusion

Commitment may sometimes seem a lost cause, but there will always be hope as long as one person decides to stand up against injustice.

## Entretien

Voici des questions que pourrait vous poser l'examinateur :

• Can you give other examples of commitment in art?

• Do you know any other Nobel Peace Prize winners? Can you mention any important organization which received the award?

• What cause would you choose if you had one to defend?

Sujet 24

Expression orale • Série L obligatoire

30 min

# L'idée de progrès

Sujet inédit

**Doc. 1** **Chapter 5**

It was on a dreary night of November that I beheld the accomplishment of my toils. With an anxiety that almost amounted to agony, I collected the instruments of life around me, that I might infuse a spark of being into the lifeless thing that lay at my feet. It was already one in the morning; the rain pattered dismally against the panes, and my candle was nearly burnt out, when, by the glimmer of the half-extinguished light, I saw the dull yellow eye of the creature open; it breathed hard, and a convulsive motion agitated its limbs.

How can I describe my emotions at this catastrophe, or how delineate the wretch whom with such infinite pains and care I had endeavoured to form? His limbs were in proportion, and I had selected his features as beautiful. Beautiful! – Great God! His yellow skin scarcely covered the work of muscles and arteries beneath; his hair was of a lustrous black, and flowing; his teeth of a pearly whiteness; but these luxuriances only formed a more horrid contrast with his watery eyes, that seemed almost of the same colour as the dun white sockets in which they were set, his shrivelled complexion and straight black lips.

The different accidents of life are not so changeable as the feelings of human nature. I had worked hard for nearly two years, for the sole purpose of infusing life into an inanimate body. For this I had deprived myself of rest and health. I had desired it with an ardour that far exceeded moderation; but now that I had finished, the beauty of the dream vanished, and breathless horror and disgust filled my heart. Unable to endure the aspect of the being I had created, I rushed out of the room, and continued a long time traversing my bedchamber, unable to compose my mind to sleep. At length lassitude succeeded to the tumult I had before endured; and I threw myself on the bed in my clothes, endeavouring to seek a few moments of forgetfulness. But it was in vain: I slept, indeed, but I was disturbed by the wildest dreams. I thought I saw Elizabeth, in the bloom of health, walking in the streets of Ingolstadt. Delighted and surprised, I embraced her; but as I imprinted the first kiss on her lips, they became livid with the hue of death; her features appeared to change, and I thought that I held the corpse of my dead mother in my arms; a shroud enveloped her form, and I saw the grave-worms crawling in the folds of the flannel. I started from my sleep with horror; a cold dew covered my forehead, my teeth chattered, and every limb became convulsed: when, by the dim and yellow light of the moon, as it forced its way through the window shutters, I beheld the wretch – the miserable monster whom I had created. He held up the curtain of the bed; and his eyes, if eyes they may be called, were fixed on me. His jaws opened, and he muttered some inarticulate sounds, while a grin wrinkled his cheeks. He might have spoken, but I did not hear; one hand was stretched out, seemingly to detain me, but I escaped, and rushed down stairs. I took refuge in the courtyard belonging to the house which I inhabited; where I remained during the rest of the night, walking up and down in the greatest agitation, listening attentively, catching and fearing each sound as if it were to announce the approach of the demoniacal corpse to which I had so miserably given life.

*Frankenstein*, Mary SHELLEY, 1817

## Doc. 2 A Poster of Modern Times

*Modern Times*, Charlie CHAPLIN (1936), Collection Christohpe L, United Artists/Roy export

## Doc. 3 The Immortal Bard

"Oh, yes," said Dr. Phineas Welch, "I can bring back the spirits of the illustrious dead."

He was a little drunk, or maybe he wouldn't have said it. Of course, it was perfectly all right to get a little drunk at the annual Christmas party. Scott Robertson, the school's young English instructor, adjusted his glasses and looked to right and left to see if they were overheard. "Really, Dr. Welch."

"I mean it. And not just the spirits. I bring back the bodies, too."

"I wouldn't have said it were possible," said Robertson primly.

"Why not? A simple matter of temporal transference."

"You mean time travel? But that's quite-uh-unusual."

"Not if you know how."

"Well, how, Dr. Welch?"

"Think I'm going to tell you?" asked the physicist gravely. He looked vaguely about for another drink and didn't find any. He said, "I brought quite a few back. Archimedes, Newton, Galileo. Poor fellows."

"Didn't they like it here? I should think they'd have been fascinated by our modern science," said Robertson. He was beginning to enjoy the conversation.

"Oh, they were. They were. Especially Archimedes. I thought he'd go mad with joy at first after I explained a little of it in some Greek I'd boned up on, but no-no-"

"What was wrong?"

"Just a different culture. They couldn't get used to our way of life. They got terribly lonely and frightened. I had to send them back."

"That's too bad."

"Yes. Great minds, but not flexible minds. Not universal. So I tried Shakespeare."

"*What*?" yelled Robertson. This was getting closer to home.

"Don't yell, my boy," said Welch. "It's bad manners."

"Did you say you brought back Shakespeare?"

"I did. I needed someone with a universal mind; someone who knew people well enough to be able to live with them centuries way from his own time. Shakespeare was the man. I've got his signature. As a memento, you know."

"On you?" asked Robertson, eyes bugging.

"Right here." Welch fumbled in one vest pocket after another. "Ah, here it is."

SUJETS D'ORAL

A little piece of pasteboard was passed to the instructor. On one side it said: "L. Klein & Sons, Wholesale Hardware." On the other side, in straggly script, was written, "Will" Shakesper."

A wild surmise filled Robertson. "What did he look like?"

"Not like his pictures. Bald and an ugly mustache. He spoke in a thick brogue. Of course, I did my best to please him with our times. I told him we thought highly of his plays and still put them on the boards. In fact, I said we thought they were the greatest pieces of literature in the English language, maybe in any language."

"Good. Good," said Robertson breathlessly.

"I said people had written volumes of commentaries on his plays. Naturally he wanted to see one and I got one for him from the library."

"And?"

"Oh, he was fascinated. Of course, he had trouble with the current idioms and references to events since 1600, but I helped out. Poor fellow. I don't think he ever expected such treatment. He kept saying, 'God ha' mercy! What cannot be racked from words in five centuries? One could wring, methinks, a flood from a damp clout!'"

"He wouldn't say that."

"Why not? He wrote his plays as quickly as he could. He said he had to on account of the deadlines. He wrote *Hamlet* in less than six months. The plot was an old one. He just polished it up."

"That's all they do to a telescope mirror. Just polish it up," said the English instructor indignantly.

The physicist disregarded him. He made out an untouched cocktail on the bar some feet away and sidled toward it. "I told the immortal bard that we even gave college courses in Shakespeare."

"*I* give one."

"I know. I enrolled him in your evening extension course. I never saw a man so eager to find out what posterity thought of him as poor Bill was. He worked hard at it."

"You enrolled William Shakespeare in my course?" mumbled Robertson. Even as an alcoholic fantasy, the thought staggered him. And *was* it an alcoholic fantasy? He was beginning to recall a bald man with a queer way of talking….

"Not under his real name, of course," said Dr. Welch. "Never mind what he went under. It was a mistake, that's all. A big mistake. Poor fellow." He had the cocktail now and shook his head at it.

"Why was it a mistake? What happened?"

"I had to send him back to 1600," roared Welch indignantly. "How much humiliation do you think a man can stand?"

"What humiliation are you talking about?"

Dr. Welch tossed off the cocktail. "Why, you poor simpleton, you *flunked* him."

Isaac Asimov, 1954

## Préparation 10 min

### Exposé 10 min

Parmi les quatre notions que vous avez étudiées pendant l'année, l'examinateur a choisi « L'idée de progrès ». Vous devez maintenant proposer un exposé de 10 minutes, basé sur les documents que vous avez étudiés en classe. Vous choisissez de présenter cette notion sous l'angle « L'art et le progrès ».

### Entretien avec l'examinateur 10 min

À la suite de votre exposé, l'examinateur entamera une phase d'interaction de 10 minutes. Il s'agit d'une conversation conduite par l'examinateur qui prend appui sur votre exposé.

## Les clés pour réussir

### La thématique

→ **L'art et le progrès.**

- L'art comme mise en valeur ou condamnation du progrès.
- L'évolution de l'art en fonction de l'évolution des techniques.

### Synthèse du corpus

- Trois approches différentes de l'art sur le progrès (médical, industriel, scientifique).
- Les résultats non escomptés.
- Permettre une évolution par la suite.

### Les questions à se poser

- En quoi l'évolution de l'art est-elle un exemple de progrès ?
- L'esthétique est-elle associable au progrès ?

### Le fil conducteur de l'exposé

→ **Dans quelle mesure peut-on associer art et progrès ?**

### Les arguments pour y répondre

- Le progrès au service de l'art.
- L'art comme distance et critique du progrès.

### Le vocabulaire utile

*a safeguard:* un garde-fou • *digital:* numérique

# Sujet 24 Pistes pour l'oral

## Exposé

### Introduction

Progress is generally associated with science and technology. It is usually acknowledged that it is mostly visible in these areas. But it would be wrong to limit progress to them. What about art? Is there any progress possible in art?

### I. Artists have always been innovators

#### A. They made experiments which were adopted by others

• Literature has developed new kinds of writing.

→ The stream of consciousness, found in Virginia Woolf's writings, enables readers to have a direct access to the character's thoughts.

→ For instance, when reading her novels, the reader may be at a loss whether it is the narrator or the character who is talking.

#### B. The way in which people perceive art has changed

• Painting has evolved from a realistic vision of the world to a more abstract one.

→ Cubism and abstract art have revolutionized perception.

→ For example, the paintings of Picasso show what seems to be a distorted vision of his models.

Transition: However, progress is not always felt as positive.

**L'astuce du prof**

Pensez à travailler vos transitions et n'oubliez pas d'utiliser des mots de liaison.

### II. Yet, art is a means to criticize progress

#### A. Progress may be perceived as threatening

Art is very often used to denounce the evils of progress.

→ Dystopias show the negative impact of progress on mankind.

→ For example, *1984*, by George Orwell, denounces totalitarian regimes with the character of Big Brother.

**Vocabulaire**

■ A *dystopia* is the contrary of a utopia, i.e., a society in a repressive and controlled state.

### B. Sometimes, progress is even ridiculed

• Debunking is a way to make things even.

→ Andy Warhol discredited consumer society.

→ His famous painting of Campbell's soup cans denounces American overconsumption.

Transition: Nevertheless, art can't live without progress.

**Vocabulaire**
- *debunking:* démythification.
- *to make things even:* mettre à égalité.

## III. Finally, progress is necessary for art's sake

### A. Aesthetics is due to progress

• The cinema industry has bloomed thanks to the evolution of its techniques.

→ Audiences are made to dream of new worlds thanks to chroma keying.

**Vocabulaire**
- *chroma keying:* incrustation ou fond vert.

→ For example, *Avatar* leads us to the wonderful world of Pandora, which only exists in the mind of director James Cameron.

### B. Progress has led to the creation of new forms of art

• There are no longer seven arts.

→ The multimedia is considered as the 8th art.

→ Indeed, the Internet is taking more and more importance in our lives.

## Conclusion

To sum up, art cannot be dissociated from progress. The former nourishes the latter and vice versa.

## Entretien

Voici des questions que pourrait vous poser l'examinateur :

• Which is your favourite art and why?

• Are you an artist?

• Which do you prefer: reading a novel or watching its screen adaptation? Why?

# Sujet 25

Expression orale • Série L approfondie

30 min

## Mythes et héros

**Sujet inédit**

**Doc. 1** **Story of the Door**

"Well, it was this way," returned Mr. Enfield: "I was coming home from some place at the end of the world, about three o'clock of a black winter morning, and my way lay through a part of town where there was literally nothing to be seen but lamps. Street after street and all the folks asleep – street after street, all lighted up as if for a procession and all as empty as a church – till at last I got into that state of mind when a man listens and listens and begins to long for the sight of a policeman. All at once, I saw two figures: one, a little man who was stumping along eastward at a good walk, and the other a girl of maybe eight or ten who was running as hard as she was able down a cross street. Well, sir, the two ran into one another naturally enough at the corner; and then came the horrible part of the thing; for the man trampled calmly over the child's body and left her screaming on the ground. It sounds nothing to hear, but it was hellish to see. It wasn't like a man; it was like some damned Juggernaut. I gave a few halloa, took to my heels, collared my gentleman, and brought him back to where there was already quite a group about the screaming child. He was perfectly cool and made no resistance, but gave me one look, so ugly that it brought out the sweat on me like running. The people who had turned out were the girl's own family; and pretty soon, the doctor, for whom she had been sent, put in his appearance. Well, the child was not much the worse, more frightened, according to the Sawbones; and there you might have supposed would be an end to it. But there was one curious circumstance. I had taken a loathing to my gentleman at first sight. So had the child's family, which was only natural. But the doctor's case was what struck me. He was the usual cut and dry apothecary, of no particular age and colour, with a strong Edinburgh accent and about as emotional as a bagpipe. Well, sir, he was like the rest of us; every time he looked at my prisoner, I saw that Sawbones turn sick and white with desire to kill him. I knew what was in his mind, just as he knew what was in mine; and killing being out of the question, we did the next best. We told the man we could and would make such a scandal out of this as should make his name stink from one end of London to the other. If he had any friends or any credit, we undertook that he should lose them. And all the time, as we were pitching it in red hot, we were keeping the women off him as best we could for they were as wild as harpies. I never saw a circle of such hateful faces; and there was the man in the middle, with a kind of black sneering coolness – frightened to, I could see that – but carrying it off, sir, really like Satan."

Robert Louis STEVENSON, *The Strange Case of Dr Jekyll and Mr Hyde*, 1886

## Doc. 2 Superheroes Anonymous

www.superheroesanonymous.com

**Doc. 3** **To Be or Not to Be**

**HAMLET**

To be, or not to be? That is the question—
Whether 'tis nobler in the mind to suffer
The slings and arrows of outrageous fortune,
Or to take arms against a sea of troubles,
And, by opposing, end them? To die, to sleep—
No more—and by a sleep to say we end
The heartache and the thousand natural shocks
That flesh is heir to—'tis a consummation
Devoutly to be wished! To die, to sleep.
To sleep, perchance to dream—ay, there's the rub,
For in that sleep of death what dreams may come
When we have shuffled off this mortal coil,
Must give us pause. There's the respect
That makes calamity of so long life.
For who would bear the whips and scorns of time,
Th' oppressor's wrong, the proud man's contumely,
The pangs of despised love, the law's delay,
The insolence of office, and the spurns
That patient merit of th' unworthy takes,
When he himself might his quietus make
With a bare bodkin? Who would fardels bear,
To grunt and sweat under a weary life,
But that the dread of something after death,
The undiscovered country from whose bourn
No traveler returns, puzzles the will
And makes us rather bear those ills we have
Than fly to others that we know not of?
Thus conscience does make cowards of us all,
And thus the native hue of resolution
Is sicklied o'er with the pale cast of thought,
And enterprises of great pith and moment
With this regard their currents turn awry
And lose the name of action.

SHAKESPEARE, *Hamlet*, 1603. Acte III, scène 1, v.55-87

## Préparation 10 min

## Exposé 10 min

Parmi les deux notions sur lesquelles vous avez préparé un dossier, l'examinateur a choisi « Mythes et héros ». Vous devez maintenant proposer un exposé de 10 m inutes dans lequel vous présenterez votre dossier et justifierez vos choix de documents.

## Entretien avec l'examinateur 10 min

À la suite de votre exposé, l'examinateur entamera une phase d'interaction de 10 minutes. Il s'agit d'une conversation conduite par l'examinateur qui prend appui sur votre exposé.

## Les clés pour réussir

### La thématique

→ **Être ou ne pas être un héros.**

- Les exigences du concept et la difficulté d'atteindre cet idéal.
- Le héros brisé.
- Un être humain à part entière.

### Les documents

Vous devrez choisir les trois documents qui composeront ce dossier. Deux d'entre eux auront été sélectionnés parmi ceux que vous avez étudiés en cours. Le troisième document sera personnel. Ils devront illustrer la notion que vous avez choisie, et tout particulièrement l'éclairage de cette dernière que vous avez envisagé.

#### Document 1

- Le roman commence *in medias res* (en pleine action). Mr Hyde, le double maléfique de Dr Jekyll, a blessé une enfant et la famille de cette dernière ressent une haine inexplicable en présence de ce dernier.

Problématique : Comment les deux aspects d'un seul et même personnage, son bon et son mauvais côté, sont-ils littéralement séparés ?

Intérêt du document : Le double maléfique que Dr Jekyll s'est forgé en buvant la potion lui permet d'assouvir ses instincts les plus vils. À l'inverse du docteur, qui est quelqu'un de retenu, de tempéré et de foncièrement bon, Mr Hyde est la partie mauvaise de ce dernier et il s'adonne à tous les vices. Plus Dr Jekyll se laisse aller à ses pulsions, plus Mr Hyde grandit.

### Document 2

• *Superheroes Anonymous* est un collectif créé en 2007, à New York. Ces super-héros de la vie réelle se rencontrent deux fois par mois et accueillent tous ceux qui souhaitent améliorer le quotidien des autres par le travail de proximité, l'éducation et l'entraide.

Problématique : Est-il possible d'être un super-héros dans le monde réel ?

Intérêt du document : À l'instar de Batman, ces super-héros sont des gens normaux sans superpouvoirs. Leur seule force est leur générosité et leur volonté de faire le bien. En cela, ils démontrent que chacun d'entre nous peut changer notre quartier, notre ville et notre société en menant des actions pour le bien de tous.

### Document 3

• Ce document est le célèbre soliloque d'Hamlet, qui envisage la mort comme une libération du fardeau que lui fait porter le fantôme de son père : ce dernier lui demande de venger son assassinat (il a été tué par son propre frère afin de prendre sa place sur le trône du Danemark).

Problématique : La mort permet-elle d'échapper à ses responsabilités ? Le personnage éponyme (dont le nom sert de titre à la pièce) ne serait-il finalement qu'un lâche ?

Intérêt du document : De tous les personnages de Shakespeare, Hamlet est celui qui réfléchit le plus et agit le moins. En tant que fils du roi défunt, il se doit de venger la mort de ce dernier. Or, Hamlet n'est pas un soldat, c'est un penseur. Son arme est la plume, pas l'épée. Il ne peut s'empêcher de trouver des excuses pour remettre à plus tard ce pour quoi il est destiné. Cependant, en tant que héros tragique, il est condamné à accomplir son destin.

### Synthèse du corpus

• Héros et anti-héros traversent les époques (ici, début XVIIe, fin XIXe, début XXIe siècle) : c'est donc une problématique toujours d'actualité malgré le temps qui passe.

• Multiplicité des arts qui s'emparent de cette thématique.

• Différentes facettes du héros : être malfaisant, super-héros de la vie de tous les jours, héros qui refuse son destin.

## Les questions à se poser

• Pourquoi est-ce difficile d'être un héros ?

• Un héros gagne-t-il toujours ?

• Pourquoi n'est-il pas infaillible ?

## Le fil conducteur de l'exposé

→ **Et si le héros n'était pas toujours destiné à réussir ?**

### Les arguments pour y répondre

- Un héros qui n'œuvre pas pour le bien.
- Le refus de sa mission ou de son destin.

### Le vocabulaire utile

*the two sides of the coin*: les deux faces d'une même médaille • *a counterpart*: un homologue • *an evildoer*: un méchant • *an opponent*: un antagoniste • *a deed*: un exploit • *an evil twin*: un double maléfique • *a coward:* un lâche

# Sujet 25 Pistes pour l'oral

## Exposé

### Introduction

Since Antiquity, heroes have been considered as champions who defeat their enemies and maintain law and order within their cities, countries… As such, their actions are never or little questioned. However, what would happen if they chose not to be heroes? What if they refused to achieve their fate?

**Vocabulaire**
- *to question*: remettre en cause.
- *to achieve*: accomplir.

### I. Sometimes, the deeds of heroes are evil instead of good

#### A. The hero may be blinded by ambition

• Dr Jekyll wanted to improve mankind by separating human nature from its evil part. With no good left inside, Mr Hyde, his evil twin, inspires hatred in the people he meets:

→ *"I had taken a loathing to my gentleman at first sight."* (l. 23-24).

• He wanted to play God, just like Dr Victor Frankenstein, to improve human beings.

#### B. He may refuse to act out of fear

• Hamlet cannot bear the burden of his destiny, i.e. to kill his uncle. He would like to die instead.

**Vocabulaire**
- *out of*: de, par.
- *a burden*: un fardeau.

SUJETS D'ORAL

➔ "[...] *To die, to sleep—*
*No more—and by a sleep to say we end*
*The heartache and the thousand natural shocks"* (l. 5-7).

➔ This character is led by procrastination (putting off important tasks to a later time) and death would be the ultimate stage.

Transition: As a consequence, there is little difference between heroes and ordinary people.

**L'astuce du prof**

Il est important de ménager des transitions afin de montrer à votre examinateur que votre plan est logique.

## II. Is there any difference between a hero and ordinary people then?

### A. According to the collective Superheroes Anonymous, anybody can be a hero

• If we have a close look at document 2, the people present are ordinary people who try to improve everyday life.

➔ They help to clean Central Park for New Yorkers to enjoy it without garbage.

➔ Their message is that you have to arouse the superhero that lies within you to improve people's lives.

### B. Dr Jekyll wanted to indulge in mankind's ugliest vices

**Vocabulaire**

■ *to indulge in*: s'adonner.

• Dr Jekyll felt his most secret desires refrained because Victorian society condemned crime. As Mr Hyde, he felt no guilt since he had no feelings at all.

➔ *"[...] the man trampled calmly over the child's body and left her screaming on the ground. It sounds nothing to hear, but it was hellish to see. It wasn't like a man; it was like some damned Juggernaut."* (l. 12-15).

➔ This behaviour is completely the opposite of what is expected from a hero. Doing wrong for wrong's sake is definitely anti-heroic.

Transition: Is it possible to reconcile heroes with their destiny?

## III. In the end, solutions can be found to restore their image

### A. Hamlet's soliloquy is proleptic

**Vocabulaire**

■ *to restore one's image*: redorer son blazon.

• The soliloquy announces what is going to happen in the end before it actually happens: it announces Hamlet's death before the end of the play. In the last act of the play, he will manage to kill his uncle before dying. He will then prefer action over thinking.

➔ *"Thus conscience does make cowards of us all,
And thus the native hue of resolution
Is sicklied o'er with the pale cast of thought,
And enterprises of great pith and moment
With this regard their currents turn awry
And lose the name of action."* (l. 28-33).

➔ Death is very often the fate of tragic heroes. That is the case in most Shakespearian tragedies.

### B. As for Dr Jekyll, he will choose death too

• After the murder of Sir Danvers Carew, he will realize he went too far, and to put an end to Mr Hyde's acts, he will have to kill himself.

➔ *"Well, sir, he was like the rest of us; every time he looked at my prisoner, I saw that Sawbones turn sick and white with desire to kill him. I knew what was in his mind, just as he knew what was in mine; and killing being out of the question, we did the next best."* (l. 27-31).

➔ Death is seen as a liberation, and purges Dr Jekyll of his evil side.

## Conclusion

Mankind will always marvel at its heroes, even if they are flawed, for they are a hope for change in any society.

**Vocabulaire**

■ *to be flawed*: avoir des défauts.

## Entretien

Voici des questions que pourrait vous poser l'examinateur :

• In what ways can we say that Hamlet and Dr Jekyll are tragic heroes?

• Do you think Superheroes Anonymous could exist in France?

• Why are heroes generally men? Would it have been different if Dr Jekyll or Hamlet had been women? Why or why not?

# Sujet 26

Expression orale • Série L approfondie

30 min

## Espaces et échanges

**Sujet inédit**

### Doc. 1 The Cob House

While Harriet was away, Joseph walked down the line of the creek to the place where the Cob House should have been built – to the place where it should have been built in his mind.

There were no trees here, no scrub, no features at all, only a level plateau of grass and stones. But the plateau was protected by a south-facing spur. When you arrived here, you could feel the air sweeten. The terrible sighing and pounding of the wind in your ears suddenly ceased. The men who had called Joseph a cockatoo had been right and he had been wrong; this was the place where the house would eventually have to stand.

Joseph paced out the plateau, measured its distance from the creek, tried with his bare hands to pull a grey boulder out of the earth. When the summer came, he told himself, if any money remained to buy timber, he would lay down the foundations of a new building. Years, it might take, for he would be alone in his task and could afford no more hired labour. But at least he would have begun, he would have admitted his error. In the new beginnings of this second house would lie his hopes for the future. All life, he thought as he tugged at the boulder, is a flight from mistake to mistake.

Joseph sat on the ground and looked up the line of the creek to where the Cob House stood. While working on it, in his first euphoria of construction, he had thought up names for it: Hope Farm, White Cloud Farm, New Paradise Farm, but as yet, he hadn't burdened it with any of these. It was just 'the cob house' and in this anonymity lay his admission that it was contingent, that for Lilian's sake, if for no one else's, he would have to build something better than this one day. […]

Joseph stood up. Today, the sky above the Cob House was a deep and startling blue, a rarefied un-English blue that made him yearn for the return of summer. He walked to the creek's edge and squatted down

and put his hands in the icy water. Swollen with the snow-melt, Harriet's Creek was now a rushing torrent. Once the channel was dug to his pond, it would fill very fast. Joseph had heard that Tasmanian trout might be bought somewhere along the Ashley and had decided he would stock his pond with these.
Joseph wiped his hands on the tussock and began to walk back towards the Cob House, following the creek. Where scrub roots clung to the very edge of the further bank, the water, in its new frenzy, had taken a different course, revealing a sliver of muddy shore, on which some blue-duck were wading. Joseph stopped to watch the birds. As the winter progressed, he knew he would have to take out his gun and begin shooting what wildfowl he could track down to keep the three of them fed.

Rose Tremain, *The Colour*, 2003

## Doc. 2 George Tooker's vision of the subway in New York City

*Subway*, George Tooker, 1950, © Whitney Museum of American Art, New York

## Doc. 3 The suburbs

When the train comes in, everybody starts pushing. They can't wait to get on the train. They're panicking for if there's no room. Advise yourself! There's plenty of room for everybody! The train is as long as the whole tunnel! When the train started it made my belly turn over like on the aeroplane, I nearly fell over. Everybody was bumping everybody. Asweh, it was brutal.
I wanted Mamma to stand up with us but she wouldn't stand up. She likes sitting better. The lady sitting next to her had pink hair. It felt lovely.

Where Auntie Sonia lives looks the same as where I live. It didn't even feel far away. There are still towers but they're not as tall as mine, only like the never-normal flats. Auntie Sonia lives in a house. It's in a big line of them, they all look the same except some of the doors are a different colour and some of the gardens are just pavement.

Some people put their cars on the garden. The car was right next to the window. It felt like the car was waiting to come in but nobody would let it in. I pretended like the car was a dog. He'd been sent out to ease himself, now he wanted to come back in but nobody was listening. Asweh, it was very funny. I even felt sorry for him.

At first I thought Auntie Sonia's house was one big house but it's actually two flats inside. Auntie Sonia's flat is at the bottom, and there's another flat up the stairs. Auntie Sonia's TV is massive. It's proper skinny and it hangs on the wall like a picture. Everything in her flat looks brand new. Auntie Sonia even has a tree in a pot. It's only tiny. A tree inside felt crazy, I didn't like it. I was worried for when the tree got bigger and hit the roof. Then it would die.

Me: "What will happen when it grows up?"

Auntie Sonia: "It won't grow up, it stays like that all the time. It's a special kind of tree that never grows."

It's like a baby who dies when it's still a baby. It's very mean to make a tree like that. If I was the tree I'd roar all the time until somebody came and let me outside.

Stephen KELMAN, *Pigeon English*, 2011

## Préparation 10 min

## Exposé 10 min

Parmi les deux notions sur lesquelles vous avez préparé un dossier, l'examinateur a choisi « Espaces et échanges ». Vous devez maintenant proposer un exposé de 10 minutes dans lequel vous présenterez votre dossier et justifierez vos choix de docum ents.

## Entretien avec l'examinateur 10 min

À la suite de votre exposé, l'examinateur entamera une phase d'interaction de 10 minutes. Il s'agit d'une conversation conduite par l'examinateur qui prend appui sur votre exposé.

## Les clés pour réussir

### La thématique

**→ La place de l'homme dans le monde qui l'entoure.**

- Pour vivre ou survivre, l'homme dépend de son environnement et de la nature.
- L'humanité s'est adaptée à son milieu naturel en y apportant des transformations.
- Malgré son intelligence et ses connaissances, l'homme ne maîtrise pas totalement l'univers qui l'entoure.

### Les documents

Vous devrez choisir les trois documents qui composeront ce dossier. Deux d'entre eux auront été sélectionnés parmi ceux que vous avez étudiés en cours. Le troisième document sera personnel. Ils devront illustrer la notion que vous avez choisie, et tout particulièrement l'éclairage de cette dernière que vous avez envisagé.

#### Document 1

- Cet extrait est tiré du chapitre 4 de la première partie du roman *The Colour*, de Rose Tremain. L'histoire se déroule dans les années 1860. Joseph et Harriet, jeunes mariés, et Lilian, la mère de Joseph, sont parmi les premiers Anglais à émigrer en Nouvelle-Zélande.

Problématique : Comment Joseph, le personnage principal, se rend-il compte qu'il n'arrive pas à dominer la nature ?

Intérêt du document : Joseph s'est cru capable de dominer la nature mais il se rend compte de ses erreurs et de la nécessité de tout recommencer. Il dépend de la nature pour survivre.

#### Document 2

- Ce tableau est une œuvre de George Tooker réalisée en 1950. Elle représente sa vision des couloirs du métro à New York.

Problématique : Comment se situe l'individu dans cet univers urbain ?

Intérêt du document : Ici, la ville est perçue comme un milieu déstabilisant, déshumanisant. Les personnages sont enfermés, entravés, chacun est isolé au milieu de la foule. La nature est totalement absente.

#### Document 3

- Dans cet extrait du roman *Pigeon English* écrit par Stephen Kelman, on découvre la ville à travers le regard d'un enfant de 11 ans qui vient d'arriver dans cette banlieue après avoir quitté son pays d'origine, le Ghana.

Problématique : Comment les habitants de la ville transforment-ils l'espace qui les entoure ?

Intérêt du document : L'enfant découvre la banlieue petit à petit. À travers sa description, le lecteur se rend compte que le paysage urbain est monotone, uniforme. L'automobile et les biens de consommation envahissent l'espace extérieur et intérieur.

### Synthèse du corpus

- La transformation d'un univers naturel, rural, vers un milieu urbanisé.
- Diversité de documents qui abordent ce thème : tableaux, photos, articles de presse.
- Les habitants des villes au XXIe siècle : Inde, Chine, les centres-villes délabrés, les ghettos...

## Les questions à se poser

- Quel est l'impact de l'activité humaine sur l'environnement ?
- Comment se situe l'homme par rapport aux évolutions qu'il a mises en marche ?
- Dans quelle mesure maîtrise-t-il son milieu ?

## Le fil conducteur de l'exposé

→ **L'homme a-t-il trouvé sa place dans le monde qu'il a bâti autour de lui ?**

## Les arguments pour y répondre

- À différentes époques, l'homme a transformé son environnement afin d'améliorer ses conditions de vie.
- Il a créé des villes construites autour de moyens de transports de plus en plus sophistiqués et envahissants. Dans ce monde nouveau, il a perdu ses repères.

## Le vocabulaire utile

*to tame:* apprivoiser • *to meet one's needs:* répondre à ses propres besoins • *overwhelming:* écrasant • *isolation:* isolement

# Sujet 26 Pistes pour l'oral

## Exposé

### Introduction

From the beginning of man's existence on Earth, he has been confronted with the laws of nature and the elements. He has transformed the world around him to suit his needs. How has he achieved this? What are the results? Does man still dominate the world around him?

### I. Facing the laws of nature

#### A. Firstly, we can see that man has to recognize that he is not superior to nature

• The character in document 1 has underestimated the power of nature and the elements. His attempts to control and dominate his immediate environment have failed. He understands that nature is stronger than his own desire to take it over.

• Mastering the environment demands an understanding and an acceptance of natural laws, it is a process that takes time and effort.

#### B. Nature imposes itself

• Man cannot deny his basic needs (food, water). He relies on nature to provide him with these essentials.

→ In Rose Tremain's text, nature is present in the inevitable repetition of the seasons. The character's own life follows their pattern.

Transition: Man has not contented himself with mere survival but has sought to improve his environment and his living conditions.

### II. How man has transformed the space in which he lives

#### A. The natural world has given way to a more complex environment

• There has been a transition from a rural world dominated by natural elements to an urban one.

→ In document 1, Joseph settles on virgin territory whereas in documents 2 and 3, the characters are city dwellers.

• The landscape is dominated by buildings (housing) and means of transport (the subway, for example).

### B. Man-made creations have taken over at the expense of natural elements

• Instead of the richness and diversity of nature, we find the monotony of urban development and a world dominated by the automobile.

→ In document 3 all the housing developments look the same, and the inhabitants' gardens are used to park their cars.

→ Nature is not respected; the growth of the tree in document 3 is repressed in order to transform it into a bonzaï, an artificial object.

Transition: Man has to adapt to this new environment in which he finds himself.

## III. Man's place in the world he has created for himself

### A. Man comes to understand that he does not master the universe

• The character in document 1 realizes that he cannot totally possess his environment, he is not free to make choices because nature has its own laws. He is dependent on it but he does not dominate it.

### B. An environment in which nature is no longer present is hostile

• The urban environments of documents 2 and 3 are violent and threatening; in the train the passengers fight for space and the inhabitants of the towers have become lost in a place where everything looks the same, so they take comfort in material possessions.

• In the painting, the characters have become prisoners of the world they have created for themselves. They are isolated from each other even though the physical distance between them is small.

## Conclusion

To sum up, in spite of his desire to master the universe, man has met his limits. While it is difficult for him to find his place in nature, he is often alienated in the urban environments he has built for himself.

## Entretien

Voici des questions que pourrait vous poser l'examinateur :

• What examples can you think of to show that man still does not control the laws of nature?

• Do you think that an urban environment can sometimes appear threatening?

• Growing up in a city or in the country: in what ways would this influence a child's development?

• What is the place of the car in our society?

# Sujet 27

Expression orale • Série L LELE

10 min

## L'imaginaire : la folie

### Sujet inédit

**Doc. 1** **Hamlet**

**Act 4, Scene 5**

*Enter Gertrude and Horatio.*

**GERTRUDE**

I will not speak with her.

**HORATIO**

She is importunate,
Indeed distract. Her mood will needs be pitied.

**GERTRUDE**

What would she have?

**HORATIO**

She speaks much of her father, says she hears
There's tricks i'th' world, and hems, and beats her heart,
Spurns enviously at straws, speaks things in doubt
That carry but half sense. Her speech is nothing;
Yet the unshaped use of it doth move
The hearers to collection. They aim at it,
And botch the words up fit to their own thoughts,
Which, as her winks and nods and gestures yield them,
Indeed would make one think there might be thought,
Though nothing sure, yet much unhappily.

**GERTRUDE**

'Twere good she were spoken with, for she may strew
Dangerous conjectures in ill-breeding minds.
Let her come in.

*Horatio moves to the rear of the stage to admit Ophelia.*

[*Aside*] To my sick soul, as sin's true nature is,
Each toy seems prologue to some great amiss.
So full of artless jealousy is guilt,
It spills itself in fearing to be spilt.

SUJETS D'ORAL

*Enter Ophelia playing on a lute, and her hair down, singing.*

**OPHELIA**

Where is the beauteous majesty of Denmark?

**GERTRUDE**

How now, Ophelia?

**OPHELIA** [*sings*]

How should I your true love know
From another one?
By his cockle hat and staff,
And his sandal shoon.

**GERTRUDE**

Alas, sweet lady, what imports this song?

**OPHELIA**

Say you? Nay, pray you, mark.
[*She sings*]
He is dead and gone, lady,
He is dead and gone,
At his head a grass-green turf,
At his heels a stone.
[*She sighs.*]

**GERTRUDE**

Nay, but Ophelia –

**OPHELIA**

Pray you, mark.
[*she sings*]
White his shroud as the mountain snow –

*Enter Claudius.*

**GERTRUDE**

Alas, look here, my lord.

**OPHELIA** [*sings*]

Larded with sweet flowers,
Which bewept to the grave did not go
With true-love showers.

**CLAUDIUS**

How do you, pretty lady?

**OPHELIA**

Well, God'ild you! They say the owl was a baker's daughter. Lord, we know what we are, but know not what we may be. God be at your table!

**CLAUDIUS**

Conceit upon her father.

**OPHELIA**

Pray you let's have no words of this. But when they ask you what it means, say you this:
[*She sings*]
'Tomorrow is Saint Valentine's day,
All in the morning betime,
And I a maid at your window,
To be your Valentine.'
Then up he rose, and donned his clothes,
And dupped the chamber door;
Let in the maid, that out a maid
Never departed more.

**CLAUDIUS**

Pretty Ophelia –

**OPHELIA**

Indeed, la, without an oath, I'll make an end on't.
[*she sings*]
By Gis, and by Saint Charity,
Alack, and fie for shame!
Young men will do't, if they come to't,
By Cock, they are to blame.
Quoth she 'Before you tumbled me,
You promised me to wed.'
'So would I ha' done, by yonder sun,
And thou hadst not come to my bed.'

**CLAUDIUS**

How long has she been thus?

**OPHELIA**

I hope all will be well. We must be patient. But I cannot choose but weep to think they should lay with him i'th' cold ground. My brother shall know of it. And so I thank you for your good counsel. Come, my coach! Good night, ladies. Good night, sweet ladies, good night, good night.

*Exit.*

William SHAKESPEARE, *Hamlet*, c.1600 (Act IV, scene 5)

SUJETS D'ORAL

## Doc. 2 The Tell-Tale Heart

True! – nervous – very, very dreadfully nervous I had been and am; but why *will* you say that I am mad? The disease had sharpened my senses – not destroyed – not dulled them. Above all was the sense of hearing acute. I heard all things in the heaven and in the earth. I heard many things in hell. How, then, am I mad? Hearken! and observe how healthily – how calmly I can tell you the whole story.

It is impossible to say how first the idea entered my brain; but once conceived, it haunted me day and night. Object there was none. Passion there was none. I loved the old man. He had never wronged me. He had never given me any insult. For his gold I had no desire. I think it was his eye! yes, it was this! He had the eye of a vulture – a pale blue eye, with a film over it. Whenever it fell upon me, my blood ran cold; and so by degrees – very gradually – I made up my mind to take the life of the old man, and thus rid myself of the eye forever.

Now this is the point. You fancy me mad. Madmen know nothing. But you should have seen *me*. You should have seen how wisely I proceeded – with what caution – with what foresight – with what dissimulation I went to work! I was never kinder to the old man than during the whole week before I killed him.

Edgar Allan Poe, *The Tell-Tale Heart*, 1843

## Doc. complémentaire ***Ophélia***

*Ophelia*, John Everett Millais, 1852, Tate Britain, London, © Corbis

## Exposé 5 min

Vous avez choisi deux thématiques parmi celles étudiées au cours de l'année, et constitué pour chacune d'elles un dossier composé de deux textes extraits d'une ou plusieurs œuvres (roman, théâtre, poésie). Vous y avez ajouté tout document qui vous semble pertinent pour analyser la réception de cette ou ces œuvres (extrait de critique, adaptation, illustration iconographique…). L'examinateur a choisi l'une de ces thématiques, ici : « L'imaginaire ». Vous réaliserez un exposé de 5 minutes dans lequel vous présenterez votre dossier et justifierez votre choix de docum ents.

## Entretien avec l'examinateur 5 min

À la suite de votre exposé, l'examinateur entamera une phase d'interaction de 5 minutes. Il s'agit d'une conversation conduite par l'examinateur qui prend appui sur votre exposé.

## Les clés pour réussir

### La thématique

La thématique choisie est celle de l'imaginaire, abordée ici sous l'angle de la folie.

### Les documents

#### Document 1

L'essentiel

- **L'auteur.** William Shakespeare (1564-1616), grand dramaturge et poète anglais de l'époque élisabéthaine.
- **La source.** Ce texte est extrait d'*Hamlet*, tragédie en cinq actes dans laquelle le jeune prince danois Hamlet cherche à venger le meurtre du roi, son père, assassiné par son propre frère Claudius. Ce dernier, non content d'hériter de la couronne du Danemark, a également épousé la reine Gertrude, la mère d'Hamlet.
- **Le sujet.** Dans ce passage, la belle Ophelia, autrefois courtisée et ensuite rejetée par Hamlet, vient d'apprendre la mort de son père, Polonius, tué par erreur par le prince Hamlet lui-même. Elle apparaît folle de chagrin et de désespoir devant la reine Gertrude et Horatio, ami d'Hamlet.

Vocabulaire

*distract* (l. 3): mad • *in doubt* (l. 7): unclear • *nothing* (l. 8): nonsense • *unshaped use* (l. 9): incoherent manner • *conceit upon her father* (l. 44): wild fancies caused by her father's death

### Document 2

L'essentiel

- **L'auteur.** Edgar Allan Poe (1809-1849), auteur et poète américain connu pour son goût du mystère et du macabre.
- **La source.** Ce texte est extrait de la nouvelle *The Tell-Tale Heart*, publiée en 1843 et considérée comme un modèle de la littérature gothique. Dans ce récit à la première personne, le narrateur, visiblement fou, raconte en détail le meurtre qu'il a commis : ses motivations, son mode opératoire et son arrestation.
- **Le sujet.** Il s'agit des trois premiers paragraphes de la nouvelle : le narrateur y expose les raisons qui l'ont poussé à commettre l'irréparable et tente de convaincre un interlocuteur invisible (juge ? journaliste ? psychiatre ?) de sa bonne santé mentale.

Vocabulaire

*sharpen* (l. 2) ≠ *dull*: aiguiser ≠ émousser • *hearken* (l. 5): listen • *a vulture* (l. 11): un vautour • *fancy* (l. 15): *imagine* • *wisely* (l. 16): avec sagesse

### Document complémentaire

L'essentiel

- **L'auteur.** John Everett Millais (1829-1896), peintre anglais, co-fondateur du mouvement préraphaélite.
- **Le sujet.** Cette toile, exposée aujourd'hui à la Tate Britain, à Londres, représente la jeune Ophelia, personnage d'*Hamlet*, telle que décrite par la reine Gertrude à l'acte IV, scène 7 : en proie à sa folie, la jeune fille est tombée dans la rivière et s'est noyée.

## Préparer son exposé

### Conseils pour structurer son exposé

- Dans votre introduction, abordez la thématique de manière générale, puis précisez votre problématique. Présentez brièvement vos textes et documents, et annoncez le plan de votre exposé.
- Dans votre exposé, montrez comment votre problématique s'exprime dans ce corpus de textes et mettez en évidence les procédés littéraires, stylistiques et linguistiques mis en œuvre par leurs auteurs : champs lexicaux, images, figures de style, didascalies, choix de ponctuations, choix narratifs... Comparez et contrastez ces textes.
- Ne négligez pas le document complémentaire que vous avez choisi : vous devez justifier votre choix, en montrant en quoi ce document s'avère pertinent par rapport à votre thématique et à votre corpus de textes, et quel éclairage il apporte sur ceux-ci.

• En conclusion, synthétisez votre analyse. Donnez votre opinion quant à la thématique elle-même, ainsi que sur les documents étudiés. Si cela est possible, terminez sur une ouverture, vers un autre angle sous lequel la thématique aurait pu être abordée, par exemple.

**Vocabulaire utile**

Noms

*a madman, a madwoman, a lunatic*: un fou, une folle • *sanity ≠ insanity, madness*: la raison ≠ la folie, la déraison • *nonsense*: l'absurde

Adjectifs

*mad, crazy, insane*: fou, folle • *sensible, reasonable*: sensé, raisonnable

Verbes

*to rave*: délirer • *to go berserk*: devenir fou furieux • *to speak nonsense*: dire n'importe quoi

# Sujet 27 Pistes pour l'oral

## Exposé

*Pour vous aider, nous avons indiqué en couleur le vocabulaire technique de l'analyse littéraire ainsi que les termes qui peuvent vous poser problème.*

### Introduction

**Vocabulaire**
- *flimsy*: ténu(e).
- *to assert*: revendiquer, affirmer.
- *an asset*: un atout.
- *sorrow*: le chagrin.

In response to critics who deemed him to be a lunatic, Edgar Allan Poe once famously said: "Science has not yet taught us if madness is or is not the sublimity of intelligence", implying thus that the limit between genius and madness is quite flimsy. This paradoxical duality of sanity and insanity is a topic dear to artists in general, and writers in particular, who often use it in their works as a fruitful subject matter, maybe in order to assert their own right to difference and turn their weirdness into an asset.

In an attempt to tackle this issue from a literary point of view, I have chosen to present two texts belonging to two different genres: drama first, with an extract from Shakespeare's *Hamlet*, (c.1600), Act 4, scene 5, in which young Ophelia appears in front of Queen Gertrude and Horatio, driven mad by sorrow and despair as she has just learnt that her father, Polonius, has been murdered by Hamlet, the young Prince of Denmark who once courted her but now shuns her. Then fiction, with the incipit of a short story by Edgar Allan Poe entitled *The Tell-Tale Heart* (1843), in which the narrator rationally explains why and how he has killed an old man, and attempts to convince us that he is NOT insane. To echo these two different literary pieces artistically, I have chosen to include a painting by the Pre-Raphaelite English painter John Everett Millais entitled *Ophelia* (1852), which shows the young woman as described by Queen Gertrude in Act 4, scene 7, i.e. floating in the river, her hands and gaze turned upwards, her lips slightly apart as she is singing her nonsensical songs, soon to be drowning.

**Vocabulaire**
- *to shun*: éviter, fuir.

First of all, I will show how madness expresses itself in these documents, then I will prove that there is actually some sense in this apparent nonsense, and last, I will study the interplay between sanity and insanity.

## I. Symptoms of madness

### A. In words

• Ophelia's nonsensical speech ("They say the owl was a baker's daughter" (l. 42), "Good-night, sweet ladies" (l. 69)) and bawdy songs sound totally inappropriate coming from a lady, especially in front of the King and Queen.

**Vocabulaire**
- *bawdy*: grivois.
- *erratic*: imprévisible.
- *inane*: absurde.

### B. In deeds

• Ophelia's behaviour is erratic (playing music, singing inane songs, wearing her hair down, interrupting King Claudius) and will cause her death: she falls into the river and lets herself drown, still singing, as we can see in Millais's portrayal of the scene.

• In Poe's short story, the narrator's madness will drive him to murder, for a motive which seems trivial.

### C. In thoughts

• Poe's murderer believes that he can convince people of his sanity despite the fact that he has killed a man.

## II. Reason in unreasonableness

### A. Meaning

• Ophelia's songs are actually meaningful since they deal with lost and unrequited love (as a reference to Hamlet's rejection of her) and death (as a reference to her father's assassination).

### B. Rationality

• Poe's murderer makes his narrative rational and argued, as he aims at convincing his interlocutor that he is sane after all, and that the end (i.e. getting rid of this scary eye) justifies the means (i.e. killing the old man):

– he directly addresses his interlocutor (use of the pronoun "you"),
– he resorts to the imperative form ("Hearken!", "observe"),
– he uses a rhetorical question ("How, then, am I mad?" (l. 5)).

### C. Beauty

• In Millais's painting, Ophelia looks serene and at peace, and not delirious. Her pose is reminiscent of traditional representations of saints or martyrs.

## III. Interplay between sanity and insanity

### A. Madness is frightening

• Gertrude is at first reluctant to see Ophelia ("I will not speak with her" (l. 1)): madness makes people uneasy.

• She finally relents, convinced by Horatio that Ophelia's madness may find followers and breed chaos ("she may strew / Dangerous conjectures in ill-breeding minds" (l. 15-16)): madness is subversive and can disrupt social order.

**Vocabulaire**
- *reluctant*: réticent(e).
- *to relent*: céder.
- *to breed*: générer.

### B. Madness is alienating

Ophelia twice urges people to listen to her grief ("Pray you, mark." (l. 35)), just like Poe's murderer does ("Hearken!" (l. 5)), but no one understands or believes them: madness meets incomprehension and rejection.

### C. Madness is fascinating

The conversation between Gertrude and Horatio prior to Ophelia's entrance has a theatrical purpose, which is to tease the spectators' curiosity, breed expectations and build up suspense: they are eager to see the madwoman on stage and to see how madness will be portrayed. Madness is scary but also fascinating and spectacular, which can account for the popularity of Poe's macabre stories.

## Conclusion

These two texts are good examples of the way madness can be dealt with in literature, whether it be madness caused by grief and hopelessness, or murderous madness due to evident mental illness.

**Vocabulaire**
- *grief*: le chagrin.

Millais's painting echoes each of them somehow: first, it enables us to see what can only be imagined in *Hamlet*, namely Ophelia's death as it is very beautifully and poetically told later on by Queen Gertrude. It is also related to Poe's short story as it shows that madness and death are often linked: insanity can turn its violence outwards (e.g. the murder of the old man) or inwards (e.g. Ophelia's suicide).

Even though these documents belong to different genres and different times, they both emphasize the fact that sanity or insanity can be subjective: Claudius considers Ophelia as a lunatic, but he himself is a fratricide. Similarly, Poe's murderer is utterly convinced of his sanity, even though he admits to killing the old man. This conception of insanity prompts me to corrupt a well-known saying and conclude that, in literature at least, "madness lies in the eye of the beholder".

**Vocabulaire**

- *to emphasize*: insister sur.
- *the beholder*: celui qui regarde

## Entretien

Voici des questions que pourrait vous poser l'examinateur :

• What do you think can explain Shakespeare's popularity even nowadays?

• What are, in your opinion, the ingredients of a successful short story?

• Do you think artists are necessarily mad?

• Why do you think suspense stories are so popular?

# Mémento

# 1 Mythes et héros [*myths and heroes*]

| Héros | |
|---|---|
| Héros et héroïnes de l'histoire | • **Suffragettes** : Emmeline Pankhurst: English (1858-1928).<br>• **Peace activists and/or Nobel Peace Prize Winners**: Gandhi: Indian (1869-1948); Martin Luther King: American (1929-1968); Nelson Mandela: South African (1918-2013); Barack Obama: American; Aung Sann Suu Kyi: Burmese; Malala Yousafzai: Pakistanese.<br>• **War Time Heroes**: Florence Nightingale: English (1820-1910); Virginia Hall: American (1906-1982).<br>• **Pioneers**: James Watt: Scottish (1736-1974); Charles Lindbergh: American (1902-1974).<br>• **Politicians**: Abraham Lincoln: American (1809-1865); F.D. Roosevelt: American (1882-1945); Winston Churchill: English (1874-1965).<br>• **Kings, Queens and Princesses**: Queen Victoria: English (1819-1901); Princess Diana: English (1961-1997); Elizabeth II: English (1926-). |
| Héros fictifs et mythiques de la littérature | • **Romeo and Juliet** (Shakespeare, 1595).<br>• **Frankenstein** (Mary Shelley, 1823).<br>• **Sherlock Holmes** (Sir Arthur Conan Doyle, 1887).<br>• **Dorian Gray** (Oscar Wilde, 1890).<br>• **The Great Gatsby** (F. Scott Fitzgerald, 1925). |
| Philanthropes | • **Oprah Winfrey:** American media proprietor, talk show host, actress, regarded as the most influential woman in the world.<br>• **Bill Gates:** an American business magnate and computer programmer, had a fruitful career at Microsoft, has donated large amounts of money to charitable organizations. |
| Inventeurs | **Newton, Watt, Ford, Bell, Franklin.** |
| Héros de la vie quotidienne | • **9/11 fire fighters.**<br>• **Real life super heroes:** superheroes inspired by Batman and Superman, these people wear masks and capes in order to fight real crime on the streets. |
| **Lieux mythiques** | |
| Hauts lieux historiques | • **Great Britain:** the famous landmarks in London.<br>• **USA:** Washington DC, The Big Apple; the Golden Gate; the Mississippi River; Sculptures: Mount Rushmore or the Crazy Horse Memorial.<br>• **Australia:** Ayers Rock (Uluru), the Sydney Opera. |

| | |
|---|---|
| **Lieux de légendes** | • **The Giant's Causeway,** in Northern Ireland.<br>• **Stonehenge,** in England. |
| **Routes et rues mythiques** | • **Route 66:** *On the Road*, by Jack Kerouac.<br>• **Hollywood Boulevard:** well-known for the walk of Fame.<br>• **Broadway:** a lively and glamorous avenue in Manhattan, famous for its theatre halls and venues. |
| **Universités renommées** | • **USA:** Harvard, Stanford, Berkley.<br>• **England:** Oxford, Cambridge. |
| **Traditions et époques mythiques** | |
| **États-Unis** | • **The Roaring Twenties.**<br>• **The Harlem Renaissance** (the 1920s).<br>• **The Great Depression** (Black Thursday, 1929).<br>• **Kennedy era** (1961-63).<br>• **Red-letter Days, Thanksgiving, Halloween, Labor day.** |
| **Angleterre** | **Guy Fawkes:** an English catholic who planned the failed Gunpowder plot of 1605 at the Houses of Parliament. |
| **Irlande** | **St Patrick's Day:** dress in green! |
| **Culture populaire et contreculture** | |
| **Musiciens et chanteurs** | • **The Beatles:** English rock band formed in 1960.<br>• **John Lennon:** (1940-1980) English musician.<br>• **Jimi Hendrix:** (1942-1970) American musician and singer-songwriter *(Star Spangled Banner*).<br>• **Barbara Streisand:** (1942-) American singer, actress. |
| **Héros de films ou de séries télévisées** | • **Harry Potter:** student at Hogwarts; "Expelliarmus" (= the disarming charm).<br>• **James Bond:** secret agent; "Martini, shaken, not stirred"; "My name's Bond, James Bond."<br>• **Miss Marple:** the amateur detective in Agatha Christie's novels and film adaptations. |
| **Folklore et traditions** | • **Scotland:** Highland dancing, Burns night.<br>• **USA:** Groundhog day in Punxsutawney, Pennsylvania: watch the groundhog emerging from its burrow and you'll know what the weather will be like for the rest of the year! |
| **Contreculture** | Beat Generation; Punk Movement; Freak Movement. |
| **Bande dessinée** | • **Superhero comics:** Spiderman, Batman, Superman, Wonder Woman, Captain Britain, Hulk...<br>• **Graphic novels:** *Blankets*, by Craig Thompson. |
| **Créatures mystérieuses ou légendaires** | • **The mermaid:** human above the waist, fish below; discussed since 5000 BC; unlucky omens in British folklore.<br>• **Nessie:** Seen in the Loch Ness in Scotland.<br>• **The Goatman:** seen in Maryland, USA, reported to have attacked witnesses. |

# 2 Espaces et échanges (*spaces and exchanges*)

| La géographie des circuits commerciaux et des réseaux d'influence | |
|---|---|
| **La mondialisation** | Progress in transportation and communication has turned the world into a "global village", which affects trade, culture, politics… |
| **L'influence des États-Unis dans le monde** | • America's political and military involvement around the world;<br>• The American culture (music and movie industries) and consuming patterns (McDomination, Coca-Colonialism). |
| **La résistance aux influences culturelles extérieures** | Nations try to preserve their cultural identity and promote their own cultural models (Bollywood and Nollywood, gastronomics, the Slow Life movement…). |
| **Les découvertes et la conquête de terres nouvelles** | |
| **Colonisation et décolonisation** | • Canada; South and North America; Australia; Africa; Asia; India…<br>• The Commonwealth: definition, creation and role, yesterday and today. |
| **La Conquête de l'Ouest** | The Frontier Years; The Louisiana Purchase; The Mexican War; The Lewis and Clark Expedition; The Gold Rush; The pioneers; The settlers… |
| **L'Espace : la frontière ultime ?** | The space conquest; The Space Race; The International Space Station; The likelihood and necessity of a manned mission to Mars… |
| **La frontière comme limite entre deux espaces** | |
| **L'immigration et ses causes** | • Growing inequalities between standards of living in developed and developing countries;<br>• Civil wars and ethnic or religious persecutions (refugees);<br>• Brain drain (migrations of scientists, academics and professionals). |
| **L'immigration et ses conséquences** | • Multiculturalism (concepts of Melting Pot, Salad Bowl, Patchwork or Mosaic);<br>• Nativism (favouring natives over immigrants, protecting native culture from external influences…);<br>• Walls are being built along borders by some nations in an attempt to protect themselves from attacks or from massive waves of immigration, which they perceive as a threat (e.g. between Mexico and the USA, between Israel and Palestine, Egypt, Syria and Lebanon, between Greece and Turkey…). |

| Les villes mondes | |
|---|---|
| • Global cities play a strategic role in the global economic system (New York City, Tokyo or Paris stock exchange);<br>• Global cities are involved in international politics (Washington, D.C., London, Berlin, Moscow, Beijing, Delhi...);<br>• Global cities are world-famous cultural landmarks (NYC, London, Paris, Tokyo, Los Angeles, Sydney...);<br>• Global cities offer advanced transportation or communication infrastructures (Chicago, Seoul, Tokyo...). | |
| **Les nouveaux modèles d'échanges** | |
| **Le commerce équitable et le développement durable** | Fair trade and sustainable development aim at improving the living and working conditions of producers in developing countries by paying a higher price for their goods and respecting their environment. |
| **L'échange de savoirs** | Goods, skills and services are directly exchanged without using money, which reduces waste and stands as a green alternative to buying and selling. |
| **Les espaces réels, les espaces virtuels** | |
| **L'impact d'Internet sur la société** | Online dating; Chat-rooms; E-shopping; Online gaming; Wikipedia; Skype; MSN... |
| **Les réseaux sociaux et les mondes virtuels** | Facebook; Twitter; Path; Instagram; Second Life; The SIMS; Habbo Hotel... |
| **Conflits entre particulier et universel, oppositions entre tradition et modernité** | |
| **L'oppression des populations indigènes** | Native Americans; Canadian and Australian Aborigines; The Stolen Generations (*The Rabbit-proof Fence* movie)... |
| **Fossés culturels et générationnels** | Clashes between second-generation immigrants, who want to adopt the culture of the host country, and their parents who would like them to perpetuate the culture of their country of origin (Zadie Smith's novel *White Teeth*; films *East meets West* and *Bend it like Beckham*). |

# 3 Lieux et formes du pouvoir (*power types and sites*)

| Lieux institutionnels emblématiques du pouvoir | |
|---|---|
| **Institutions** | • United Nations Organization;<br>• **In the USA:** The White House, the Senate, the Congress, the State Capitols;<br>• **In Great Britain:** The Houses of Parliament (House of Lords, House of Commons). |
| **Prisons** | • **In the USA:** Alcatraz, Guantanamo;<br>• **In Great Britain:** The Tower of London. |
| **Le Pouvoir en main** | |
| **Hommes et femmes au pouvoir** | • **In the USA:** T. Jefferson, Lincoln, F.D. Roosevelt, J.F. Kennedy, B. Obama;<br>• **In Great Britain:** Churchill, Queen Victoria, Elizabeth II, Margaret Thatcher (the Iron Lady). |
| **La Résistance en marche** | |
| **Défenseurs de droits civiques** | • **Suffragettes (GB and USA) → E. Pankhurst (1858-1928):** leader of the movement for women's vote in GB.<br>• **Gandhi (1869-1948)** → struggling for the Independence of India: 1915 to 1945.<br>• **Martin Luther King (1929-1964)** → struggling for the end of Segregation in the USA (speech in 1963).<br>• **Nelson Mandela (1918-2013)** → 1944: struggling against Apartheid in South Africa; 1991: end of Apartheid.<br>• **Aung Sann Suu Kyi (1945-)** → struggling against dictatorship in Burma. |
| **Manifestations** | • **Civil Disobedience:** Hippy movement, Flower Power, Civil Rights Movement, Black Panthers, Women's Liberation, Abortion, Birth Control.<br>• **Anti-war movements against the war in Vietnam, and denunciations of:** Pearl Harbour, Hiroshima, Nagasaki, Vietnam War (demonstrations).<br>• **Hyde Park Corner:** Speaker's Corner (a landmark in London with open-air public debates). |
| **Formes de pouvoir** | |
| **Extermination** | • Native Americans, Aborigines, Maori Reservations. |
| **Guerres** | • Independence War, Secession War, WWI, WWII. |
| **Esclavagisme** | • Triangular Trade, slavery, child labor, child soldiers. |
| **Discrimination** | • Segregation, The Ku Klux Klan, Apartheid. |

| | |
|---|---|
| **Colonisation** | • India. |
| **Exclusion** | • McCarthyism, witch hunt, women excluded from important positions, Aborigenes (Stolen Generation). |
| **Exode des cerveaux** | • Brain Drain, American Dream (hope for a better future). |
| **Arts et pouvoir : critiques et louanges** | |
| **Musique** | • **Protest songs:** Bob Dylan ("Blowin' in the Wind"), Joan Baez, Woodie Guthrie ("Dust Bowl ballads"), Pete Seeger, Jimi Hendrix (1969 Woodstock Festival), John Lennon, Bob Marley;<br>• **Musicals:** *Hair, Miss Saigon.* |
| **Cinéma** | • **The USA**: Anti-War movies: *The Patriot, Johnny Got his Gun*; American social and political issues: *Bowling for Columbine, Fahrenheit 9/11*;<br>• **Australia:** *The Rabbit Proof Fence, Australia*;<br>• **South Africa:** *Cry Freedom, Invictus*;<br>• **Great Britain:** *Braveheart, Billy Eliott, The Wind That Shakes The Barley, The Iron Lady.* |
| **Peinture** | • **Paul Nash (1889-1946; British):** *Monster Field, We are Making a New World*;<br>• **Norman Rockwell (1894-1978; American):** *The 4 Freedoms, Lincoln for the Defense*;<br>• **Shepard Fairey (1970- ; American):** *Make Art Not War, Barack Obama «Hope» poster.* |
| **Art pictural** | • **Photos**: Martin Parr (*Small World*);<br>• **Sculptures**: Duane Hanson (*Tourists II*);<br>• **Cartoons**: Roger Shimomura (*Remember Pearl Harbor*). |
| **Littérature** | • **Charles Dickens:** *Oliver Twist, Great Expectations, David Copperfield* ;<br>• **Arthur Miller:** *The Crucible*;<br>• **George Orwell:** *1984*; *Animal Farm*;<br>• **Ishmael Beah:** *A Long Way Gone.* |
| **Pouvoir des médias** | |
| **Intrusion dans la vie privée** | • Television and reality shows;<br>• **Propaganda:** "I want you for the US Army";<br>• **The press:** quality / gutter press, tabloids, censorship;<br>• **Surveillance in public places:** CCTV;<br>• **Social Networks:** Myspace, Facebook, Twitter. |
| **Langue et pouvoir** | |
| **Hégémonie de la langue anglaise** | • **The "politically correct":** censorship;<br>• **Introduction of English words into other languages;**<br>• **The power of words in famous speeches** → "What is our aim?(...) It is victory, victory at all costs for without victory there is no survival», Churchill. |

# 4 L'idée de progrès (*the idea of progress*)

| Les effets du progrès sur le fonctionnement des sociétés (nouvelles libertés, nouvelles contraintes et nouvelles aliénations) | |
|---|---|
| **Le télétravail** | Thanks to new technology and the Internet, people can now work from their own homes and no longer need to go to their workplace (telecommuting). |
| **L'addiction aux nouvelles technologies** | Fewer and fewer people can do without their smartphones (nomophobia), laptops, netbooks, e-books, tablets... which has an influence on their way of life. |
| **Les nouveaux schémas familiaux** | Divorce is becoming commonplace and gives rise to single-parent or blended families; mentalities are evolving and same-sex marriage or gay parenting have become burning issues. |
| **L'impact sur les codes de la communication (évolution des langues et langages)** | |
| **L'anglais comme langue internationale** | English has become the third most-spoken language in the world, and has given birth to many other dialects such as Spanglish along the Mexican border, Singlish in Singapore, Taglish in the Philippines or Globish all over the world. |
| **L'évolution des langues** | New communication technology such as SMSs, MMSs, Instant Messaging systems or Twitter has deeply influenced languages (alternative spellings, new meanings of existing words or even coinage of new words). |
| **L'éthique du progrès et la responsabilité** | |
| **Les questions liées à la vie privée** | The ever-growing use of social networks, such as Facebook, raises serious ethical concern about users' privacy and the protection of their personal data. |
| **Le contrôle parental** | Internet users are getting younger and younger, and parents are often at a loss when trying to protect their children from the dangers of the worldwide web (graphic violence, pornographic images, child molesters...). |
| **La bioéthique** | The evolution of medical science has made it necessary to consider major breakthroughs in a philosophical, political or legal perspective, for example as regards stem cell research, euthanasia, surrogate mothers or assisted procreation (Andrew Niccol's film *Gattaca*). |

| L'illusion du progrès, les utopies | |
|---|---|
| **Le rêve américain** | The USA still stands as a land of opportunities to millions around the world. |
| **Le consumérisme** | Most people nowadays imagine that their happiness lies in the overconsumption of material goods. This endless quest often breeds frustration and dissatisfaction, and can lead to burn-out and individual bankruptcies (Ex: *The Joneses* movie). |
| **Les modes de vie alternatifs** | Dreamers and visionaries have tried to propose new ways of life: the beatniks, hippies, punks, yuppies, Goths, nudists, vegetarians, anarchists, freegans, or the New Age movement. |
| **La littérature** | Thomas More's *Utopia*; Aldous Huxley's *Brave New World*; George Orwell's *1984*... |
| **La notion de modernité et d'avant-garde dans les arts** | |
| **La littérature** | Gertrude Stein, James Joyce, Virginia Woolf, Ezra Pound, Thomas Pynchon... |
| **L'art** | Turner, Whistler, Sisley, Marcel Duchamp, Man Ray, Rothko, Andy Warhol, Jean-Michel Basquiat, Keith Haring, Jeff Koons, Damien Hirst, Martin Parr... |
| **La musique** | Arnold Schoenberg, Igor Stravinsky, John Lennon, Frank Zappa, Charlie Parker, Thelonious Monk, John Coltrane... |
| **La vision diachronique des arts et des techniques** | |
| **Principaux mouvements et périodes artistiques** | Renaissance, Baroque, Romanticism, Symbolism, Realism, Impressionism, Modernism, Expressionism, Cubism, Futurism, Pop Art, ... |
| **Les inventions qui ont changé le monde** | The printing press, the telegraph, the telephone, the steam engine, the automobile, the train, the plane, the electric light bulb, the refrigerator, the computer, the Internet... |

# 5 Les principaux faux-amis

## De l'anglais vers le français

| Les noms | |
|---|---|
| – *Affluence:* richesse<br>– *Argument:* dispute<br>– *Audience:* public, auditoire<br>– *Bachelor:* célibataire<br>– *Character:* personnage<br>– *College:* université<br>– *Comedian:* comique<br>– *Deception:* tromperie<br>– *Demonstration:* manifestation<br>– *Drug:* médicament<br>– *Exhibition:* exposition | – *Journey:* voyage<br>– *Lecture:* conférence<br>– *Library:* bibliothèque<br>– *Occupation:* métier<br>– *Physician:* médecin<br>– *Preservative:* conservateur<br>– *Relative:* membre de la famille<br>– *Résumé:* C.V.<br>– *Sport:* chic type<br>– *Surname:* nom de famille |
| **Les adjectifs** | |
| – *Abusive:* grossier<br>– *To be apt to do sthg:* avoir tendance à faire quelque chose<br>– *Gentle:* doux<br>– *Inconsistent:* incohérent | – *Lunatic:* fou<br>– *Maroon:* bordeaux<br>– *Terrific:* formidable<br>– *Sensible:* raisonnable<br>– *Sympathetic:* compatissant |
| **Les adverbes** | |
| – *Actually:* en réalité<br>– *Eventually:* finalement | – *Evidently:* apparemment<br>– *Fatally:* mortellement |
| **Les verbes** | |
| – *To abuse:* insulter<br>– *To accomodate:* loger<br>– *To achieve:* réaliser<br>– *To attend:* assister à<br>– *To charge somebody:* accuser quelqu'un en justice<br>– *To deceive:* tromper<br>– *To deliver:* livrer<br>– *To demand:* exiger | – *To graduate:* obtenir sa licence ou son bac (USA)<br>– *To pass an exam:* réussir un examen<br>– *To pretend:* faire semblant<br>– *To prosecute:* poursuivre<br>– *To purchase:* acheter<br>– *To support:* soutenir<br>– *To sympathize:* compatir |

## Exemple

John had always wished he would pass his **college** exam. When he **graduated** he let his friends and **relatives** know about his success. "First of all I want to thank you all for your **terrific support** during my exam period. I have **eventually achieved** my goal. From now on my **résumé** will read: Diploma: **College graduate**; **Occupation**: **Physician**; Marital status: **Bachelor**... not for long though, but I can't let the cat out of the bag yet... Anyway, I do **sympathize** with those who have failed in spite of their hard work. Indeed our **professors** are so **demanding**! I hope you will all be able to **attend** my **graduation** party. Most of my **lecturers** will! I can **accommodate** those of you who have a long **journey** home. The most **sensible** thing to do would be to **purchase** your air **tickets** now! Again thank you for being such a nice **audience**, and friends, thanks for being such good **sports**!"

## Du français vers l'anglais

| | |
|---|---|
| **Les noms** | |
| – Affluence : *crowds*<br>– Comédien : *actor*<br>– Exhibition : *show*<br>– Journée : *day* | – Lecture : *reading*<br>– Préservatif : *condom*<br>– Résumé : *summary*<br>– Surnom : *nickname* |
| **Les adjectifs** | |
| – Gentil : *nice*<br>– Inconsistant : *weak*<br>– Lunatique : *moody* | – Marron : *brown*<br>–Terrifiant : *terrifying* |
| **Les adverbes** | |
| – Actuellement : *at present*<br>– Éventuellement : *possibly* | – Évidemment : *obviously*<br>– Fatalement : *inevitably* |
| **Les verbes** | |
| – Accommoder : *to prepare*<br>– Achever : *to finish*<br>– Attendre : *to wait for*<br>– Décevoir : *to disappoint* | – Délivrer : *to set free*<br>– Passer un examen : *to take an exam*<br>– Pourchasser : *to pursue* |

# 6 Les expressions proverbiales et idiomatiques

## Les expressions idiomatiques

- **To kill two birds with one stone:** faire d'une pierre deux coups.
- **To let the cat out of the bag:** révéler un secret.
- **To make a mountain out of a molehill:** (se) faire une montagne d'une taupinière.
- **To put the cart before the horse:** mettre la charrue avant les bœufs.

## Les comparaisons figées

- **As clear as day:** clair comme de l'eau de roche.
- **As good as gold:** sage comme une image.
- **As proud as a peacock:** fier comme un paon, fier comme Artaban.
- **As easy as pie:** simple comme bonjour.

## Les proverbes de quatre mots

- **Better late than never:** mieux vaut tard que jamais. • *It is better to do something late than not to do it at all.*
- **Better safe than sorry:** mieux vaut prévenir que guérir. • *Always be cautious before doing something.*
- **No pain, no gain:** on n'a rien sans rien. • *You will not obtain anything unless you struggle for it.*
- **Once bitten, twice shy:** chat échaudé craint l'eau froide. • *Once you've gone through some misfortune, you resent committing yourself again.*
- **Boys will be boys:** il faut que jeunesse se passe. • *Be tolerant with young mischiefs.*
- **Long absent, soon forgotten:** loin des yeux, loin du cœur. • *Distance will never make you feel closer to each other.*

## Les proverbes « transparents »

- **Beauty is only skin deep:** la beauté n'est pas tout.
- **All that glitters is not gold:** tout ce qui brille n'est pas or.
- **If at first you don't succeed, try, try again:** il ne faut jamais baisser les bras.
- **Where there's a will there's a way:** quand on veut, on peut.

- **Money is the root of all evil:** l'argent est la source de tous les maux.
- **A friend in need is a friend indeed:** un ami qui se manifeste quand vous êtes en difficulté est un véritable ami.
- **All is well that ends well:** tout est bien qui finit bien.
- **Paddle your own canoe:** il faut savoir mener sa barque.
- **You reap what you sow:** on récolte ce que l'on sème.
- **All roads lead to Rome:** tous les chemins mènent à Rome.

## Les proverbes plus imagés

- **Every dog has his day:** à chacun vient sa chance. • *Everyone is likely to be lucky some day.*
- **Every cloud has a silver lining:** à quelque chose malheur est bon. • *You should not despair about a situation: something good will come out of it.*
- **All work and no play makes Jack a dull boy:** le travail c'est la santé, ne rien faire, c'est la conserver. • *Don't overwork yourself: take a break once in a while to make your life more exciting.*
- **Jack of all trades is master of none:** qui trop embrasse mal étreint. • *Don't try to do too many things at the same time. You might be overwhelmed.*
- **A bird in the hand is worth two in the bush:** un tiens vaut mieux que deux tu l'auras. • *You'd better stick to what you already have. By trying to get more of it, you might lose everything.*
- **Too many cooks spoil the broth:** à être trop nombreux, on perd la qualité. • *If too many people work together on the same project, they might fail in their attempt to do it well.*
- **Birds of a feather flock together:** qui se ressemble s'assemble. • *People with common points tend to get together.*
- **The proof of the pudding is in the eating:** c'est à l'usage que l'on peut juger de la qualité d'une chose. • *In order to know if something's good the best way is to try it.*
- **The road to hell is paved with good intentions:** l'enfer est pavé de bonnes intentions. • *People have committed crimes under the guise of striving towards an ideal.*
- **It never rains but it pours:** un malheur / bonheur n'arrive jamais seul. • *Good (or bad) things do not just happen a few at a time, but in large numbers all at once.*
- **Better the devil you know than the devil you don't:** on sait ce que l'on perd, on ne sait pas ce qu'on trouve. • *You know the drawbacks of what you left behind, but what lies ahead could be far worse.*
- **Don't count your chickens before they're hatched:** il ne faut pas vendre la peau de l'ours avant de l'avoir tué. • *Don't celebrate a victory unless it has been declared officially. You could be disappointed.*

## 7 Les connecteurs logiques

■ **Although / Though:** bien que, quoique • ***Although*** *Pat was an Irish name, the man on the phone sounded totally English.*

■ **As / Since:** comme, étant donné que, puisque • ***As*** *there are so many pubs in London, Bridie could have been mistaken.*

■ **As:** au fur et à mesure que • ***As*** *the story unfolds, we realize that she is not going to meet the man she expected.*

■ **As:** comme, de la même façon que • ***As*** *it is usually the case when you meet someone for the first time, Bridie finds it hard to contain herself.*

■ **As if / As though:** comme si • *When the little Indian started talking to her, Bridie reacted* ***as if*** *she had felt insulted.*

■ **As long as / So long as:** tant que, pourvu que, à condition que • ***As long as*** *you don't expect to meet your friend you won't be disappointed.*

■ **As soon as:** dès que, aussitôt que • ***As soon as*** *the Indian man started to talk to her she looked down on him.*

■ **Because of / Due to / Owing to:** à cause de, en raison de • ***Due to*** *the unusual conditions, they were both very embarrassed.*

■ **Besides:** d'ailleurs, en outre • *Pat meant no harm to her.* ***Besides****, he addressed her very politely.*

■ **Contrary to:** en opposition à, à l'encontre de • ***Contrary to*** *the tall Prince Charming she had been dreaming of, Pat was a small man.*

■ **Despite / In spite of:** malgré, en dépit de • ***Despite*** *Bridie's lack of enthusiasm, the Indian man insisted on taking her out to dinner.*

■ **Either… or:** ou (bien)… ou (bien) • *On a blind date you* ***either*** *accept to be surprised* **or** *you do not go at all.*

■ **Even though:** bien que • ***Even though*** *Pat was smiling, Bridie remained very cold and unwelcoming.*

■ **For:** depuis (+ durée) • ***For*** *weeks she had been dreaming of this!*

■ **For fear of:** de peur de, de crainte de • *She could hardly speak* ***for fear of*** *letting her disappointment transpire.*

■ **However / Yet / Still / Nevertheless:** pourtant, cependant • *The reader has mixed feelings about Bridie.* ***However****, he sympathizes with Pat.*

■ **However + adjectif ou adverbe:** aussi (+ adjectif + subjonctif) ; avoir beau • ***However unlikely*** *it seems, they might have agreed to meet again.*

■ **If:** si • ***If*** *I were you, I would never go to another blind date.*

■ **In order to / So as to:** afin de • *She was just about ready to do anything* ***in order to*** *meet a man.*

■ **Insofar as / Inasmuch as:** dans la mesure où • ***Insofar as*** *she did not know his last name, she could not guess he was Indian.*

■ **Moreover / Furthermore / What's more:** de plus, qui plus est, en outre • *This text relates the story of a blind date.* ***Moreover*** *it tackles an interesting issue: the difficulties of integration in a biased society.*

■ **Neither... nor:** ni... ni • ***Neither*** *Pat* ***nor*** *Bridie was relaxed.*

■ **No matter what / Whatever:** quoi que (+ subjonctif) ; peu importe • **No matter what** he said, at this stage, she had made her decision.

■ **No matter who / Whoever:** peu importe qui • ***No matter who*** *is in front of you, remember beauty is only skin deep.*

■ **Once / As soon as:** une fois que, dès que • ***Once*** *she has found a suitable man, she will be happy.*

■ **Provided (that) / Providing (that):** pourvu que, à condition que • ***Provided*** *you can speak a little English, visiting London is a treat.*

■ **Since:** depuis (+ moment précis) • *English women over 21 have had the right to vote* ***since*** *1928.*

■ **So / And that's why / Thus:** ainsi, donc, par conséquent • *There are myriads of pubs in London,* ***so*** *pick the trendy ones!*

■ **So that:** afin que, pour que • *The narrator gives us a lot of details* ***so that*** *we may visualize the scene.*

■ **Therefore:** donc, par conséquent, pour cette raison • *She is desperately looking for someone,* ***therefore*** *she may not find anyone.*

■ **Though / And yet:** et pourtant • *They are not made for each other, they might get along in the end* ***though****.*

■ **Unless:** à moins que • *She will remain single* ***unless*** *she tries to be more open-minded.*

■ **Until / till:** jusqu'à • *Don't worry! You don't have to run; he'll wait for you* ***until*** *your arrive.*

■ **Whatever:** quoique (+ subjonctif) / **Whenever:** chaque fois que / **Whoever:** qui que / **Wherever:** où que • ***Whatever*** *you do, be honest with yourself* ***whenever*** *you can,* ***whoever*** *you are,* ***wherever*** *you are.*

■ **Whereas / While:** alors que (par opposition) • *Pubs have strict schedule rules,* ***while*** *cafés are open all day long.*

■ **Whether... (or):** si... (... ou) • *We may wonder* ***whether*** *Pat had foreseen what actually happened.*

■ **Whether... (or not):** que (+ subjonctif) (... ou non) • ***Whether*** *you speak English* ***or not*** *makes a great difference when you travel.*

■ **While:** pendant que • *You must strike* ***while*** *the iron is hot.*

■ **Yet:** jusqu'ici • *This is likely to be her first blind date* ***yet****.*

■ **(Not) Yet:** (pas) encore • *While the reader is aware of the Indian man's purpose, Bridie has* ***not*** *got any clue* ***yet.***

# 8 Comprendre un texte

## Les clés de la lecture

### Identifier la nature des textes

- **Le paratexte** : titre et sous-titre du document, nom de l'auteur, date de publication, source.
- **La nature des documents** : extrait de roman, article de presse, pièce de théâtre... Ces éléments sont à mettre en relation avec le document iconographique, s'il y en a un.

### Organiser la lecture

**Lisez** le(s) texte(s) dans leur totalité **au moins deux fois chacun** et sans vous arrêter aux mots inconnus. Vous pourrez en déduire le sens par la suite. Lisez les notes lexicales éventuelles.

- **Première lecture** : sens global,
- **Deuxième lecture** : compréhension affinée et plus approfondie,

**Lisez les questions, ainsi que les sujets d'expression** pour orienter d'ores et déjà votre recherche avant d'aborder votre troisième lecture.

- **Troisième lecture** : repérage pour répondre aux questions. N'hésitez pas :

– indiquez au crayon, en marge du ou des textes, les **repérages** qui vous serviront à répondre aux questions. Ce sera un précieux gain de temps.

– **utilisez des surligneurs** de différentes couleurs pour identifier : les personnages, les indications temporelles et spatiales, les mots-clés, les chaînes sémantiques...

**À ce stade de votre travail, vous savez :**

- **s'il s'agit d'un texte de fiction** : quel est le narrateur, qui sont les personnages, quels sont les liens qui les unissent et quelle est l'atmosphère qui se dégage des faits qui vous sont relatés ;
- **s'il s'agit d'un article de presse** : quel est le thème, l'idée principale, quel est le ton de l'article et le message éventuel.

## Comment déduire le sens des mots inconnus ?

- Aidez-vous **du contexte**.
- Tentez de comprendre si le mot est **connoté** positivement ou négativement.

- Identifiez la **nature grammaticale du mot** : adjectif, nom, verbe ?
- Repérez **préfixes** et **suffixes** courants pour extraire la racine du mot :

| **Préfixes** | **Sens** | **Exemples** |
|---|---|---|
| *dis- / un- / mis-* | le contraire | *disrespect – unbelievable – misunderstand* |
| *im- / in- / ill- / ir-* | le contraire | *inaccurate – illiterate – irresponsible* |
| *fore-* | avant | *foretell – forehead – forecast* |
| *out-* | dépasser | *outnumber – outclass* |

| **Suffixes** | **Sens** | **Exemples** |
|---|---|---|
| *-ly* | manière (adverbes) | *obviously – strongly – firmly* |
| *-less* | sans, dépourvu de | *homeless – parentless – moneyless* |
| *-ness* | état, caractéristique | *homelessness – liveliness – business* |
| *-hood* | condition, période | *childhood – teenagehood* |

## Comment répondre aux questions ?

### Les questions

- **Apprenez le lexique des consignes** : fiche n° 9.
- Repérez la **forme verbale** : **utilisez la même** dans votre réponse.
- Soyez **précis**, n'anticipez pas sur les questions suivantes. Ne faites pas une seule réponse pour deux questions distinctes.

### Les réponses

- Montrez vos connaissances lexicales en utilisant des **synonymes** pour éviter les répétitions maladroites.
- Répondez **avec vos propres mots** (*in your own words*), sauf si l'on vous demande de **citer** le texte (*quote*) pour justifier votre réponse.
- Mettez les citations **entre guillemets** et accompagnez-les toujours de la **mention de la ligne**. Ne mettez pas de points de suspension. Recopiez toute la phrase concernée.
- Si l'on vous demande une réponse plus développée, le **nombre de mots** sera indiqué. En l'absence de consigne particulière, votre réponse sera relativement brève.
- Rédigez des **phrases complètes,** sauf indication contraire.
- **Ne négligez aucune question.** Même si vous n'êtes pas certain d'avoir parfaitement compris, tentez une réponse.
- N'oubliez pas de faire apparaître vos questions **selon l'ordre** dans lequel elles vous sont posées. Si une question vous paraît difficile, passez à la suivante mais n'oubliez pas d'y revenir par la suite !

# 9 Comprendre un énoncé

## Glossaire des termes les plus usités

### Les verbes

- **to account for:** expliquer, justifier
- **to allude to:** faire allusion à
- **to apply to:** s'appliquer à
- **to cross out:** barrer
- **to match:** associer
- **to fill in the blanks:** compléter les blancs
- **to hint at:** faire allusion à
- **to occur:** se produire
- **to pick out:** relever (dans le texte)
- **to quote:** citer
- **to refer to:** faire référence à
- **to sum up:** résumer
- **to tick a box:** cocher une case
- **to underline:** souligner
- **to focus:** se concentrer

### Les noms

- **brackets:** parenthèses
- **a clue:** un indice
- **a compound adjective / noun:** un adjectif / nom composé
- **a stylistic device:** un procédé stylistique
- **an excerpt / an extract from:** un extrait de
- **a grid:** un tableau, une grille
- **a narrative:** un récit
- **an occurrence:** une occurrence
- **a phrase:** une expression
- **a sentence:** une phrase
- **a statement:** une affirmation
- **a quotation, a quote:** une citation
- **a sequel:** une suite
- **a summary:** un résumé

### Autres

- **on the whole:** dans l'ensemble
- **throughout the text:** à travers tout le texte
- **in your own words:** en utilisant vos propres mots

## Les consignes les plus fréquentes

- **Tick the right answer(s)** • Cochez la (les) bonne(s) réponse(s).
- **Put the jumbled elements in chronological order** • Reclassez dans l'ordre chronologique les éléments donnés.
- **Choose the most suitable / relevant title(s)** • Choisissez le titre qui convient le mieux / le plus pertinent.

- **What kind of text is it?** • De quel type de texte s'agit-il ?
- **Sum up the text** • Résumez le texte.
- **There are five mistakes in the following summary of the text. Underline them and correct them** • Il y a cinq erreurs dans ce résumé du texte. Soulignez-les et corrigez-les.
- **Fill in the blanks with words from the text** • Complétez les blancs avec des mots tirés du texte.
- **Who or what do the following pronouns / the underlined words refer to?** • À qui / à quoi renvoient les pronoms / les mots soulignés suivants ?
- **How many characters are active / present in the text?** • Combien de personnages sont actifs / présents dans le texte ?
- **How many characters are just mentioned?** • Combien de personnages sont seulement mentionnés ?
- **Cross out the adjectives which do not apply to the main character** • Barrez les adjectifs qui ne s'appliquent pas au personnage principal.
- **To what extent can you say that an evolution occurred in the character's life?** • Dans quelle mesure pouvez-vous dire qu'une évolution s'est produite dans la vie du personnage ?
- **Back up your answer with elements from the text.** • Appuyez votre réponse sur des éléments du texte.

## Comment répondre aux questions ?

- **What kind of text is it? What type of document is this text taken from?** • *It is a narrative; an article; a dialogue; a diary; a letter.*
- **What type of narrative is it?** • *It's a first person narrative; it's a third person narrative; it seems like an excerpt taken from an autobiographical novel.*
- **How are the characters related?** = Comment les personnages sont-ils reliés entre eux ? Quels sont les liens qui les unissent ? • *They are friends, relatives, siblings, colleagues.*
- **What are the relationships between the main characters?** • *They get on well with each other; they are on good terms; they can't stand each other; they barely bear each other's company; they can hardly communicate.*
- **Choose the best title(s)** = Choisissez un ou plusieurs titres parmi ceux qui vous sont proposés.
- **Find information in the text** = Trouvez plusieurs informations dans le texte.
- **What do the following pronouns refer to?** • "I" refers to the narrator. "They" refers to the group of students.

> **L'astuce du prof**
> Attention ! Tous les récits à la première personne ne sont pas obligatoirement des autobiographies !

> **Vocabulaire**
> Attention ! *Information* = des informations; ***a piece of*** *information* = **une** information.

# 10 Rédiger une lettre ou un courriel

## Les outils linguistiques

### Comment commencer et finir une lettre ?

Le début

– **Formel** : *Dear Sir / Dear Madam* : si vous ne connaissez pas le nom de famille du destinataire. • *Dear Sir or Madam* : si vous ne savez pas du tout quel va être le lecteur de cette lettre. • *Dear Mr McKenzy* : si vous connaissez le nom de votre destinataire, vous devez l'utiliser.

– **Informel** : *Dear Jonathan* • *My dear(est) Laura*

– **Courriel** : *Hi, John!* • *Hey, Cindy*!

La fin

– **Formel** : *Yours faithfully* • *Yours truly* • *Yours gratefully* • *Yours sincerely*

– **Informel** : *All the best* • *Love from* • *I can't wait to see you / to hear from you* • *Take care* • *I look forward to seeing you again*

– **Courriel** : *Talk to you soon!* • *Cheerio!*

### Le contexte

Repérez toutes les indications qui pourraient vous informer précisément sur les relations entre la personne qui écrit et le destinataire.

### Les pièges à éviter

- Repérez **la date** probable de cette lettre. Attention aux anachronismes !
- Respectez **le niveau de langue** et **le ton** employé dans le texte.
- Restez concentré sur **le sujet demandé**, ne laissez pas vagabonder votre imagination !

### Écrire un courriel

- Le nombre de mots sera inférieur à celui de la lettre.
- Les courriels destinés à vos proches ou à vos amis sont à rédiger dans **une langue informelle, proche de la langue orale.**
- Si vous souhaitez envoyer une lettre plus formelle à un employeur, ne la rédigez pas dans le corps du courriel, mais indiquez-la **en pièce jointe** (*attached file*). Mentionnez toujours **l'objet du message** avant de rédiger le courriel.

## Mise en œuvre

### Le texte

Dans son livre autobiographique, *Dreams from my Father*, Barack Obama, futur président des États-Unis, relate une scène qu'il a vécue avec Auma, sa demi-sœur, dans le café d'un hôtel de Nairobi, la capitale du Kenya. Les deux jeunes gens subissent l'indifférence des serveurs trop occupés à répondre en priorité aux demandes des clients américains. Auma éprouve l'ineffable sentiment d'être méprisée par ses propres concitoyens et d'être comme dépossédée de son pays. Elle quitte le café très en colère après avoir lancé un billet de 100 shillings au serveur. Barack tente de l'apaiser, mais en vain.

### Le sujet

Some time later, **Auma writes a letter** to the narrator, in which she refuses his proposal to leave Kenya and explains why she intends to stay in Africa to fight for what she believes in.

### Les connaissances requises

Le Kenya devint colonie britannique en 1920 : il subit une exploitation coloniale très dure jusqu'en 1963. Obama, né en 1961, doit avoir environ 26 ans quand se déroule cette scène, probablement en 1987.

## Exemple

Nairobi, November 7th, 1987

Dear Barack,

First of all, **I am writing** to **tell you** how much I appreciated **your concern** about my growing dissatisfaction as regards my living in Nairobi. The more I come across problems like the one we had at the New Stanley Hotel, the more I feel like **an outcast** from my own people. It was really **thoughtful of you** to try to soothe my **anger.**

However, I still believe our fellow citizens should not be taught to submit to the laws of the financial magnates, don't you agree with me? It's high time we spoke our minds! Imperialism is over and we already paid a high price to gain our independence, didn't we?

Leaving my country now would make me feel like **a coward.** I feel ready to struggle for the survival of our Kenyan culture. Therefore I will not leave Nairobi, as I don't want Nairobi to leave me! I bet **you** are disappointed, aren't you? **Please** try to understand me. It is downright impossible for me!

Anyway, thank you very much, Barack, for your support. When will you be coming again? I hope you will enjoy Harvard Law School. **Looking forward to hearing from you soon!** Take care!

Love from Auma

les connecteurs

les questions tags et les questions

la présentation de la lettre

le ton informel

# 11 Rédiger un dialogue

## Les outils linguistiques

### Introduction et conclusion

- Rédigez **une courte phrase d'introduction** précisant **où et quand se déroule la conversation,** et **qui sont les interlocuteurs.**
- Terminez votre dialogue soit sur **une dernière réplique y mettant un terme,** soit sur **une courte phrase de conclusion.**

### Verbes introducteurs de discours

- Les verbes introducteurs de discours se conjuguent au **prétérit.**
- **Variez** les verbes en fonction du **ton** de la réplique.
- En anglais, le sujet se place **avant** le verbe introducteur de discours.
- Modulez vos verbes en utilisant des **adverbes.**

**Exemples :**

- **He said with a genial smile:** dit-il avec un sourire avenant.
- **He screamed / yelled / shouted angrily:** cria / hurla-t-il, en colère.
- **He asked / enquired mockingly:** demanda-t-il sur un ton moqueur.
- **He added beaming proudly:** ajouta-t-il avec une grande fierté.
- **He answered quickly:** répondit-il rapidement.

### Questions tags

Propres à la langue anglaise, les tags apporteront **une note d'authenticité** à votre dialogue. Ils servent à :

- **obtenir confirmation** : You agree with me, **don't you?**
- **exprimer la surprise** : So you can speak Japanese, **can you**? They've bought a new car, **have they?**
- **atténuer un impératif** : Help me, **will you**? Let's go, **shall we**?

### Niveau de langue

Pour rendre votre dialogue vivant, utilisez un registre de langage courant, voire familier, sans aller toutefois jusqu'à l'argot. Les contractions telles que *don't, can't, isn't, mustn't*, voire *gonna* (*going to*), *wanna* (*want to*) ou *coz* (*because*) sont possibles dans un dialogue.

## Mise en œuvre

### Le texte

Le narrateur se voit offrir un livre par son institutrice. Celle-ci lui demande de rester après la classe pour en lire quelques pages avec elle. Malgré la certitude qu'il a de se faire disputer par son père s'il rentre tard, il ne peut se résoudre à décliner cette invitation alléchante.

### Le sujet

When the narrator arrives home, his father reproaches him for being late. Imagine the conversation.

### Conseils

Le dialogue peut, comme le texte source, être rédigé à la première personne. Un registre de langue courant, voire familier, peut être utilisé ici, puisque le contexte social s'y prête.

## Exemple

When I got hom e, m y father was ploughing the field.

"Where've you been?" he asked angrily. "Don't you know you're supposed to run over here right after class? I've been waitin' for you! I need you here! I can't work this field all by myself, can I?"

"It's not my fault, Daddy!" I said sheepishly. "It's Ms Swinton... She asked me to stay after class..."

"You've caused trouble again, haven't you?" Daddy asked, frowning.

"No Daddy, I swear! She gave me a book! A brand-new one! Look!" I handed the book to my father. I couldn't help wincing as he turned it over several times in his filthy hands.

"It sure is a beautiful book..." My father nodded slowly. "Now, that can't be the reason why you're so late!"

"She wanted me to read it aloud with her."

"Did she? What for? Don't she know that I need you here? Books, books, books! What's the use of all that readin' anyway? As soon as you quit school you'll come work with me on the farm! You don't need to waste your time readin'!"

"But Daddy, this book is special! It's about a black boy who..."

"I don't care what it's all about," he cut me off bluntly. "All I know is I've been slavin' away in this field all afternoon long! Now, take this plough and work while I'm havin' a rest: I'm exhausted!"

I tucked my book safely away in my shirt, grabbed the plough and went to work, sighing.

Phrase d'introduction et de conclusion
Registre de langue familier
Verbes introducteurs de discours
Questions et question tags

# 12 Rédiger une argumentation

## Les outils linguistiques

### Introduire

- **It is generally agreed that / It is a well-known fact that / There's no denying that** human cloning raises serious ethical concern.
- **We may wonder whether / to what extent** the rumours regarding the cloning of the first human embryo are grounded.
- Human cloning is **a topical / burning / controversial issue** about which everyone feels concerned.
- **We must weigh the pros and cons / We have to consider the bright and seamy sides** of genetic research.

### Développer

- **Ordonner**

**To begin with / First(ly) / First of all / In the first place / First and foremost,** I will give a definition of globalization and show what its advantages can be. **Then / Next / Secondly,** I will explain why globalization causes such a stir. **Lastly / Eventually,** I will give my personal opinion on that topic.

- **Illustrer**

Globalization can have serious consequences on an economic level. **For example / For instance,** many large corporate companies (**e.g.** Microsoft) have moved their factories to developing countries **such as / like** Indonesia or Mexico, where they can get cheap labour force. **Thus** they can achieve their main aim, **namely / that is to say / i.e.** make more profit.

- **Démontrer**

Globalization can be said to have some bright sides. **Indeed,** as regards tourism, it contributes to maintaining low traveling costs. **Moreover / Furthermore / In addition / Besides / On top of that,** globalization helps reduce poverty in Third World countries. **Similarly / Likewise,** it can help some countries to free themselves from oppressive political regimes.

- **Réfuter**

**However / Nevertheless / Yet, it should be borne in mind that** because of massive relocation, unemployment increases in developed countries. **On the other hand, we shouldn't forget that** globalization encourages child labour.

### S'exprimer

- **As far as I'm concerned / As for me,** I wouldn't like to own a gun even if I had the right to.
- **In my view / To my mind / In my opinion,** guns should be banned.
- **I totally agree with** people who think that violent video games can influence young people's behaviour.
- **I approve of** marches and demonstrations against gun violence.
- **I disapprove of** parents who offer toy guns to their children for Christmas.
- **I strongly disagree with** the National Rifle Association's slogan which claims that *"Guns don't kill people, people kill people".*

### Conclure

- **As a conclusion / To conclude,** expatriation seems to be interesting.
- **To sum it up / To put it in a nutshell,** the advantages of working abroad outnumber its drawbacks.
- **All in all / All things considered,** I would be ready to go and live abroad on a trial basis.

**Exemple**

*Voici un exemple de réponse à la question* Would you like to be famous?

There's no denying that it must be quite thrilling to be famous. Indeed, it must be pleasant to be recognized, loved and admired all over the world. What's more, fame almost always rhymes with money, nice cars, designer clothes, five-star hotels, fine restaurants and far-away private beaches. Last but not least, being famous enables one to meet other celebrities like well-known actors or singers, successful sportspersons, affluent businessmen or powerful politicians.

However, it should be borne in mind that celebrity has its seamy sides, such as being harassed by paparazzi or stalked by obsessed fans, never being able to have a nice, pleasant stroll in a typically Parisian or Roman neighbourhood, having one's private life constantly displayed in the gutter press and so on.

That's why, all things considered, I don't think I would like to be famous!

Introduire   Illustrer   Réfuter   Démontrer   Conclure

# 13 Comprendre un document audio ou vidéo

## La préparation à l'écoute

- Quels éléments dans le titre vous permettent d'anticiper le **thème principal ?**
- Quelles connaissances lexicales, culturelles, ou issues de votre expérience personnelle vont s'avérer utiles ?

## Écoute n°1 : le repérage

Vous devez repérer le type de document et le thème principal.

- **Le document** peut être un reportage, une interview, un débat, un flash infos, un documentaire, un discours officiel...
- Le document est-il contemporain, historique, lié à l'actualité, ou issu d'une fiction ?
- **Relevez les indices sonores : les accents** (britannique, américain, indien, écossais) mais aussi **les bruits de fond** (les applaudissements, les rires ou les hésitations) ou encore **le ton** (formel ou détendu).
- Notez en anglais **les mots clés** que vous reconnaissez.
- À la fin, vous avez une minute pour réorganiser vos notes : **identifiez le thème général** et **comparez vos notes au titre donné.**
- Ne cherchez pas à traduire pour l'instant.

## Écoute n°2 : les informations essentielles

- Noms des personnes, des lieux, des objets, les dates ou les périodes mentionnés : ***who, where, when, what***.
- Pendant la courte pause, **classez les éléments,** reliez-les et commencez à construire mentalement le sujet central.
- Repérez également les informations manquantes.

## Écoute n°3 : les informations manquantes

- Portez une attention particulière aux **passages encore un peu imprécis.**
- Aidez-vous du **contexte,** du **champ sémantique,** de **la chronologie** (grâce aux connecteurs), des **formes verbales** (les temps, la voix passive ou active) et **des modaux** qui vous donnent les points de vue des locuteurs.
- Ne vous inquiétez pas si votre compréhension du document comporte encore des zones d'ombre.

## La rédaction du compte rendu en français

- **Réorganisez vos notes** de façon logique et cohérente sur votre brouillon en anglais.
- Hiérarchisez les informations.
- Rédigez :

– **Une introduction** :

a) le type de document

b) le contexte

c) le ou les interlocuteurs (femme(s) ou homme(s))

d) le thème général

– **Les idées principales** :

a) classez-les et montrez que vous avez compris leur articulation

b) l'attitude et les réactions éventuelles du ou des locuteurs : ton, humour, point de vue, accord, désaccord...

– **L'issue de la conversation** ou du monologue : sur quelle note se termine le document ?

## Conseils de rédaction

- Imaginez que votre lecteur n'a pas du tout connaissance de cet enregistrement : vous vous efforcerez ainsi à davantage de clarté pour rédiger votre compte rendu.
- Rédigez des phrases simples mais complètes.
- Utilisez des connecteurs pour relier les phrases entre elles (tout d'abord, puis, ensuite, c'est pourquoi, cependant, en outre, pour conclure...).
- Ne traduisez pas mais **trouvez des équivalents** dans la langue française.
- **Évitez les anglicismes** à la fois dans la syntaxe et le lexique.
- **N'interprétez pas** : vous devez seulement rendre compte du contenu.
- **Restez neutre** : ne donnez pas votre point de vue !
- **Relisez-vous.** Veillez à l'orthographe !

# 14 Relisez-vous !

| | WRONG | REMEMBER | MEMORIZE |
|---|---|---|---|
| **« Être d'accord »**<br>**« Ne pas être d'accord »** | – *I ~~am~~ agree*<br>– *I'~~m not~~ agree* | *To agree* est un verbe | – ***I* agree with** *that statement*<br>– ***I* don't agree with** *you* |
| **« Avoir raison »**<br>**« Avoir tort »** | – *She ~~has reason~~*<br>– *He ~~has wrong~~* | – *To be right*<br>– *To be wrong* | – *She* **is right**<br>– *He* **is wrong** |
| **Expression du but** | *I'm going to London ~~for~~ find a job* | Jamais *"for"* devant un verbe pour exprimer un but | *I'm going to London* **(in order) to** *find a job* |
| **« Permettre à quelqu'un de faire quelque chose »** | *Watching movies in the original version ~~permits~~ me to improve my English* | *To enable someone to do something* | *Watching movies in the original version* **enables** *me to improve my English* |
| **Depuis : durée / moment précis** | *He ~~sleeps since~~ eight hours* | *For* et *since : present perfect be + V-ing* | *He***'s been sleeping for** *eight hours /* **since** *8:00 pm* |
| **« Pendant »**<br>**« Pendant que »** | *~~During~~ three years* | – Pendant = *at one point, in a certain period of time*<br>– Pendant que = *while* | – **During** *my holidays I went to London* **for** *three days*<br>– **While** *you were reading, I was doing my homework* |
| **Adjectifs** | *The ~~french~~ students are ~~differents~~ from the ~~american~~ students* | – Adjectifs invariables<br>– Majuscules aux nationalités | *The* **French** *students are* **different** *from the* **American** *students* |
| **Adjectifs composés** | *The main character is ~~thirteen years~~* | –Traits d'union<br>– et pas de *"s"* | *The main character is* **a thirteen-year-old boy** |
| **Assez** | *He's ~~enough~~ old to understand* | *"Enough"* après l'adjectif | *The main character is* **old enough** *to understand* |

| | WRONG | REMEMBER | MEMORIZE |
|---|---|---|---|
| **"Much" "Many"** | *~~Much~~ people think...* | – *"Much"* suivi d'un indénombrable<br>– *"Many"* suivi d'un dénombrable | – *He doesn't have* **much money**<br>– **Many people** *think...* |
| **Gérondifs** | *She drinks after ~~to eat~~* | *V-ing* après une préposition : *without, instead of, before, after* | *She drinks* **without** *ea***ting** |
| **« Tous » « Tout »** | *Every ~~men are~~* | – *Every* + singulier<br>– *All* + pluriel<br>– *Everything* | – *Every* **man is** *an island*<br>– **All** *students* **are** *told to work*<br>– *Thank you for* **everything** |
| **« Vouloir que quelqu'un fasse quelque chose »** | *The teacher ~~wants that...~~* | *To want someone to do something* | *The teacher* **wants the students to** *work hard* |
| **L'habitude dans le passé** | *People used to ~~smoking~~* | *Used to* + base verbale | *Teenagers* **are used to** *chat***ting** *on MSN* |
| **Subjonctif** | *I suggest he ~~goes~~ there* | *Suggest / Require* + base verbale | *I suggest he* **go** *there* |
| **Modaux** | *He must ~~to~~ leave now* | *Must / can / may / might / should...* + base verbale | *He* **must leave** *now* |
| **Verbes à deux compléments** | *~~They tell us~~ that* | Voix passive (*give, offer, award, show, teach, ask, send...*) | **We are told** *that...* |
| **"To tell" ≠ "to say"** | *He ~~said me~~* | Constructions différentes des verbes *to tell* et *to say* | – *He* **said to me**: *"I'll come"*<br>– *He* **told me** *he would come* |
| **"As" ≠ "like"** | – *She sleeps ~~as~~ a log*<br>– *I did ~~like~~ you told me* | – *"Like"* + substantif<br>– *"As"* + proposition (verbe) | – *She sleeps* **like** *a log*<br>– *I did* **as** *you told me* |
| **"The same... as"** | *This essay deserves the same grade ~~than~~ that one* | *The same* est suivi de *"as"* | *This essay deserves* **the same** *grade* **as** *that one* |

## Mythes et héros

### Noms

- **Celebrity:** célébrité (personne)
- **Deed, feat, exploit:** acte, prouesse, exploit
- **Fame:** renommée
- **Hero / heroes – heroine:** héros / héros – héroïne
- **Heroism:** héroïsme
- **Icon, champion:** icône, défenseur
- **Leadership role:** rôle de meneur
- **Legend:** légende
- **Loyalty:** loyauté
- **Role model:** modèle

### Verbes

- **Achieve legendary status:** devenir légendaire
- **Commemorate:** commémorer
- **Commit to sth / sb** : s'engager à qch / envers qn
- **Dedicate oneself to:** se dédier à
- **Deserve:** mériter
- **Embody, epitomize:** incarner, personnifier
- **Honour the memory of sb:** honorer la mémoire de qn
- **Keep sb's memory alive:** entretenir la mémoire de qn
- **Look up to, admire:** admirer
- **Pin one's hope on sb:** mettre tous ses espoirs en qn
- **Praise:** faire l'éloge de
- **Remember:** se souvenir de
- **Risk one's life:** risquer sa vie
- **Risk + V-ing:** prendre le risque de (faire qch)
- **Save, rescue:** sauver
- **Sensitize:** sensibiliser
- **Set an example:** montrer l'exemple
- **Stand up to:** tenir tête à
- **Urge sb to do sth:** pousser qn à faire qch

### Adjectifs

- **Bold, daring:** audacieux
- **Brave = courageous:** courageux
- **Everlasting:** immortel
- **Fictitious, fictional:** fictif
- **Grateful to sb for doing sth:** reconnaissant à qn de faire qch
- **Hazardous** : dangereux
- **Heroic:** héroïque
- **Inspiring:** enthousiasmant
- **Mesmerizing:** fascinant
- **Mythical:** mythique
- **Outstanding:** remarquable
- **Strong-minded:** résolu, qui a beaucoup de volonté
- **Well-known, renowned:** célèbre

## Espaces et échanges

### Noms

- **A border / frontier:** une frontière
- **The city centre:** le centre ville
- **The countryside:** la campagne
- **A high-rise:** un immeuble
- **The Frontier Years:** la conquête de l'Ouest
- **Globalization:** la mondialisation
- **The Gold Rush:** la ruée vers l'or
- **The haves and the have nots:** les nantis et les démunis
- **Inner cities:** les cités
- **A landmark:** un repère
- **A landscape:** un paysage

- **Nativism:** préférence nationale
- **Settlement:** la colonisation
- **A settler:** un colon
- **A skyscraper:** un gratte-ciel
- **A smuggler:** un passeur
- **A sweatshop:** un atelier clandestin
- **The suburbs:** la banlieue
- **The global village:** le village planétaire
- **The wilderness:** les régions sauvages

### Verbes

- **Acculturate:** acculturer
- **Assimilate:** assimiler
- **Bargain:** négocier
- **Barter:** troquer
- **Conquer:** conquérir
- **Cross the border:** passer la frontière
- **Dicker:** marchander
- **Flee / escape:** fuir
- **Live on the run:** vivre en cavale
- **Settle down:** s'établir
- **Start from scratch:** partir de zéro
- **Trade:** échanger

### Adjectifs

- **Bold, daring:** audacieux
- **Cosmopolitan:** cosmopolite
- **Desperate:** désespéré
- **Destitute:** misérable
- **Downtown:** du centre-ville
- **Hopeful:** plein d'espoir
- **Hopeless:** sans espoir
- **Multicultural:** multiculturel
- **Open-minded, broadminded:** ouvert d'esprit / large d'esprit
- **Suburban:** de la banlieue
- **Undocumented:** sans papiers

## Lieux et formes du pouvoir

### Noms

- **Advertisement, advert, ad / commercial:** une publicité / un spot publicitaire
- **Advertising:** monde de la publicité
- **Awareness campaign:** campagne de sensibilisation
- **Death penalty, capital punishment:** peine de mort
- **Demonstration, march:** manifestation
- **Civil disobedience:** désobéissance civile
- **Clenched fist:** poing serré
- **Gutter press, tabloid:** presse à scandale, quotidien populaire
- **Jail, cell:** prison, cellule
- **Politician:** homme politique
- **Politics, economics:** la politique, économie politique
- **Passive resistance:** résistance passive

### Verbes

- **Abide by the law:** respecter la loi
- **Achieve one's goal:** parvenir à son but
- **Champion a cause:** défendre une cause
- **Convey a message:** communiquer un message
- **Dodge, flee:** échapper à, s'enfuir
- **Exert power:** exercer le pouvoir
- **Fight for:** se battre pour
- **Go on strike:** faire la grève
- **Govern:** gouverner
- **Overcome:** surmonter
- **Resist order:** refuser d'obéir
- **Stand for:** représenter, être pour, défendre

- **Struggle:** lutter
- **Sympathize:** compatir
- **Take advantage of:** profiter de
- **Withstand:** résister à
- **Wrestle with a problem:** se battre avec un problème
- **Yield, give up:** céder, abandonner

### Adjectifs

- **Bold, daring:** audacieux, osé
- **Cowardly, fearful:** lâche, peureux
- **Discriminated against:** victime de discrimination
- **Distrustful:** méfiant
- **Dutiful:** obéissant, consciencieux
- **Fair / unfair:** juste / injuste
- **Fearless:** intrépide
- **Influential:** influent
- **Intimidating:** intimidant
- **Outrageous:** scandaleux
- **Powerful / powerless:** puissant / impuissant
- **Submissive:** docile, soumis
- **Sympathetic:** compatissant

## L'idée de progrès

### Noms

- **A breakthrough:** une découverte majeure
- **Data:** les données
- **A desktop:** un ordinateur, un PC
- **Illegal downloading:** téléchargement illégal
- **A hacker:** un pirate informatique
- **Improvement, betterment:** une amélioration
- **A laptop:** un ordinateur portable
- **Piracy:** piratage
- **Plagiary, plagiarism:** plagiat
- **Enhanced reality:** réalité augmentée

### Verbes

- **Climb up the social ladder:** gravir l'échelle sociale
- **Digitalize:** numériser
- **Download:** télécharger depuis
- **Evolve:** évoluer
- **Improve, better, enhance, up-grade:** améliorer
- **Log on to:** se connecter à
- **Make one's dream come true:** réaliser son rêve
- **Move with the times:** vivre avec son temps
- **Revolutionize:** révolutionner
- **Thrive:** prospérer
- **Update:** mettre à jour
- **Upload:** télécharger vers
- **Worsen:** empirer

### Adjectifs

- **Backward:** arriéré
- **Booming:** en plein essor
- **Brand new:** tout nouveau
- **Convenient:** pratique
- **Cutting-edge:** à la pointe
- **Digital:** numérique
- **Outdated:** dépassé
- **Outmoded, old-fashioned:** démodé
- **Out-of-date:** périmé
- **State-of-the-art:** dernier cri
- **Thriving:** prospère
- **Up-to-date:** à la page

FSC MIXTE Papier issu de sources responsables FSC® C022030

Nathan est un éditeur qui s'engage pour la préservation de son environnement et qui utilise du papier fabriqué à partir de bois provenant de forêts gérées de manière responsable.

Dépôt légal : août 2018 - N° de projet : 10244898
Imprimé en France par Maury-Imprimeur
45330 Malesherbes
N° d'imprimeur : 228462

IMPRIM'VERT Votre imprimeur agit pour l'environnement